Maratona de dramaturgia

MARATONA DE DRAMATURGIA

ORGANIZAÇÃO
Isabel Diegues
José Fernando Peixoto de Azevedo
Kil Abreu

Cobogó
edições Sesc

SUMÁRIO

O QUE PODE O TEATRO?

Sou editora de livros. E sou editora porque a escrita, em suas mais diversas formas, me interessa como experiência de linguagem. Eu me encanto com os caminhos que um autor encontra para criar ideias, imagens, narrativas. E, mais ainda, com a apropriação que o leitor faz do texto no ato da leitura. Se essa potência é inerente a qualquer texto e sua leitura, no caso do texto dramático ela é o *leitmotiv* da escrita. O texto dramático é feito para ser apropriado pelos leitores que o tornarão encenação. Ele tem a vocação de se tornar algo para além de sua escritura.

O que faz do texto uma dramaturgia não é sua forma, sua estrutura, a presença de eventuais rubricas ou diálogos — o que faz do texto uma dramaturgia é a sua impermanência. É ser um intermediário para se chegar à expressão viva que se fará dele. Não que o texto dramático não tenha vida própria. Muitos são fascinantes de (apenas) ler, e a potência de performance presente em todo texto, seja ele dramático ou não, está ali, latente. A palavra, ao ser lida, encarna um corpo próprio (produzido pelo leitor), e sua performatividade independe de seu compartilhamento. É a leitura feita por cada sujeito que faz emergir o germe da performatividade que toda combinação de palavras guarda em si.

Por isso, e muito mais, meu especial interesse em pensar e publicar o texto escrito para o teatro, como temos feito com a Coleção Dramaturgia e, agora, com este *Maratona de dramaturgia*. Afinal, nosso trabalho com o texto não se encerra na impressão do livro, ele segue com a distribuição nas livrarias, os debates e leituras, os encontros nos festivais e em tantos outros palcos. Para além de promover o hábito de ler teatro, queremos pensar a dramaturgia com autores, diretores, atores, produtores, toda a gente do teatro, e também curiosos e apreciadores.

Seguindo esse caminho, de discussão e difusão da dramaturgia, idealizamos para as Dramaturgias,[1] Antonio Martinelli, gerente do Sesc Ipiranga, e eu, a Maratona de Entrevistas, que reuniu, em junho de 2018, em dois dias de conversas,[2] 12 dramaturgos provocados por mim, Kil Abreu e José Fernando Peixoto de Azevedo. Este *Maratona de dramaturgia* reúne essas conversas, ampliando nossos conhecimentos a respeito dos processos da escrita e desdobrando nossas reflexões sobre as maneiras com que a dramaturgia pode ser elaborada, seus caminhos e leituras, e sobre a potência do texto que nasce para ser encenado.

Nas conversas com Alexandre Dal Farra, Newton Moreno, Francisco Carlos, Roberto Alvim, Grace Passô, Dione Carlos, Michelle Ferreira, Pedro Brício, Silvia Gomez, Emanuel Aragão, Pedro Kosovski e Jô Bilac, discutimos sobre o que faz um texto ser

---

1 O projeto Sesc Dramaturgias ocorreu entre junho e dezembro de 2018 e promoveu um verdadeiro painel da dramaturgia brasileira contemporânea. Durante esses meses foram realizados ateliês, leituras, espetáculos, feira de publicações, rodas de conversas e a Maratona de Entrevistas.

2 A exceção vai para a conversa com Jô Bilac. Por conta de um imprevisto, o dramaturgo não pôde comparecer ao evento e teve de ser entrevistado depois.

dramaturgia, pensamos sobre o que de cada texto é encenável ou não, entendemos o quanto a performatividade das palavras (e das ideias escritas) contida no texto é impulso para a encenação, assim como se o texto precisa da encenação ou se prescinde do corpo vivo para alcançar determinados sentidos e imagens.

A partir da fala de cada dramaturgo e dramaturga, vemos que os textos de teatro podem ser escritos de muitos modos. Podem ter estrutura mais clássica, com rubricas e diálogos, podem ter indicações apenas conceituais, podem descrever cenário e luz, ensinar sobre os personagens ou nem indicar o que é dito por quem. Os textos de teatro podem tudo.

Escritos, a princípio, para serem encenados, os textos de dramaturgia são a base de uma peça, são o seu começo. Ainda que, por vezes, eles ganhem forma final somente no processo de ensaios ou até depois da estreia. Mas é a partir das palavras que surgem os primeiros conceitos quando uma ideia para o teatro começa a ser germinada. Bem, não necessariamente: uma peça pode surgir de um gesto, de um cenário, de um personagem, de uma chuva. O que seria então o texto de uma peça? Um roteiro da encenação? Um guia para atores e diretores? Uma bíblia a ser respeitada à risca na montagem? Os textos de teatro podem ser tudo isso, podem não ser nada disso e podem ser muitas outras coisas.

Esse lugar tão vago e tão instigante, indefinível e da maior clareza, faz do texto dramático uma literatura muito singular. Sim, literatura, por isso o publicamos. Publicamos para pensar a forma do texto, sua natureza, seu papel na encenação. Esse desejo de reflexão e partilha levou a este *Maratona de dramaturgia*, que pretende alargar o espaço que o teatro ocupa nas prateleiras das livrarias, nas mesas, nas bibliotecas e nas estantes das casas; e expandir, assim, o alcance de um tipo de leitura com a qual se tinha pouca intimidade no Brasil.

Isabel Diegues

AS REGRAS

O que tentaremos fazer aqui é estabelecer um campo de diálogos sobre práticas e perspectivas da dramaturgia. Os termos dessa conversa emergem de um primeiro encontro entre nós — Isabel Diegues, José Fernando Peixoto de Azevedo e Kil Abreu —, que temos o papel de provocadores. Somos pessoas que lidam em chaves diferentes com a dramaturgia, a partir da prática, da pesquisa, da crítica, do ensino, do trabalho editorial. Todos os três, incontornavelmente, como espectadores, de algum modo privilegiados, do trabalho teatral.

As regras da Maratona:

a. Cinco questões, eixos de discussão, são enviados aos dramaturgos.
b. Cada dramaturgo será entrevistado por 50 minutos, com mais 10 minutos de passagem para o próximo dramaturgo.

c. O dramaturgo da entrevista posterior entrará 10 minutos antes de o anterior encerrar.
d. Os provocadores encerram a entrevista com os dois dramaturgos no palco.
e. Cada dramaturgo escolhe o eixo por onde começar, por qual das questões entramos em seu trabalho.
f. Os dramaturgos não poderão ler as respostas prontas.
g. A partir da pergunta escolhida pelo dramaturgo, os provocadores podem trazer as outras perguntas do roteiro ou partir para novas perguntas.
h. Não há perguntas do público.

AS CINCO QUESTÕES

1) Das formas:

No âmbito da arte, a noção de forma comporta diversos sentidos. Em nossas conversas, partindo dos diversos campos nos quais atuamos, não foi difícil perceber uma diversidade de usos dessa noção.

O que nos pareceu um ponto comum foi a compreensão de que há uma relação íntima entre forma e processo, ainda mais em se tratando de teatro. Nesse sentido, talvez possamos dizer que as formas emergem de uma certa lida com o material.

Há muitas maneiras de fazer isso, e cada artista, em cada momento, ou por princípio, acaba optando por uma, ou por algumas.

Certos dramaturgos partem de situações, outros de temas, outros de dispositivos, e outros lançam mão de procedimentos. Há ainda os que partem de formas preestabelecidas, ou incluem imediatamente a relação com o espectador na determinação da coisa. Alguns se inscrevem em processos coletivos, muitas vezes de cunho colaborativo, outros escrevem a partir de um isolamento programático. E há certamente uma diversidade de outros casos.

De todo modo, nos parece que a obra só pode ser apreendida a partir da verificação de uma equação complexa. Uma espécie de resultante de um confronto entre meios e procedimentos, a partir de certa intencionalidade.

Ora, o que gostaríamos de estabelecer aqui é uma conversa sobre o modo como vocês compreendem esses aspectos, como se aproximam desse ou daquele, quais os usos que fazem dessas e de outras noções que, em seu processo de trabalho, talvez permitam deduzir uma certa noção de forma, ainda que para uso próprio.

2) Da experiência:

O teatro é sempre uma lida com o espaço e o tempo, fazendo emergir presenças elas mesmas inscritas no tempo presente. Como você compreende a sua relação e a de seu trabalho com o seu tempo? Como o contexto em que você está inserido emerge na sua dramaturgia?

3) Das condições de produção:

Em que condições você produz? Para além de uma individualidade que necessita se expressar, o dramaturgo é aquele que se apropria de uma dada situação, absorvendo as condições objetivas de trabalho na sua criação. De que maneira essas condições de trabalho, a experiência de coletivos, ou ainda, os editais e leis de incentivo à produção teatral são impulsionadores — ou até limitadores — do seu trabalho?

4) Que tradição seu trabalho inventa?:

A pergunta tem um duplo movimento e, evidentemente, sua perspectiva pode vir a negá-lo. Mas, ao escrever, pode ser que você pressuponha uma certa perspectiva de trabalho, ou uma linhagem de autores, de temas etc. — em perspectiva nacional e internacional. Por outro lado, é muito provável que seu trabalho produza ou imagine diálogos que venham a desenhar, senão um campo geracional, ao menos um certo campo de discussão, de práticas ou mesmo de encontros. Como você entende seu trabalho a partir dessas ideias?

5) Do público:

Quando escreve, a depender do modo como compreende e realiza seu trabalho, o dramaturgo lida com um espectador concreto ou imagina o seu espectador "ideal" a partir ou contra as suas condições imediatas. Como se dá a relação com o espectador/leitor em seu trabalho? Como você se relaciona com aquele a quem o trabalho será endereçado?

ALEXANDRE DAL FARRA

ALEXANDRE DAL FARRA:

Eu tinha pensado em começar pela forma... É ultracomplexa a pergunta, então sequer é uma tentativa de responder, mas um caminho. Fiquei até pensando, ontem, a partir da conversa que aconteceu na mesa de abertura do Dramaturgias... Eu queria falar algumas coisas que têm a ver com uma questão que apareceu ali e que estava relacionada ao desconhecido, ou ao que não se sabe, como foi exposto na proposta do Roberto Alvim — de que a arte tem que buscar o desconhecido. E aí, na sua resposta, o Marcio Abreu colocou uma questão interessante, dizendo que também trabalha nesse ambiente do desconhecido, mas ele tentava fazer uma certa ressalva em relação ao fetiche do desconhecido, à busca pelo desconhecido por si só, algo que não teria valor em si. Concordo totalmente, mas tem algo aí que me interessa, porque eu também me coloco nesse território que o Roberto Alvim aponta, de uma busca pelo desconhecido, de uma busca pelo que eu não sei, pelo que eu não conheço, mas acho que talvez a partir daí podemos tentar uma formulação um pouquinho melhor: o desconhecido pode ser um pouco o conhecido também. Quer dizer, a questão é que esse desconhecido poderia ser pensado como um desconhecido familiar, como na ideia do Freud do *estranho familiar*, que pode ser usada aqui, ainda que fora de contexto, mas que acho que faz sentido.[1] Quer dizer, quando você encontra algo que, ao mesmo tempo, conhece e não conhece. Nesse caso, é muito difícil que esse desconhecido seja aleatório, que seja um fetiche. Você não econtrou esse desconhecido, esse estranho familiar porque você estava querendo fazer uma coisa estranha, querendo fazer uma coisa que os outros não entendessem, uma peça esquisita ou algo assim, não é disso que se trata. Você está procurando, seja dentro de você mesmo ou dentro da linguagem que você vai buscar, coisas que não reconhece completamente, que reconhece só em parte. Esse estranho familiar, ao mesmo tempo que é familiar, lhe parece estranho. Acho que todo dramaturgo, quando encontra com esse tipo de coisa, percebe que tem ali algo que não é só seu. E não é só seu não porque é de outro, mas porque parece que há ali algo que está em você e que no entanto você não controla, algo de que você não tem total consciência, que você não manipula de maneira intencional. A partir disso, penso muito no meu trabalho, inclusive nas oficinas que tenho dado, também em decorrência da questão que o Sergio Luis tinha proposto, que levou a essa resposta do Márcio Abreu, e que tinha a ver com pedagogia: o que significa dar aula, se a dramaturgia e a arte têm a ver com entrar em contato com esse desconhecido? Nesse caso, o que você vai ensinar a uma pessoa? Em uma oficina, sempre há milhares de coisas para ensinar, efetivamente, mas acho que uma das coisas interessantes de se buscar no território pedagógico é

[1] Conceito do ensaio "Das Unheimliche" (1919), de Freud.

aprender a reconhecer quando se entra em contato com o estranho familiar, como não ficar se defendendo dele. Porque esse é um lugar muito arriscado, que te coloca sem o controle total do que está sendo produzido. Muitas vezes, os alunos diziam que tinham um determinado objetivo com um texto, por exemplo, e aí, quando eu lia o texto, via que eles estavam fazendo exatamente o contrário do que eles queriam, era o que havia de forte na escrita deles, e dava para perceber claramente quando não estavam fazendo aquilo para fora, ou seja, aquilo, aquele texto existia apesar deles. Daí a pessoa precisa abandonar um pouco o próprio plano para poder entrar em contato com esses vetores que a escrita traz, que são, às vezes, desagradáveis. E existe a tendência de não querer encarar esses aspectos menos controlados, menos dirigidos, menos intencionais da escrita. Isso, para mim, foi um gancho que juntou com o que eu estava pensando em falar em relação ao meu trabalho. Tento trabalhar justamente na busca por esse algo que eu não sei se é apenas meu, esse algo que me escapa um pouco, que eu estranho. Esses dias eu estava em uma aula na Psicologia, por conta do doutorado, aí o professor citou um trecho — cuja referência exata eu não consegui pegar, mas acho que era do Lacan — em que se mencionava o Robson Crusoé. Robson Crusoé estava na ilha, sozinho, já há bastante tempo, e de repente, um dia, ele se deparou com uma pegada que ele não reconheceu totalmente — com uma pegada que ele não sabia se era dele. Isso é muito interessante, a ideia de ele não saber se aquela marca era dele, de ele não reconhecer totalmente aquela pegada. Não que ele tivesse certeza de que não era dele, não: ele ficou em dúvida. A partir daí, ele passou a apagar as próprias pegadas todas as vezes que ia caminhar; ia andando e apagando as suas pegadas para garantir que, quando encontrasse uma que não estivesse apagada, aquela, com certeza, não seria sua ou, ao menos, não seria *só sua*. Transpondo isso para o terreno da escrita, acho que muito do trabalho que faço escrevendo, que tento fazer, tem a ver com isso, com esse movimento em que você vai tirando da frente o que você sabe que é seu, aquelas partes de você que você já conhece, domina, para ir encontrando, cada vez mais, aquilo que você não sabe se é seu, que não sabe se é só seu. Fiquei pensando também que, talvez não à toa, há um certo salto de pensamento aqui, mas todo o meu trabalho como dramaturgo vem numa relação muito direta com os atores. Fiquei pensando isso também, fiquei curioso, porque, por várias razões, acabei sempre ficando em lugares onde não havia muito diretor, quer dizer, havia diretor, mas o diretor não era a questão. Na verdade, no começo, eu era até de dois grupos: do Teatro de Narradores,[2] onde convivi muito com o Zé Fernando Azevedo, e do Tablado de Arruar.[3] Isso lá atrás, quando eu não era dramaturgo ainda, trabalhava com música. Então, fiquei pensando: que, não à toa, fui ficando mais no Tablado de Arruar, que virou mesmo o meu grupo, até hoje, porque era basicamente um grupo de atores. Acho que a primeira vez que escrevi um texto foi quando a pessoa que estava cuidando dessa parte teve um problema, e eu era diretor musical. Me falaram para escrever, para ver o que rolava. Escrevi um texto de uma página e levei para a Alexandra Tavares, que é do grupo até hoje (nós estamos fazendo uma peça, *Pornoteobrasil*). Ela pegou o texto, pôs um figurino, fez uma cena na rua, no meio da

---

[2] O Teatro de Narradores surge em 1997, na Faculdade de Filosofia, Letras e Ciências Humanas da USP. O grupo, sempre envolvido com movimentos populares organizados, pratica um teatro itinerante, que explora vídeos e ações ao vivo.

[3] Grupo de teatro paulistano, fundado em 2001, desenvolve um trabalho continuado, inicialmente como um grupo de teatro de rua, depois passa a produzir para lugares fechados, tendo sido reconhecido tanto pelos principais apoios nacionais ao teatro quanto pelo público e pela crítica. Em 2012 recebeu o prêmio de melhor autor por *Mateus, 10*, para Alexandre Dal Farra. O espetáculo recebeu ainda o prêmio CPT de melhor espetáculo não convencional, além de ter a indicação de melhor ator para Vitor Vieira. Em 2014, *Abnegação I* foi indicado também ao prêmio APCA de melhor Autor. Desde 2001, o grupo se apresenta nas principais cidades do país e também no exterior, particularmente na Alemanha, onde desenvolveu um longo projeto de pesquisa entre 2009 e 2011.

Praça do Patriarca. Juntou um monte de gente, e aquilo foi incrível, foi mesmo muito eficaz. É um negócio maravilhoso quando acontece esse tipo de encontro. Não tinha mediação do diretor, eu sempre tive um contato muito direto com o ator, era texto e ator. Às vezes tinha a figura do diretor, mas normalmente tinha eu junto, também, ali, um tanto como diretor. Agora, na verdade, estou fazendo minha primeira direção sozinho, mas sempre estive muito próximo desse lugar de diretor e quase nunca tive um trabalho em que eu estivesse mais em conexão com o diretor e menos com os atores. Isso é uma coisa que muitas vezes acontece, também, para o dramaturgo, os encontros com diretores são encontros que podem ser muito interessantes, mas, curiosamente, acabei não tendo esse tipo de encontro de maneira tão importante ao longo da minha trajetória. Praticamente em todas as minhas peças fico pensando que sempre há uma história fundamental de encontro com atores. Às vezes tem os atores mais importantes de cada momento. Em *Mateus,* 10, éramos eu e o Vitor Vieira. Lembro que o Vitor, antes, tinha falado: "Estou querendo fazer um negócio que eu não sei, estou querendo fazer uma outra coisa, que eu não sei o que é." Aí falei: "Tá, então, vou escrever uns negócios loucos para nós fazermos juntos. E joguei na mão dele um problema. Aí ele falou: "Não sei o que fazer com isto aqui." Ele também teve que ir a alguns lugares que não conhecia. Tinha o João Otávio, que dirigiu a peça comigo, mas eu penso que, do ponto de vista da escrita, o meu diálogo era sobretudo com os atores, no caso, muito com o Vitor, por exemplo. Fiquei pensando que, como nessa imagem das pegadas, você poderia imaginar que há um outro Robinson Crusoé do outro lado, também deixando suas pegadas, também apagando e também entrando em contato com alguma pegada que ele, de repente, não tem certeza se é dele. Talvez esses dois caras, esses dois Robinsons, em algum momento, possam se encontrar e dizer um para o outro: "Nossa, essa pegada aqui, acho que não é totalmente minha." Esse encontro tem muito a ver com o meu encontro com os atores. Em *Mateus,* 10 era disso que se tratava: eu tentando tirar do caminho tudo aquilo sobre o que eu já tinha controle e entrando em contato com uma coisa que não sabia nomear direito e que estava um pouco subjacente a outros assuntos que perpassam a peça. Daí, do outro lado, esses atores e, particularmente, por exemplo, o Vitor, também iam tirando da frente deles as pegadas conhecidas demais. Você tem uma sensação clara quando vê isso acontecer: "Puta! Essa pegada não é minha. Ela não é sua também. Ela não é de nenhum de nós, mas nós a encontramos aqui, entre nós." A questão não é que nós encontramos o dono da pegada, e ele vai falar: "É minha. Você não estava achando, mas ela é minha. Agora, podemos falar de igual para igual, você vai falar o que você acha, eu vou falar o que eu acho, nós vamos entrar em acordo ou desacordo, porque temos coisas a dizer e opiniões claramente nossas." Não, porque, quando esses dois Robinsons se encontrarem, o outro Robinson também vai dizer: "Eu não sei dizer se essa pegada é minha", e o primeiro poderia responder, "Então, é minha e sua, mas ao mesmo tempo não é de nenhum dos dois." Isso que não é totalmente meu e também não é totalmente dele, do ator, para mim é disso que tem se tratado o teatro e a dramaturgia. Porque eu sempre escrevo sozinho, sem as palavras dos atores, sem o processo colaborativo mais ortodoxo. Mas, muitas vezes, quase sempre, trabalho em contato com os atores, de forma paralela, ou seja, eles estão fazendo outra coisa, não sei exatamente o quê. Ou fazemos coisas juntos, lemos por exemplo propostas de texto... Mas existe essa busca que vai acontecer no "eu" sozinho e que entra em contato com algumas coisas, e aí depois esse ator também entra em contato com essas mesmas coisas, mas de um outro ângulo, e essas coisas não são conhecidas de nenhum dos dois lados. Para mim, em todos os processos, isso continua, até hoje. Todos os processos mais fortes têm tido sempre a ver com isso, eu sempre me grudo nos atores, quando vejo que tem um ator nesse lugar de encontro estranho, de encontro com o estranho. É quando sei que alguma coisa vai acontecer. Quer dizer, a pergunta não passava totalmente por isso, mas um pouco por essa questão do processo, de como o texto se gera. A relação entre a sala de ensaio e o lugar da escrita, para mim, passa por aí. É um processo colaborativo, de alguma forma, mas que envolve separação para que nós possamos entrar em contato com as camadas que não conhecemos. Eu não soube fazer com que o lugar da discussão coletiva das minhas experiências acessasse aspectos tão desconhecidos, tão fora do controle consciente. Por isso me interessava menos o lugar do debate, daquilo que eu acho, daquilo que você acha, do "eu sei quem eu sou". Não me interessa muito o "eu sei quem eu sou", não me interessa muito o "ele sabe quem ele é", ou o "ela sabe quem ela é", me interessa mais o que ambos não sabemos direito sobre nós. Sobre isso, acho que há, desde o *Mateus,* 10, uma busca mais estruturada, uma investigação continuada, mesmo. Por isso estou falando de um estranho familiar, de algo que conheço e desconheço, e que, para mim, sempre tem passado por uma espécie de ação que visa a criar fendas.

Também existe outro ponto, uma ideia de que se age a partir de um território relativamente conhecido nos quais fendas vão sendo criadas. É um pouco, de novo, como a imagem das pegadas. Você precisa apagá-las, mas você não parte do nada, você não acessa esse estranho familiar imediatamente, do nada, chega e fala: "Tá, vou lá", e vai até um lugar. Parece que ele só é visível através de fendas, rachaduras que ocorrem, elas, em uma camada que é relativamente mais reconhecível. Para mim, em termos de linguagem, pensando em forma, nesses dois lados da forma, me interessa a busca por criar fendas para entrar em contato com esse desconhecido, e essas fendas são criadas em determinados territórios, mais ou menos reconhecíveis. Por exemplo, *Mateus,* 10 é a história de um pastor que tem uma obsessão e começa a querer matar uma velhinha, a partir do Raskolnikov, do Dostoiévski,[4] mas daí tem uma cena em que ele está em casa e tem uma discussão com a mulher. O que importa é uma coisa que acontece, e que não tem a ver com dramaturgia, na verdade, que é quando entra uma música do Calcinha Preta. Foi sobre esse tipo de coisa que eu falei, e que para mim é aquele tipo de encontro em que há uma pegada estranha e familiar, e você diz: "Isso aqui é incrível, não sei o que aconteceu, mas é muito bom." A música do Calcinha Preta surge num volume ultradesproporcional, e o homem cai no chão e começa a ter uma espécie de crise, um surto de pastor. Parece que você toca em alguma coisa que está por trás, que é o que fundamenta aquela música. Você fala: "Estou entrando em contato com algo que já era essa música, mas que não estava explícito nela." Para mim, é um exemplo, quer dizer, conheço a música do Calcinha Preta, conheço o pastor evangélico, conheço todos os elementos presentes, a mesa (o pastor vira a mesa, tudo cai no chão, ele cai no chão e começa a ter um surto epilético). Eu sei o que é uma mesa, eu sei o que é um pastor evangélico, eu sei o que é essa música, eu conheço tudo isso, eu sei onde eles se encaixam no mundo, mas de repente você junta essas coisas e parece que, por um momento, se abre uma fenda, e você fala: "Tem algo aqui que está pulsando por trás disso tudo." E eu acredito, há coisas por trás, nem todas as camadas estão em um mesmo patamar. Acredito que existe, sim, a possibilidade de se acessar coisas que estão por trás de outras, e que nem sempre podemos nomeá-las com clareza. Esse tipo de lugar me interessa muito. Tenho tentado trabalhar nesse sentido. Eu acho que, desde o *Mateus, 10*, praticamente em todas as peças, de maneiras diversas, há uma contraposição a ser feita em relação a um certo território, para que nele se abram fendas e outra coisa seja acessada. Acho que

4 Refere-se ao livro *Crime e castigo* (1866), de Fiodor Dostoiévski.

isso, depois, em todas as outras peças, na trilogia,[5] no *Branco* e na mais recente, *Refúgio*, penso que sempre há essa busca. Em termos de forma, acho que seria isso.

KIL ABREU:

Não está no roteiro, mas vou aproveitar, porque é um gancho bom. Isso que você fala, de uma estrutura cheia de fendas, é bem evidente na sua literatura dramática. Acho que o contato com os atores é também muito evidente. A cena tem uma materialidade muito forte nos espetáculos, e tem mesmo esses espaços, que são de uma dramaturgia elíptica, cheia de sentidos. Ao mesmo tempo, os últimos espetáculos (a trilogia Abnegação*, o* Branco*), fizeram a temporada lá no Centro Cultural São Paulo, eu acompanhei de perto; apesar desses lugares subliminares, que não estão no primeiro plano do discurso, algumas peças são francamente políticas, mexem com aspectos da sociabilidade que estão quentes. As peças têm movimentado um bom debate. A trilogia, talvez menos, desgraçadamente, menos, porque só mostra nossa despolitização. Mas sobre o* Branco *se escreveu muito em função de toda a questão negra, que está emergente, e o espetáculo criou certa polêmica. Ou seja, é um material elíptico, é um material que desperta paixões. Acho que no* Branco *foram escritos uns trinta textos a respeito do espetáculo. Eu queria saber como você tem recebido isso. Acho que já estamos próximos daquela pergunta da relação com o público. Como é que você, como autor, nessa perspectiva de um tatear que vai apagando as marcas, tem recebido a recepção das suas peças?*

AF:

Eu venho pensando bastante nisso. Não é evidente, mas é de se esperar que isso ocorra. Acho que, desde a trilogia, na verdade,

5 A trilogia, escrita por Alexandre Dal Farra, começa em 2014, com *Abnegação I*, segue com *Abnegação II — Começo do fim*, em 2015, e termina em 2016, com *Abnegação III — Restos*.

desde o *Manual da destruição*,[6] que é o meu romance (em *Mateus, 10* também, mas é um pouco diferente), havia, até 2016, um certo território de consenso ideológico em torno do lulismo. Me parece que havia uma sensação mais ou menos estruturada de relação com o país, de relação até com o mundo, um lugar mais ou menos estável em que nós vivíamos. Esse território ideológico constituía, vamos dizer assim, um contexto político amplo, que de certa forma englobava todos esses trabalhos. Trabalhei todo esse tempo, basicamente de 2013 até 2017, numa relação então de autocrítica, em um contexto em que existia um anteparo sobre o qual se podia fazer um movimento como esse, porque a autocrítica era também uma crítica daquilo que detinha parte do poder, talvez sobretudo ideológico. Por exemplo, *Abnegação II*, performativamente, foi pensado mesmo como um vetor direcionado ao público, um vetor de provocação, buscando, a partir do embate, acessar outras camadas; é a partir de um choque, e o choque pressupõe um outro lado, que está lá, o lado do público, que está em um certo território ideológico, para se tentar criar um ruído ali, naquele território, e, a partir desse ruído, tentar acessar essas outras camadas, menos óbvias, que não se referem a questões diretamente políticas no sentido estrito da palavra. No *Abnegação II*, isso é literal mesmo, havia as cenas mais figurativas, que se referiam a situações ligadas ao universo político, mas havia uma outra camada na peça, que era absolutamente disforme em termos de situação, de personagem, umas pulsões extremamente terríveis, não dava para saber exatamente que relação aquelas coisas tinham com o resto da peça. Ou seja, acho que existia um território ideológico constituído, onde a peça agia, para a partir desse embate, nesse território, buscar outras camadas para além dele, camadas talvez mais do universo do *estranho*

[6] *Manual da destruição* é um romance escrito pelo autor e lançado pela Editora Hedra, em 2013.

familiar de que falei antes, por exemplo. Esse território ideológico foi sendo então o ambiente no qual eu ia trabalhando e criando ruídos, sempre na tentativa de abrir um canal para um outro lugar, como se desse para ricochetear e escapar desse ambiente de discussão mais reconhecível — sobre o PT, por exemplo —, e escapar dali. Isso foi acontecendo em toda a trilogia, na *Abnegação* I, na *Abnegação* II, na *Abnegação* III, onde se anunciava o fim, aceitando-se que já havia quase que uma aceitação do luto que estava por vir. Mas o *Branco* foi o que gerou mais repercussão mesmo, em termos de número de textos escritos sobre a peça. Para mim o *Branco* foi de certa forma uma tentativa de criar esse debate, essa provocação talvez, em um outro tipo de pequeno consenso, no qual a minha ideia — semelhante ao que tinha feito no *Abnegação* II, por exemplo, em relação ao PT — era também criar um ruído. Mas nesse caso era um território muito menos conhecido para mim, na verdade era um território que não era meu e não tinha como ser, e por isso, era muito mais arriscado, obviamente. Estou estudando esses efeitos no meu doutorado[7], tentando entender em que medida isso foi possível ou não no caso do *Branco*, porque a minha avaliação é de que na trilogia isso mais ou menos acontecia, quero dizer, essa possibilidade de que a provocação em um território ideológico mais ou menos consensual gerasse movimento e possibilitasse o contato com questões mais profundas. Pelo que eu percebia nas pessoas, na trilogia isso funcionava, criava-se uma fenda num discurso que era mais ou menos reconhecível. No caso do *Branco*, no entanto, eu tenho dúvidas sobre o entorno onde eu estava tentando criar um tipo de ruído...

---

[7] A partir dos conceitos de "profanação", de Giorgio Agamben, e de violência, de Walter Benjamin, a referida pesquisa de doutorado ocorre no Programa de pós-graduação em Artes Cênicas da ECA/USP e investiga, na obra de alguns autores, sobretudo do diretor, cineasta e preformer Christoph Schlingensief, como dispositivos ditos "perfomativos" precisam estar sempre em movimento a fim de sustentar sua capacidade profanatória.

KA:

Qual era o entorno, no Branco, *Alexandre? Não sei se todo mundo assistiu ao espetáculo. Sem precisar descrever a questão de fundo, só para nós nos familiarizarmos.*

AF:

Era a questão relacionada ao racismo. O território de discussão política relacionado a isso. A minha tentativa era entender como eu poderia criar um ruído ali. Hoje, quando penso na peça, acho que isso acontece dentro do meu próprio olhar, mas, quando vejo o que ela gerou, o contexto todo, todos os textos, tudo o que aconteceu, tendo a avaliar que a peça não foi capaz de criar, efetivamente, o ruído na direção que ela queria criar. O entorno ficou maior que ela, e o efeito ficou diferente. É uma coisa que eu ainda estou entendendo, mas é diferente da trilogia, em que me parece que a discussão conseguia efetivamente ser trazida para a busca do que não conhecemos totalmente ali, naquele território — no caso, a esquerda, o PT. No *Branco*, acho que o efeito foi uma volta para o que já conhecíamos, com mais força ainda. Por incapacidade, talvez, da peça. Não sei. Também é óbvio que é impossível dar conta de tudo. Ela gerou muita coisa, isso é interessante, mas nem sempre eu sinto que tenha conseguido puxar esse desvio na direção de um *estranho familiar*.

JOSÉ FERNANDO PEIXOTO DE AZEVEDO:

Ouvindo você falar, voltando à questão das pegadas, me lembrei do poema do Brecht, "Apagar as pegadas". Você, falando, parecia citar versos do poema do Brecht. E, te ouvindo, parece que há dois movimentos aí: um, no plano do procedimento, que é o de estranhar, e se estranhar, nas coisas e nas relações; e outro, a partir desse movimento, o de chegar a algo que seja totalmente estranho. Nos dois casos, há uma intencionalidade operando aí. Por mais que você objetive esse estranhamento, tudo se dá a partir de uma intencionalidade que às vezes se confirma e às vezes não. Pensando no Branco *e nas outras peças, me parece que todas chegam a um lugar muito parecido, que, para além daquilo que você intenciona, tem uma sociabilidade que emerge. Me parece que, sim, você pode ter intencionado debater o racismo, isso aparece como uma camada, mas o que emerge dali é um tipo de sociabilidade que inclui o racismo, mas é muito mais perverso. Pensando no campo do lulismo, a cena na frente do Hotel Bahamas*[8] *podia ser uma cena de uma peça sua, em algum nível. Primeiro, será que não emergiu daí a percepção de um tipo de sociabilidade que sempre esteve presente e que se radicaliza cada vez mais no Brasil? Será que a sua dramaturgia também não seria uma espécie de testemunho e elaboração dessa sociabilidade que vai se radicalizando em todos os campos?*

AF:

Eu também leria por aí, com certeza. O Frank Castorf tem uma ideia de que eu gosto muito, de que você usa o teatro justamente para entrar em contato com aquilo que, malgrado você, te forma, embora você não queira que faça parte de você, faz parte. Ele fala: "Sim, eu sou autoritário, eu nasci em um país onde o retrato do Stálin estava na parede da sala da minha casa." Enfim, isso não tem como não estar em mim, isso não tem como não me formar. Então, essa tal pegada que você encontra, e que não é só sua, ela também tem a ver com algo que constitui o nosso mundo, constitui o que estrutura a realidade brasileira como um todo. No caso do *Branco*, talvez eu não tenha conseguido totalmente, isso que

8 Na noite de 6 de abril de 2018, após o então juiz federal Sergio Moro decretar a prisão do ex-presidente Luiz Inácio Lula da Silva, o empresário Oscar Maroni, dono do Bahamas Hotel Club, promoveu uma festa em frente ao seu estabelecimento em Moema, Zona Sul de São Paulo. Fantasiado de Irmão Metralha, ofereceu 9 mil latas de cerveja para um público de 3 mil pessoas formado, em sua maioria, por homens.

eu acho que está na peça, a meu ver, não veio com a força que poderia. Na trilogia me parece que sim, que esse substrato da sociabilidade que nos forma veio mais à tona. Por exemplo, no caso do Nelson Rodrigues, que é um dos autores de que eu mais gosto, em geral, e é engraçado que, esses dias eu tenha visto a montagem do Eric Lenate de *A serpente*, e tenha dito: "Nossa!" Quem dirigiu foi o Lenate, e a Erica Montanheiro fez a direção com ele, o que é importante, porque ela trabalha com melodrama. E eu achei o tom dos atores muito bom. Fui à estreia e mesmo assim achei que aquele tom já estava muito certo, para além da encenação. O tom era muito divertido, porque eles ficavam falando muito rápido, meio chorando, meio gritando o tempo inteiro, e essa peça é impressionante, porque os personagens não têm profissão, nada acontece, não tem nada, eles só ficam falando: "Morre comigo. Ah, você vai morrer com ela, não comigo. Mas por que você não vai morrer com ela? Morre comigo também", não sei o quê..., só isso. E é engraçado porque depois eu comentei com um amigo, na saída: "Essa é uma das peças do Nelson de que eu mais gosto." E esse amigo me respondeu: "Nossa, mas é a pior peça do Nelson." Eu não sabia que havia um tipo de um consenso de que essa é a pior peça do Nelson. Argumentam que é óbvia, que ele fez por encomenda, algo assim. E eu: "Sério? Mas essa é a melhor peça do Nelson." E o meu amigo: "Não tem nada! Os personagens não fazem nada!", e eu respondi: "Justamente por isso." Parece que é como se ali o Nelson Rodrigues tivesse apagado as próprias pegadas. Não tem mais o malandro, o jornalista, a puta, todos aqueles figurinos, aquelas embalagens, ficou só a pulsão bizarra, mortífera, brasileira, horrorosa, que sempre está lá, como substrato, me parece, em todas as outras peças. Eu falei: "Cara, eu sempre achei essa peça a mais legal do Nelson." Para mim, tem um pouco a ver com isso. Esse estranho familiar não é só individual. Esse algo que nós encontramos, que não é só nosso, que talvez seja algo que o outro também encontra que não é só dele, esse *algo* nos forma. Esse algo é também talvez a camada simbólica que constitui as coisas que estão em nós. Era justamente isso que eu estava mirando, é disso que se trata, é isso que me interessa.

ISABEL DIEGUES:
Tem uma coisa curiosa, talvez uma contradição, sobre a qual eu gostaria de ouvir você falar a respeito. Você fala de ir ao encontro do desconhecido, de tirar da frente aquilo que você conhece, ou que você controla. Aí, quando fala do Branco, *que teve uma repercussão imensa, mas não a respeito daquilo que você queria, é interessante pensar que, apesar de haver uma intencionalidade, que se quisesse discutir coisas que não repercutiram, que apesar disso outras surgiram. Essas fendas que você, eventualmente, abriu ali, também trouxeram de volta coisas que você talvez não tivesse visto antes. Há uma contradição quando você diz buscar a direção do desconhecido, demonstrando, ao mesmo tempo, uma certa frustração pelo fato de sua intencionalidade não resultar no que você desejava. Então queria saber, porque é interessante você buscar e ao mesmo tempo se frustrar um pouco com o não.*

AF:
É que esse estranho familiar não é tanto o desconhecido, ele é familiar também. Quer dizer, essa busca tem a ver com procurar camadas que não sejam totalmente codificadas, que não sejam totalmente conscientes. Daí, quando eu digo que fica uma certa dúvida quanto à capacidade que a peça teve de fazer isso, é justamente porque ela acessou demais camadas totalmente conscientes, não conseguiu criar um ruído real. Mas acho que às vezes conseguiu, não dá para ter um julgamento final. *Branco* tendia a recair num lugar mais codificado, mais consciente, como se fosse um debate de opiniões, e daí, é justamente o que não me interessa, discutir opiniões, então, trata-se de um lugar conhecido justamente

por isso. Mas não estou inteiramente certo. Na verdade, o meu doutorado é uma tentativa de entender isso, relendo tudo o que foi escrito e entrando em contato com isso, ao mesmo tempo em que é um estudo paralelo do Christoph Schlingensief, na Alemanha, que também tem algumas produções que geram situações parecidas.

KA:
Acho que tem a ver com isso que o Zé falou. Foi a cena, talvez ela tenha sido mais forte do que a experiência formal, que não conseguiu ser mais reveladora do que a polarização que se dava. Me lembro perfeitamente daquele momento... "a pior peça do ano", lembra disso?

AF:
Claro.

KA:
"É a pior peça do ano." Ou as pessoas diziam: "Isso aqui é a revolução... É o experimento formal, de certa ordem, maravilhoso, e ao mesmo tempo, a pior peça do ano." Estamos falando da polarização. Acabou se igualando no mesmo lugar em que a discussão da sociabilidade estava dada.

JFPA:
É que agora ele deu um exemplo. Eu sempre achei que havia uma relação muito forte entre o seu teatro e o de Nelson Rodrigues. Mas agora, você falando do Schlingensief, me parece que talvez nós precisássemos entender a reação à peça como parte dessa dramaturgia e desse processo, quer dizer, é algo que não se encerra ali. E isso que a peça faz emergir é parte do próprio projeto, pensando no Schlingensief agora. Digamos que há uma instância material do trabalho e que inclui essa reação. Sem isso, não está completo. Não é a peça em si, não é exatamente o que ela fez emergir, mas essa emergência faz parte do trabalho.

AF:

A grande coisa é ler tudo o que foi falado e tentar entender o que aconteceu... A peça foi um ponto de partida, não que eu quisesse produzir o que ocorreu, mas eu queria agir nesse lugar.

KA:

Sobre a questão geracional, nós perguntávamos sobre uma certa ideia de tradição, se você se sente filiado a alguma tradição, no sentido usual da palavra, ou se você se sente irmanado em uma tradição nova, geracional, entre os seus pares etc. Como você se localiza em relação aos seus, da sua geração, e de outras?

AF:

Para além de influências, Nelson Rodrigues. Não pela questão de "a vida como ela é", porque eu não acho que ela sirva, já que pressupõe a ideia de que é possível falar diretamente do que a vida é, e não é por aí que eu acredito, mas, se eu for pensar nessa questão mais geracional, das tradições, eu me inscrevo totalmente, com toda a clareza, dentro de um movimento que veio da década de 1990. Companhia do Latão, Folias, basicamente, essa galera. E também tinha o Vertigem, mas não foi muito dali que eu parti. Vínhamos mais dos grupos de teatro político, dos grupos que tinham contato com Brecht, tanto os Narradores, eu acho, como o Tablado também. Daí a questão do lulismo, de um certo consenso ideológico em relação ao qual era possível se contrapor, era algo muito real, e artístico, não só político, porque esse território ideológico tem muito a ver também, é no mínimo paralelo à história do Teatro de Grupo, quer dizer, esses anos de lulismo também foram os anos do Teatro de Grupo crescendo e do processo colaborativo, que também era defendido e conceitualizado dentro desse mesmo território ideológico como algo socialmente importante. Tinha toda uma questão ética do colaborativo, que era não se utilizar o ator, o ator-criador, tudo isso. Essa redundância é engraçada, mas, na época, fazia todo o sentido, porque era como se o cara, sendo só ator, não fosse criador, isso era muito forte quando comecei a trabalhar, e era totalmente aí que eu me inseria. Por exemplo, quando comecei a falar: "Não quero ficar anotando as cenas dos atores e apenas organizando em casa para depois trazer de volta. Não gosto disso, eu gosto de escrever mesmo as coisas", isso não era algo dado, ao contrário, partia-se de um lugar onde era absolutamente consensual que a função de um dramaturgo tinha passado a ser a de anotar as cenas a partir de improvisações. Se você falasse: "Vou escrever um texto", respondiam um negócio mais ou menos assim: "Você acha que você é o quê para chegar e começar a escrever um texto e querer que alguém fale o seu texto?" O começo dos anos 2000 tinha meio essa onda. Brecht, muito Brecht. Eu via esses caras, muito, via Latão, via Folias, que são diferentes, mas que se complementavam. Lembro-me, por exemplo, de um texto de que eu gosto muito, e que não estou mais lendo tanto, porque acho que decorei, o "Caráter destrutivo", do Walter Benjamin.

Eu estava lendo a revista *Vintém*, do ano 2003 ou 2002, em que o Latão estava fazendo um experimento com Heiner Müller. Daí convidaram um cara que ninguém conhecia, de quem ninguém nunca tinha ouvido falar, para vir ao Brasil. Era o Hans-Thies Lehmann. Daí o Hans-Thies Lehmann fez uma palestra, e a *Vintém*, que era a revista que o Latão editava na época, publicou uma entrevista, em que ele falava do "Caráter destrutivo" do Benjamin como um texto que tinha a ver com Castorf. Eu nunca tinha visto nem Castorf nem esse texto do Benjamin, nada disso. Vi aquilo e pensei: "Cara, isso aqui é interessante." Li o texto, achei incrível. Depois fui entrar em contato com Castorf, o que me levou ao René Pollesch, que estudei no mestrado.

Entrevistando Castorf, perguntei a ele: "Você se considera um brechtiano?" Ele falou: "Sim, no seguinte sentido: a situação precede a personagem. Nesse sentido, eu sou brechtiano." Eu achei incrível o jeito com que ele resumiu em uma frase aquilo que entendia por ser brechtiano. O material é anterior ao que se faz com ele. Se nós estamos aqui... Ele dava exatamente esse exemplo, se isso daqui [aponta para o copo] estivesse cheio de vodca, essa conversa viraria outra coisa.

Se eu for pensar de onde eu venho, tem a ver com essas pessoas. Ou seja, de alguma forma, com essa gente que estava repensando ou estava "atualizando" (é uma palavra ruim, mas...) o Brecht. Todos eles são brechtianos, de alguma maneira. Eu não sei se me considero brechtiano ou qualquer outra coisa, mas é daí que vêm os meus movimentos, inclusive os de provocação. É aí onde entra uma performatividade mais violenta, como em *Abnegação II*, por exemplo. Acho que esse território ideológico, que é o lulismo, tem a ver com essa gente, e daí, para mim esse é o mesmo mundo que simplesmente acabou em 2016. Depois de 2016, teve o *Branco* em 2017, e agora *Refúgio*. Dei uma pausa, olhando para tudo isso, e pensei: "Acabou!" O lugar em que eu estava tinha a ver com esse mundo, o lugar em que eu me coloquei tinha a ver com um território ideológico que sumiu. Então, não tem mais nenhum sentido eu fazer aquele tipo de movimento. O lugar em que eu estava não existe mais. Que lugar é esse, onde se pode estar agora? Continua me interessando o estranho familiar...

KA:

Esta é uma conclusão? Para você, esse lugar não existe mais?

AF:

É uma conclusão que não é só minha...

KA:

Há controvérsias.

AF:

Mas é que esse lugar, enquanto lugar consensual, enquanto estrutura estável, acho que dá para dizer que não existe mais.

KA:

Certo, entendi.

AF:

Não estou dizendo que o PT não existe mais... isso eu já não sei.

KA:

Eu entendi, cara. [risos]

AF:

Você não tinha só o Lula, tinha o Obama. Um capitalismo que parecia viável, uma crença de que as coisas podiam ir melhorando, de que ia dar tudo mais ou menos certo. Não era só o Lula, não é só o Brasil. Isso acabou em dois anos, completamente. Você tem Trump, você tem tudo o que nós sabemos. Isso é muito concreto. Nesse sentido, não é uma opinião minha, é uma constação. Então, a questão que eu passei a me colocar foi: por onde é que agora eu consigo continuar buscando esse estranho familiar? E em relação a quê? É por isso que, para mim, ficou muito forte um retorno a algo que estava no *Mateus,* 10, que tinha um pouco a ver com isso, uma posição que pressupõe menos um outro lado estruturado, um território ideológico no qual você se insere, porque no *Abnegação II* você pressupõe um público pensando coisas, um público ativo, um público que tem lado. Para entrar na questão do público, você já pressupõe que existe um público que tem determinados pontos de vista. A performatividade da peça tem a ver com isso, e com sua violência. Normalmente, 98% da plateia estavam naquele território ideológico que possibilitava o incômodo que se queria gerar. A peça é dirigida. Esse tipo de coisa passou a não fazer mais sentido. Para mim, *Refúgio* (2018) é a primeira tentativa de uma nova localização a partir de um tempo em que eu fiquei parado, olhando, tentando ver o que é isso, onde eu estou. Me veio uma nova sensação, que é a de que nós estamos entendendo demais, sabe? Às vezes, tenho a sensação de que estou entendendo demais, nós achamos que está tudo óbvio, mas não é possível, tem alguma coisa... Ou seja, o que estamos formulando sobre a atualidade, parece que às vezes há clareza demais nas nossas formulações, nas minhas inclusive, e tem alguma coisa errada nisso. Porque está tudo tão óbvio, e no entanto não muda, que talvez o jeito de pensar é que esteja errado. Eu sinto isso. A partir dessa sensação, fui tentando ver onde eu estava, agora, neste novo momento. Isso, de certa forma, foi dar no *Refúgio*.

NEWTON MORENO

NEWTON MORENO:

Não sei por onde começo, acho que vou terminar pelas questões da produção, as dinâmicas de como produzir, que é a questão mais difícil, a mais dura. As outras têm a ver com a forma como a gente vem trabalhando, acho que é mais colorido e divertido.

Este convite para participar da Maratona veio numa hora muito boa. Depois de 2012 e 2013, fiquei meio distante de uma dinâmica de grupo, que sempre foi muito forte para mim. Mesmo que nem sempre produzindo diretamente para o grupo Os Fofos, mas produzindo para (e com) outros coletivos. Além disso, o grupo Os Fofos Encenam está em um período sabático. De transformação, de revisão. Logo, realmente estou numa entressafra, meio órfão dessa parceria e de outras parcerias. Felizmente, esses grupos me deram um panorama de alguns procedimentos de grupo de teatro de São Paulo, pelo menos no começo desse século, como a Cia. Livre, a Cia. Balagan, o Razões Inversas, enfim... Então, este convite de repensar a minha dramaturgia hoje, para onde quero ir a partir de agora, em que lugar estou neste momento, é muito potente. Estou justamente no final — espero eu — dessa entressafra para me realocar, ou me reaproximar, ou voltar a produzir em relação a um coletivo de teatro.

Acho relevante mencionar que tenho uma formação de ator, venho da Unicamp, que é um celeiro de formação de grupos. Por isso, pensar a dramaturgia vem desde sempre a partir das personagens, pois saio de dentro da cena para olhar de fora dela. E é engraçado como já me acostumei a não estar neste lugar aqui, o palco, e agora é mais cômodo e confortável fora. Fui subindo e me deu um arrepio. "Ai, meu Deus, voltei para cá." Mas foi a partir deste lugar, do palco, do olhar do personagem/ator, que comecei a estruturar minhas ideias de texto. A curiosidade pelo personagem foi minha primeira ferramenta.

Para falar de formas, ou de formas iniciais, o primeiro material que escrevi veio de uma indignação minha em relação à comunidade LGBTQI da cidade de São Paulo. A minha primeira vontade de escrever um texto se configurou a partir do momento em que me senti indignado com alguns eventos que testemunhei como parte dessa comunidade. Da produção de mecanismos de opressão, preconceito, diferenças de classe, raças, credos, dentro da própria comunidade LGBTQI, que se sentia, e pedia para si, uma organização de defesas, de respeito e visibilidade. Essa indignação você só escreve com raiva. No meu caso, comecei com raiva mesmo. Foi o que me empurrou para começar a produzir os primeiros textos que tinham relação, sim, com personagens de um campo homoafetivo, em alguma instância. Foi essa homoafetividade que começou a gerar minha produção de dramaturgia.

Com o tempo, a forma foi se aproximando da necessidade de olhar para fora de São Paulo, para eixos talvez mais periféricos ao eixo central paulista, voltando ao que me formou e me interessa como artista, que vem da cultura popular do Nordeste. Voltar para esse homem de dentro do Brasil. E essa vontade de tentar falar das coisas que me mobilizavam, que interessavam, mas que pertencem também a uma sensibilidade contemporânea, que eu estava vivendo. Criando um espaço interessante, um espaço de tensão, de fricção de uma coisa que combinava e descombinava ao mesmo tempo. Fiquei nessa briga, nessa busca, nessa pesquisa por algum tempo, principalmente quando fui produzir *Agreste*, que é um texto inaugural. Para que passassem a me olhar como dramaturgo, tiveram duas pessoas muito importantes, que foi o Marcio Aurelio se relacionando com o material do *Agreste* e o Renato Borghi me convidando para fazer o *Dentro*, na Mostra de Dramaturgia Contemporânea, em torno de 2003 e 2004. Isso trouxe uma curiosidade sobre meu trabalho; tem algo nesse universo que estou propondo, nesses seres que estou colocando em jogo, nessas palavras que estão aparecendo, que podem interessar ou podem provocar a cena contemporânea de alguma forma. Sempre foi minha maior questão, no *Agreste*, a forma de contar essa história. Toda história, a gente já sabe disso, pede um jeito de ser contada; quando você escuta com calma, ela pede um jeito de ser contada. *Agreste* também. Tinha algo ali que servia a uma forma mais ligada à tradição. E uma rede de referências colhidas nas ruas de São Paulo, nos textos sobre teoria *queer*, dos hibridismos da cena contemporânea. Misturei os campos porque achei que aquela história que se origina no interior do Nordeste tinha que ter esse suporte, o da arte do contador. Tinha que genuinamente contar com uma construção que era a do contador, do narrador do Nordeste. Mas, ao mesmo tempo, parecia que a forma fugia, se transformava ou se *destravestia*, não sei bem qual seria a palavra, a partir do momento que as personagens se desvelavam ou se descobriam "outras". Tinha um jogo que parecia potente, mas era sempre um jogo de tensão porque tinha uma solicitação da história, da prosódia, desse "contar" e ao mesmo tempo tinha algo que parecia cindir com isso, quebrar.

Acho que vou avançar demais, depois a gente pode voltar, mas acredito que é nesse campo que volto a defender as parcerias que tive, porque é muito prazeroso poder estudar o texto em relação ao projeto de encenação. Gosto de estar perto da sala de ensaio porque vim da sala de ensaio. Isso me insere, talvez, nessa trupe de dramaturgos que gosta de estar perto, testemunhando descobertas e dúvidas. É um risco, mas é o que acho mais genuíno. Como também sou um diretor, ainda que bissexto, tendo a pensar junto com o encenador. Fico tentando entender em que medida posso manter os princípios, as premissas, o que acho que a história precisa para acontecer. Mas também tento abrir a escuta para entender que se eu transformar um pouco as coisas, em função daquele ator ou do que o grupo pensa, a gente consegue talvez tornar tudo mais consistente, atual, comunicando mais. Não é uma negociação fácil, não estou aqui para dizer que é uma negociação fácil, que é um processo tranquilo, que é pacífico, porque não é. Mas é muito difícil para mim pôr um ponto final, entregar o texto, ir embora. Faço porque me obrigam, mas não consigo. Acho que o que quero dizer é que ser o dramaturgo do colaborativo, o dramaturgo do grupo, foi uma grande escola formadora desse meu pensamento da escrita.

KIL ABREU:

São Paulo é aquela coisa que o Caetano Veloso fala, é como o mundo todo. Moram na cidade dramaturgos de origens muito diferentes. Aqui mesmo tem vários: você de Recife, Francisco Carlos, que é do Amazonas... E tem uma porção de outros, Gero Camilo, Marcos Barbosa, gente importante na cena. E tem esse trânsito. Newton, queria que você falasse desse movimento que é especialmente importante, em você, e no Gero também, que são autores que vivem e se enraízam numa megalópole, com toda sua sociabilidade explícita, o que de uma certa maneira está nos seus textos. Inclusive naqueles que parecem mais regionais. Queria que você comentasse um pouco esse ir e vir. Como isso vai fazendo sua escrita do início até agora?

NM:

Um dos procedimentos que a gente usa muito nos grupos é o de ir ao encontro dessa primeira ideia de espetáculo, viajar geograficamente, ir até o lugar, e ter algum tipo de convivência para trazer um pouco desse cheiro, dessa memória, dessa relação e dessa prosódia, um pouco dessas pessoas, encontrar essas pessoas. Uma etnopesquisa, um coabitar com fontes, trazendo o perfume da viagem para a sala de ensaio. Mesmo que isso seja só 1% do que virá a ser o personagem, mas é importante fazer uma investigação meio jornalística ou antropológica, e ir até lá. Isso foi muito legal dentro dos processos do grupo, porque a gente conseguiu, felizmente, principalmente em três espetáculos que tinham uma relação direta com a cultura, com a história do Nordeste, que é, em toda a sua potência, tradicional, patriarcal, pesada, dura e ao mesmo tempo revolucionária, brincante e enlouquecida, e que a gente conseguiu levar todo mundo até lá. Aconteceu uma coisa linda que era a Bolsa Vitae, que não existe mais, que me permitiu fazer durante um ano em Recife a adaptação do *Assombrações do Recife Velho*, um livro do Gilberto Freyre que a gente transformou em espetáculo. E claro que a ideia do Gilberto é fazer um passeio, que é afetivo, sociológico, poético pela cidade do Recife, querendo entender aquele lugar e aquelas pessoas, aquela civilização, aquela construção a partir das escolhas desse imaginário, dos fantasmas que ainda nos perseguem.

Fui sozinho primeiro, e essa revisitação também era minha, porque sou de lá. Minha relação e meu pensamento sobre aquele lugar, entendendo lendas que iam, lendas que ficavam. Mesmo assim, ao produzir o texto, falei: "Gente, que pena que não posso agora trazer o grupo de atores para esse percurso comigo." E como a gente conseguiu levar outra peça do grupo para lá, acabou aproveitando para refazer esse percurso junto. Fomos na Fundação Gilberto Freyre para falar com as pessoas da família do Gilberto, estudiosos. Isso produziu no grupo todo um pertencimento e uma adesão, uma relação com o material que transformou a dramaturgia que já estava elaborada. Claro que a sala de ensaio também vai transformando. Esse movimento que vários grupos empreenderam, e que a gente conseguiu fazer nesses espetáculos, foi uma maneira de reatualizar a relação e até de *desromantizar* umas coisas e descobrir outras.

Acho que tinha uma das perguntas de vocês que falava sobre o tempo presente no trabalho, como o tempo em que eu vivo se insere. *Assombrações* é um exemplo legal para a gente entrar nesse campo, porque também fui com uma ideia muito romantizada do lugar da tradição. Essas "fraturas do real" entram, aparecem, e tem uma hora que, por mais que você queira se isolar dentro de uma pré-concepção ou de uma idealização, isso vaza. Tem um exemplo no *Assombrações* que talvez me ajude a explicar. A gente tinha a referência de um personagem poderosíssimo, Ninho. Esse personagem era um cara que tinha visto o lobisomem na cidade do Recife, em 2003, 2004, e ele sabia contar essa história como ninguém. Eu me desesperei atrás desse homem. Falei: "Nossa, vou encontrar aquele velhinho, meu Deus, para lá de Bibi Ferreira, um gênio, um brincante daqueles de você olhar e chorar, de cabelo e barba brancas e cajado." Enfim... Demorei muito para encontrar o Ninho, porque ele era um assalariado que tinha que trabalhar em vários lugares para pagar as contas. E ele chegou. Fui encontrar Ninho, ele estava assistindo ao Jô Soares e falou: "Eu te conto o Lobisomem, mas no intervalo do Jô Soares." Então foi assim, eu tinha que sentar e ele me contava durante "o reclame", a propaganda, o intervalo comercial.

KA:

Isso está na peça.

NM:

Isso foi para a peça. Essa adaptação que estava pré-concebida foi se atualizando no tempo do aqui e agora. Na peça ficou isso, o ruído que o impede de contar a história é a televisão, que puxa ele, que não permite. Esse ruído aconteceu na pesquisa e está na peça. E eram pessoas que queriam receber para contar história e...

ISABEL DIEGUES:

Elas queriam te cobrar para te contar as histórias?

NM:

Exatamente. Tinha umas pessoas com uma reivindicação do tipo: "Por que você vai lidar com esse material, se esse material é meu, é nosso, é daqui? E você vai levar para lá e vai fazer o que com ele?" Mas é uma lenda urbana, é uma fala popular, é uma memória coletiva, uma história oral. E alguns falavam: "Eu conto o que o senhor quiser me dando dez reais, 15 reais, vinte reais." Então, o encontro com o "real" vai atravessando, vai se impondo. Daí essa necessidade da viagem e de reatualizar. No *Terra de santo* foi a mesma coisa, a gente foi achando que ia encontrar a festividade pura do folguedo junino, do sagrado São João, do não sei o quê. E não tinha mais fogueira, porque foi uma atividade que o domínio neopentecostal aboliu. Para muitos, é uma tradição pagã, que não corresponde mais à nova cartilha religiosa, a outro sagrado que se impõe. Encontramos na reatualização religiosa, na Zona da Mata Norte, região de Vicência, no Recife. O jogo, agora, é neopentecostal pesado. Mudou de Deus, mudou de Deus...

KA:

Isso teria a ver com quase pegar de outros autores que provavelmente você dialoga, como o Ariano Suassuna, que também é muito presente? O tema da morte, sobre esse ponto de vista, você está falando de várias mortes, não é?

Certas expectativas a respeito de uma sociabilidade que você supunha viva ou idealizada, pelo menos, e que, na verdade não está, está morta ou está em outro lugar. Todas essas peças, Assombrações do Recife Velho, *e as outras também,* Imortais, As centenárias, *têm aquela cena da Bem-Vinda,*[1] *o centro da cena é esse, na medida em que vai e volta, vai e volta, e daqui a pouco não volta. É sobre isso. De alguma maneira essa sua experiência com o mundo que não existe mais acabou vazando como tema para dentro das formas? Ou já era matéria anterior?*

NM:

Isso vai se dando de todo jeito. Quando comecei a ter vontade e a perceber a ideia do artista, fui para as figuras realmente populares porque felizmente eu vivi um trânsito muito intenso entre Recife, a Zona da Mata e o Agreste, na região de Limoeiro, interior de Pernambuco. Minha ideia de artista, realmente a que me interessava, pelo menos a que me afetou, foi essa. Mas ela não estava só nos brincantes, também estava em alguns olhares menos óbvios para práticas e rituais festivos ou sacros; e o encantamento com a sonoridade, a palavra *machucada* do povo de lá. Na mesma medida em que estava o circo-teatro e eu percebia isso nos cirquinhos, que rodavam o Brasil.

A carpideira foi isso. Ali eu via realmente um poder de performance enorme, de um evento cênico. E foi muito interessante o meu encontro com elas, presenciar o ritual, essas *performadoras,* você via os códigos ali, você via a condução da emoção, um domínio da cena, uma potência de cena. Esse encontro com as carpideiras foi muito forte, essa paixão, esse namoro. A carpideira virou uma figura que fui acompanhando em outras dramaturgias minhas, e tentando reelaborar na minha cabeça também. Uma figura

---

[1] Bem-Vinda é uma personagem da peça *Assombrações do Recife Velho* que morre e ressuscita várias vezes e em cada uma delas traz uma nova experiência do "outro lado".

diretamente relacionada com a morte. Convivi com a ideia da morte de uma linguagem para que esse tipo de expressão sobrevivesse e resistisse. Na brincadeira das centenárias tem uma parceria de duas mulheres que tentam evitar a morte da criança, tem nossa negociação diária com a morte, tem o nordestino que luta com a morte de um jeito inclemente. Mas tem também a resistência de uma fala, de uma expressão que tenta não se extinguir. Então, esse pensamento dessa outra morte — acho até que você, Kil, escreveu alguma coisa na época —, do renascimento ou da morte da narrativa, está ali, junto.

Eu fiz um convite para a "morte" ser a protagonista de alguns trabalhos. Mesmo no *Imortais*, tem uma questão muito pessoal que me atravessou. Mas, independentemente disso, vem de uma pesquisa sobre o ritual da coberta da alma.[2] Esse ritual eu nunca presenciei, é um ritual que acontece mais ao sul, e, infelizmente, não o encontrei. Até tentei ir até Osório (cidade onde o ritual acontecia), viajar até o lugar, mas não consegui. Só li os pesquisadores falando a respeito, então tive que partir dos relatos e produzir a partir deles. O que me interessava era de novo esse dispositivo performativo da raiz, de alguma ideia de tradição. Tinha ali uma explosão para um acontecimento cênico que parecia possível, e eu via teatro ali. Então, fiquei nessa ponte, nessa negociação. É algo que não sei explicar, é genuíno, me interessa muito fazer essa conversa entre o que está na tradição e o que é expressão, necessidade, vontade. E como é que a gente negocia isso numa cena que agora se dá aqui em São Paulo ou no Rio e com o material que eu tenho? O que vi, senti, experienciei, li, é uma troca. E há a tentativa de negociar sempre.

2 A Coberta da Alma é um ritual fúnebre onde o morto é interpretado por um ente querido durante um dia inteiro, permitindo que sua alma se despeça de todos e possa partir em paz.

ID:

Você está falando sobre o seu teatro, sobre esse imaginário e as tradições de uma cultura tradicional. E desses personagens que são do Nordeste, de um imaginário que a gente tem do Nordeste. Ouvindo você, fico com vontade de saber quanto dessas tradições você conhecia antes das pesquisas, para ter desejo de falar sobre elas, de escrever sobre elas, porque no meu imaginário, de quem é do Rio de Janeiro, mas de uma família de origem alagoana, há uma certa fantasia sobre como aquelas tradições se davam, ou ainda se dão, e o que eu ouvia da minha avó. Queria entender se você foi atrás para descobrir um Nordeste idealizado até por você mesmo. Essas tradições de onde seus textos muitas vezes partem faziam parte da sua formação?

NM:

Faziam. Nesse trânsito, como te falei, não em Recife. Em Recife também, mas mais para dentro de Pernambuco. Não vou falar de sertão porque é uma inverdade, fui muito pouco, mas a Zona da Mata, a Zona do Agreste, para lá fui muito. E realmente o desejo cênico, o interesse cênico, o contágio cênico, artístico, se deu através desses artistas, dos brincantes, dos populares e das figuras que não necessariamente são ligadas à produção artística. De uma *artesania*, ou algo assim, e pertencentes à minha memória, à minha história.

ID:

Foi isso que provocou em você o seu desejo de fazer o teatro?

NM:

Sim. Foi daí que veio o desejo de fazer teatro. Teve uma fase de negação, porque sempre tem. E você quer romper com aquilo e decide estudar na Universidade Federal de Pernambuco. Conhecer um monte de gente que fazia teatro fora desse lugar "regional", com outras referências, com outras literaturas, com a literatura além de

Pernambuco, além do Brasil. Quando voltei para o Nordeste, voltei reatualizando esses lugares todos da tradição.

Eu vinha falando do *Imortais* porque me interessava justamente um lugar que tem um certo... não esgotamento, mas talvez uma dúvida de até onde esse diálogo entre tradição e contemporâneo pode chegar, até onde ele pode ser potente. Tinha duas figuras mais emblemáticas na peça, a mãe e a filha, que representam essa fricção; tentei inclusive trabalhar até a prosódia, a fala, as expressões da mãe, muitas das quais são do povo, enquanto a filha se nega a uma fala de tradição, digamos assim; essa mãe usa provérbios, coisas que minha avó dizia, expressões que eu ouvi por lá. Era uma fala da memória. Fui tentando estudar esse choque, acho que era uma verdade minha que eu tentava colocar em cena. "Até onde isso vai, até onde vou poder negociar, até onde essas questões interessam? A quem isso interessa?" Essa é uma grande pergunta, que me acompanha sempre. Porque é um procedimento meu. E até onde esse procedimento pode se renovar, ou pode, de alguma forma, me prender, eu não sei. Até a crise do procedimento resultou em uma peça para mim, que foi *Imortais*. Tem outras questões ali dentro que me interessam, mas a peça parte especificamente disso, e desse rito do sulista, dessa *Coberta da Alma*, que é tradição portuguesa. Na Coberta da Alma, um parente ou ente querido interpreta um morto recente para que os vivos possam se despedir dele. Um teatro da morte. Apostei no meu encantamento com o teatro neste ritual, ritual que não presenciei. Esse eu não presenciei; estudei e li a respeito para me apropriar dele.

JOSÉ FERNANDO PEIXOTO DE AZEVEDO:
Newton, você está descrevendo um caminho que ajuda a gente a ver a sua lida com os materiais, os procedimentos que surgem a partir daí, mas você começou falando de um outro percurso que vai do grupo a outras experiências

com coletivos e também com artistas que não são ligados a coletivos, a artistas talvez de um outro campo de produção. Agora você parece se imaginar voltando ao coletivo, num outro momento seu, num outro momento das experiências dos coletivos em São Paulo. Queria que você falasse um pouco desse percurso e do que mudou. De como é esse momento em que você pretende voltar para o grupo e se você imagina que há mudanças radicais que incidem sobre sua maneira de produzir. Ou, talvez, se sua maneira de produzir mudou e isso vai incidir sobre as experiências do grupo.

NM:

Na verdade, mesmo saindo de um tipo de convivência como de grupo, de uma pesquisa de linguagem continuada, eu tentei, sempre que migrei para outras práticas, estar perto de algo que se parecesse um pouco com um trabalho de grupo. Falar do grupo é mais fácil, vou deixar para o fim porque é mais fácil, vou falar do "fora do grupo". Quando tentei me aproximar da Marieta Severo, da Andréa Beltrão e do Aderbal Freire-Filho, eu entendia aquilo como um grupo. Nunca vi aquele universo com todas as demandas que elas têm em torno delas. Sempre entendi que aquele pensamento do teatro do Rio de Janeiro, construído na história de vida do Aderbal e na relação que ele desenvolveu com a Andréa e com a Marieta, para mim aquilo é um grupo de teatro do Rio de Janeiro. Eu reconheço como tal. E vi que esse convite chega de alguém que vai ver *Agreste*, que leva *Agreste* para lá, que me dá espaço para criar a partir do rio em que já estou navegando. Ninguém diz: "Olha, quero que você vire para lá." Não. "É isso, vai aí. É essa a linguagem, é essa carpideira, é isso que te interessa? Vai, traz para a gente." Elas precisavam de uma dupla, de renovar essa dupla que elas tinham em cena e que já tinham experimentado em tantos formatos. Então, eu reconhecia isso, não posso comparar com o que era uma vivência de *Memória da cana*, com o grupo Os Fofos Encenam, com as pessoas se metendo lá nos engenhos comigo. Mas tinha um pensamento ali, no Poeira, a busca de uma linguagem. E descobri, com o Aderbal, a vontade dele de voltar para essa linguagem popular, que também o formou, ainda em Fortaleza, de onde ele vem. Havia mais alicerces do que eu pensei no começo, confesso.

Quando a Lilian Cabral propõe voltar a trabalhar com Fernando Neves, com a Silvia Pogetti, com o Serroni, é uma volta ao grupo que ela tinha aqui em São Paulo, na ECA, onde estudava. A ideia era retomar a trupe do circo-teatro e a linguagem do circo-teatro que o Fernando Neves apresentou para a gente no grupo Os Fofos Encenam. A gente foi pesquisar o melodrama de circo, o circo-teatro, negociando com a minha vontade nordestina, e com uma questão que me incomodava, que era a da mercantilização da fé.

Ou quando fui trabalhar com a Cibele Forjaz, foi maravilhoso porque não sou discípulo de Zé Celso e aprendi Zé Celso através da Cibele. Tem ali um grupo que não é minha família, não é minha escolha inicial, não é minha praia, mas foi um modo de tentar entender aquela gramática cênica, aquela lógica cênica, aquela história do teatro brasileiro através de Cibele. Ou pela Maria Thaís, pelo Marcio Aurélio.

Agora, muito especificamente, fiz um trabalho de audiovisual que me transformou, sim. Eu, que aposto nas palavras, agora estou começando a entender que posso contar mais com imagens, com símbolos. Estou contaminado com essa vivência, interessado nela, querendo negociar esse aprendizado em alguns projetos, mas tem algo que o audiovisual me ensina que talvez eu possa trazer para ampliar o lugar do teatro, e o meu vocabulário cênico, um pouquinho mais. Sinto agora que os experimentos que tive de produzir, num roteiro, de trabalhar na televisão, reeducaram a minha narrativa, contando menos com as palavras. E acho isso bom. Ficar um pouco mais poroso para entender o que essas experiências vão te trazendo e transformar.

Para a volta com o grupo, ou com os grupos, eu não sei dizer, porque é um momento de negociação, de troca. Esse ainda é um ano sabático, uma década sabática, talvez, não tenho clareza. Mas as parcerias nunca se perderam, na verdade, elas não se configuraram sempre com a chancela do grupo — os trabalhos com os parceiros dos Fofos nunca pararam. O que é uma maneira de manter, de alguma forma, essa chama e essa relação.

Sobre o grupo, especificamente, gostaria de falar, porque estamos em vias de abrir uma discussão sobre a dramaturgia ou as dramaturgias. O que vivi com o grupo era muito de um dramaturgo que também era diretor. Então era uma negociação diferente. Eu tinha uma relação esquizofrênica, uma dupla responsabilidade. *Assombrações* é um caso que realmente era um texto antes e quando o diretor entrou em cena virou outro. Impossível não fazer esse reajuste, não entender o que acontece a partir do momento em que começamos a nos relacionar com esse material e pipocam cenas que não existiam porque eu não sabia que personagem que a pessoa podia fazer. Nos improvisos, vi que certa cena poderia existir, porque esse cara deu vida àquilo que eu joguei no lixo; ressuscitou aquilo que eu tinha tirado porque não estava no meu roteiro, não estava no meu arco, no meu percurso.

Por exemplo, havia um ator que não queria contar histórias, e a peça era sobre contar histórias. Então, eu tinha um problema, o que eu vou fazer com uma pessoa que não conta histórias, em uma peça que conta histórias? E ele, na verdade, criou um personagem para traduzir essa insatisfação que ele tinha, essa inquietação. Era uma figura que ficava andando pelos cantos e dizia: "Eu não quero contar, não vou contar, eu não quero contar e não vou contar." A gente pegou a história do lobisomem, que era uma cena em que o cara não queria contar porque ele achava que a história tinha um poder tão grande... a história tem um poder tão grande que transforma a gente... então ele não queria contar a história porque sabia que, se entrasse nela, ela ia transformá-lo no bicho. Falei: "Vem cá, começa a contar essa que você não quer contar." Porque ele contava e se transformava, então tinha um jogo muito interessante. Era sobre o poder transformador da narrativa. Com o grupo, realmente é outra camada. É a dramaturgia da cena, ou do processo, ou a dramaturgia com o ator, não sei como classificar isso. Porque todo mundo contribui e você vai reelaborando.

Tinha dois atores que disputavam uma história. "Não, essa história quem vai contar sou eu", "Não, sou eu", "Gente, só uma pessoa pode contar essa história. Não tinha história de dois, então vocês vão disputar quem conta essa história." A gente foi jogando essa realidade da sala de ensaio, do processo, para reorganizar o percurso da peça, como na cena da própria Bem-Vinda que você, Kil, citou. Quando o Marcelo Andrade trouxe a Bem-Vinda, falei: "A gente termina a peça aqui e, se fizer essa cena, já está bom." Porque configurava uma relação tão festiva com a morte, uma relação tão exuberante. Aí ficou claro que esse era o percurso. A gente começou a construir as cenas, a partir desse ponto, para chegar nessa Bem-Vinda. A gente foi construindo da não festa para a festa, do escuro para o claro, do "fica com medo aqui na cozinha" até "vamos dançar forró com os mortos". Fomos abrindo a relação com a morte por causa da improvisação dele. Tão festiva, tão alegre, na morte. Outro exemplo: O Carlos Ataíde, que tem um mote constante — Carlos Ataíde é o ator do grupo — em todos os projetos, o tema da morte, da ausência, é o luto da mãe. Ele me traz uma dança com a morte, que nesse caso era a dança com a mãe, e a gente transformou num número da peça. É muito poderoso o que é proposto ali, é muito verdadeiro, uma resposta sincera das pessoas, desses artistas. Como encenador, não dá para você não incorporar o que você provocou nestes atores, para você não contemplar de alguma forma e não se valer disso na cena. O diretor tinha que estar junto para poder falar com o dramaturgo. E tem cena que não aconteceu porque não encontrei resposta, não consegui produzir a resposta nos atores.

KA:

Tem uma questão que vem de muito tempo relacionada aos artistas do Nordeste, ainda que você produza no Sudeste, em torno dessa questão de tradição e da necessidade de expressar as tradições, a cultura, como você costuma dizer, de raiz etc. Já não lembro qual é a peça do Suassuna que tem uma personagem que pergunta se ele é um nordestino autêntico. "Você é um nordestino autêntico? Sai com essa piteira para lá." Trabalhei um tempo em Recife, e pude presenciar o quanto uma boa parte dos artistas de teatro tem quase uma militância por não abordar questões relacionadas à tradição popular. Isso foi pasteurizado pela televisão, entrou numa chave de pauperização no tratamento que se deu no Sudeste, nas várias mídias artísticas etc. Em algum momento isso chegou a ser questão para você, como é para um monte de artistas do Recife?

NM:

Tive uma conversa com um amigo outro dia, em que ele dizia que para provocar verdadeiramente a cena, você nunca poderia usar uma forma tradicional, porque a forma sendo tradicional, pressupõe-se que a fruição seria menos potente, menos revolucionária, menos libertária, não abriria *outra janela*. Ouvi aquilo e falei: "Tá bom." Mas, ao mesmo tempo, acho que o que a gente está buscando, mesmo dentro de uma estrutura tradicional, é a experiência do humano que nos surpreende. Já assisti a repentistas que me fizeram chorar. Quero a potência do alcance daquele artista, quero que ele me surpreenda, que desvele que a humanidade pode chegar naquele lugar. É esse o poder de observação que eu quero. Quem vai me dar? É o melhor repentista ou é a melhor performer? Ou não seria o repentista um performer? É o que tento fazer: escrevo do lugar da tradição, mas tento não me fechar, posso negociar com outras ideias também, e trazer algum procedimento novo para cá, entende? Escrevo no lugar da tradição, até porque é a minha verdade, é onde eu começo, é a isso que eu quero dar visibilidade. Acho que é o que falei de desromantizar, quando fui lá e vi um cavalo-marinho... aliás, quem não viu tinha que ver, pois é uma expressão polifônica, louca, brechtiana, híbrida, mestiçada e conectada com a agenda contemporânea, que comenta e critica nossa atualidade. Tem uma negociação aí que não está engessada. Tem uma força. Entendo o movimento dizendo: "O Nordeste não é apenas a tradição." E não é mesmo. O mais difícil no trabalho da gente é descobrir, ver o que ninguém está vendo, é jogar uma lupa, dirigir a câmera para dizer: "Olha o que a gente tá fazendo aqui como sociedade." Depois vem uma reelaboração de como vou contar isso. Qual é a melhor maneira de contar o que eu acho que é importante dividir. Se está no meio de um repente, ou no meio do rap, eu preciso ser emocionado por isso, tocado.

KA:

Eu entendia, naquele momento, que tinha mais a ver com frustrar deliberadamente, politicamente, uma expectativa que se tinha no Sudeste e no Sul a respeito das apresentações das coisas do Nordeste, que eram mais bem assimiladas se fossem nessa chave da cultura tradicional. Era esse o lugar que eu queria te dizer, era essa a questão, e acho que ainda é forte. Se você pegar o Antonio Cadengue, por exemplo, é uma referência.

NM:

Engraçado que o próprio *Imortais* é muito interessante; foi bem importante para mim falar de dentro, mas de um dentro do sul do país. Era o mesmo procedimento, mas não do lugar de onde eu vim. Não tinha essa questão de representação de onde eu vim.

Que Nordeste eu estou representando, ou que recorte de Nordeste estou mostrando aqui? Eu não estava mais no Nordeste, eu estava na tradição de outro lugar. Ou mesmo quando a gente foi brincar com a peça *Vem Vai, o caminho dos mortos*, um mar imenso que a Cibele Forjaz propôs com os mitos de morte de renascimento, mas ligados aos ameríndios brasileiros. Era outro "dentro" a que eu não tinha acesso. Não vim daquele lugar, especificamente, então, talvez a sua responsabilidade, ou a cobrança, seja maior. Não sei.

JFPA:
Queria voltar à sua experiência com o audiovisual. Tenho a impressão de que na geração de dramaturgos que emerge da experiência dos coletivos, num dado momento talvez houvesse uma resistência a esse trânsito, e me parece que muitos começam a migrar nessa direção. E a gente sabe que já houve experiências de geração, dramaturgos que foram parar na televisão, dramaturgos que fizeram essa oposição, dramaturgos que trabalharam sempre em um trânsito entre a experiência teatral e a televisiva. Queria que você falasse um pouco de como é essa diferença, entre produzir dramaturgia para o audiovisual e voltar para o teatro e se apropriar disso, enfim. Como era isso para você?

NM:
Na verdade, produzi pouco para TV. Gostei muito das experiências que tive até agora, porque eram uma construção em rede, em conjunto. Achei saudável, provocador, poder pensar uma estrutura, pensar uma história, pensar com outros artistas e com outros escritores ao meu lado. E o que realmente mais me afetou, nos primeiros materiais que produzi até o que eu terminei de produzir agora, era justamente começar a entender a imagem, o símbolo, a cor que estão na paleta de um espetáculo. E as provocações do pós-dramático trazem essa consciência para a gente. É impossível não contar com isso, o que me obrigou a uma reeducação do olhar, até

de, por exemplo, poder assistir a filmes depois da experiência de escrever e entender de outra forma a narrativa sem o áudio. Tirar o áudio para entender o símbolo, as imagens, a recorrência do símbolo, a temperatura, o filtro, as cores escolhidas, a temperatura das cores escolhidas, tudo vai causando uma apreensão... É engraçado que foi uma experiência parecida com a de conhecer Gilberto Freyre, porque li sentindo tudo, até tesão. Sentindo cheiro, sentindo... era uma literatura que parecia que me abraçava. Talvez pela relação com o lugar de onde venho. Mas era uma experiência física na relação com o livro, e o espetáculo também pediu um pouco disso.

Por fim, gostaria de falar um pouco sobre a questão de como manter a produção em relação a editais etc. Apesar da felicidade de ter parceiros incríveis, tenho feito escolhas para criar reservas para que o meu livre pensar possa estar disponível para outros trabalhos. Porque realmente acho que a gente está com menos tempo para criação. Desses últimos processos que eu havia feito, teve um que, literalmente, por questões financeiras e de cronograma de trabalho, foi estrangulado. Ele tinha uma ampulheta cruel. Fazia um mês e pouco e falei: "Não existe a construção de um negócio cênico com o mínimo de propriedade nesse tempo, isso não existe." Vejo isso na voz de muita gente, e senti isso nesse trabalho. Parece que estão nos dando menos tempo. Estão nos dando menos tempo para a gente amadurecer, criar, errar, propor, experimentar, e é um genocídio, suicídio, não sei qual é a palavra, mas acho que estamos nos perdendo. Eu perdi. Perdi esse processo em que, se eu tivesse um pouco mais de respiro, chegaria em outro lugar. E, só na terceira temporada da peça, a gente poderia estrear. Porque está massacrante, de recurso, de tempo, de cobrança. Nosso teatro fica mais desvalido e as pessoas têm que buscar recursos fora, então as agendas são impossíveis. Sinto que a gente está sendo comprimido. E muito mais ao se pensar um grupo colaborativo que seja... Eu só queria fazer esse desabafo.

Quando li a pergunta, falei: "Vou poder falar isso para alguém." A nossa luta é por tempo. Não sei por onde é a luta, não sou muito bom nas lutas das outras organizações, mas a gente tem que lutar para ter esse tempo de volta, preservá-lo. O que estou tentando fazer é isso, criar reservas para me permitir ter tempo em processos... Queria falar da falta de tempo. É o que mais me afetou e me afeta.

KA:

Já não é nem só a questão da grana, mas das condições de criação, pois não se trata só de dinheiro, falando de subvenção, né? Às vezes você pega uma grana de um edital, não sei se a gente está falando da mesma coisa, mas é um negócio que te obriga a montar em 15 dias, um mês.

NM:

E o espetáculo tem que permanecer menos de um mês em cartaz.

JFPA:

Lá na origem do fomento, o argumento do edital, do projeto, era exatamente isso. É preciso tempo. É preciso garantir tempo.

ID:

Exato.

JFPA:

Tempo nos vários níveis de convívio, de criação, de apropriação.

NM:

De apropriação, deixar dormir, amadurecer, maturar... Tem todo um tempo de elaboração, de pesquisa, de leitura, de anotação, de entrevista... que vem antes de a gente começar, não é? Não sei... Esse era o tempo do qual eu queria falar. O tempo para poder ser artista.

FRANCISCO CARLOS

FRANCISCO CARLOS:

De cara me interessei pela questão que relaciona tema, linguagem e forma. Acho que pelo termo forma. Ultimamente, tem tido muitos debates em relação a esta questão, inclusive dentro do teatro. Vi você nas redes sociais envolvido com um tipo de perrengue em relação a isso. Por conta do momento político que estamos vivendo, a crise do país, as visões, os lados... Então, essa questão sobre se o artista deve se encaminhar mais pelas questões políticas, pelas questões emergentes... Acho que você estava debatendo isso e tinha outra posição, que era uma posição de não entrar nas questões históricas e políticas do momento e ir mais por uma questão experimental, das linguagens, das formas. Tenho visto muito esse debate, e percebo que está um tanto acirrado. Forma, de um lado, e conteúdo, ou tema, narrativa, de outro. Esse debate me incomoda um pouco, inclusive em relação à minha experiência, porque acho que não tem dicotomia, forma e debate não são antônimos. Acho que existe uma dialética, uma conjunção da forma e do conteúdo. Daquilo que é a forma, daquilo que é a linguagem. Do que é a linguagem e do que são os temas. Nunca tive essa crise. Vejo que as pessoas estão nela. De um lado, porque é experimentalismo, porque é pós-sei-lá-o-quê. E de outro: "Mas tem que abordar os problemas que estão acontecendo no país, a historicidade em que vivemos." Não tenho esse problema, nunca tive. Desde uma frase para conteúdos ou para questões, fórmulas que são revolucionárias. Isso foi falado há mais de 100 anos, já houve milhões de desdobramentos e debates. Para mim, essa coisa se funde. Inventei uma frase muito simples, quase de almanaque: "A forma diz o conteúdo e o conteúdo diz a forma."

Tenho aqueles conteúdos que são meus temas clássicos, as questões de antigos e novos colonialismos, as questões do outro, histórias e ontologias indígenas, fricões interétnicas. A sociedade ocidental e os povos indígenas foram os temas clássicos da minha vida e se repetem, se reinventam. Parece que fico escrevendo sempre o mesmo texto, a mesma peça, com variações. Vou reinventando essas questões dentro do meu processo. Tem, de um lado, os temas e, de outro, aquilo que poderia ser encaixado nesse pacote que vocês estão colocando como forma, que são as linguagens que me interessam, desde xamanismo indígena, as coisas dos indígenas, a cena contemporânea, até formas teatrais que me interessam, coisas que advêm de outras áreas artísticas, do cinema, da ópera. Eu adoro, me interessa. Faço essa junção. Como sou um encenador também, sempre fui... na realidade, sou um encenador da minha dramaturgia. Sempre tive uma pesquisa de dramaturgia, de escrita, e, do outro lado, uma pesquisa de encenação, de gramática cênica. Isso sempre aconteceu. Não sei onde começou uma coisa e nem onde começou a outra, elas sempre estiveram muito misturadas.

Li alguma coisa, não sei onde, em algum escrito da mostra que perguntava: "Qual o seu perfil de dramaturgo?" Ou: "Você é o cara que escreve coisa colaborativa?" Ou: "Você é o dramaturgo de gabinete?" Não sou exatamente nenhum dos dois, porque não trabalho de forma colaborativa. Escrevo os textos. Demoro muitos anos pesquisando uma determinada estrutura de escrita, cruzando isso com os temas. Por outro lado, também não sou de gabinete, porque nem tenho, fisicamente, esse gabinete. Tenho um pouco dos dois. Na realidade, não tenho uma companhia, nunca tive, mas trabalho com um certo círculo de atores e atrizes durante muito tempo. Tem pessoas que trabalham comigo há 25 anos, que moram aqui em São Paulo, e que depois começaram a trabalhar em outro lugar, em Belém, quando morei lá, por exemplo. Tem a minha diretora de arte, a Clíssia Morais, trabalho com ela há quase 30 anos. Estamos o tempo todo, de alguma forma, falando pessoalmente, ou por telefone, pela rede, sobre essas coisas. Então, ao mesmo tempo que escrevo sozinho, experimento esse diálogo o tempo todo. Eu desenvolvi um hábito, e os artistas do teatro me ajudaram nisso, que é o de sempre procurar pessoas para lerem meus textos. As pessoas, atores, atrizes, a Ondina Clais: "Você está escrevendo alguma coisa?" Elas me ligam e perguntam. "Estou escrevendo alguma coisa, sim. Não sei direito ainda o ritmo, a paisagem visual, nem a paisagem sonora. Vamos nos encontrar." A gente se encontra e lê aquilo. Essas leituras, públicas ou parcialmente públicas, ocorrem na SP Escola de Teatro. Fui residente lá um ano e isso criou um vínculo. Às vezes vamos ler três peças que estou tentando restaurar. Porque agora estou em um processo de restauro de todo o meu trabalho de escrita. A gente vai lá e se reúne. Alunos da escola podem ver, quem quiser pode ir. Amigos podem ver. A minha dramaturgia, todo mundo sabe disso, ao mesmo tempo que tem uma longa pesquisa, um processo de entrar em uma biblioteca de Babel, como Jorge Luis Borges queria, e ficar lá, minha dramaturgia também tem — até porque sou um encenador e tenho uma ligação muito grande com atores e diretores — um movimento que eu poderia chamar de cênico. As pessoas dizem que é performático, até pela relação que sempre tive com a performance. Há tempos que faço isso aqui em São Paulo. A performance se torna um ato cênico em si. Porque sempre procuro dar a ela essa conotação. Por isso que talvez eu não sofra muito com o fato de não estar sempre montando. Como o Newton Mendonça dizia, existem todos aqueles problemas que envolvem a produção, e a gente fica sempre à revelia deles — "mudou isso, mudou aquilo, a grana foi para cá, a grana foi para lá". Por isso sempre procuro ter a performance. Isso também gera produção, gera um monte de coisas.

Mas voltando à questão do tema e da forma, sou muito tranquilo com ela. Tenho os conteúdos que já são os meus clássicos, e que enumerei aqui, e eles me dizem determinadas formas. Há também aquelas formas que são muito simpáticas a mim: de uma dança indígena ao teatro Nô japonês, por exemplo, elas já se encaminham automaticamente para os meus conteúdos. Por mais que, às vezes, eles se atritem, se indisponham um com o outro — essa fusão não é sempre harmônica. Trabalho muito com a linha transversal. É minha linha preferida, não sou muito da diagonal nem da horizontal. A transversal, para mim, é sempre uma linha de fuga. No meu entendimento, a linha de fuga, da transversalidade, é a linha que não é simétrica. Isso possibilita minha equação de formas que parecem não se encaixar com determinados conteúdos. Então, praticamente não tenho essa crise. Vi, aqui, no debate com o Newton, a pergunta que você, Bel, colocou sobre artistas nordestinos se angustiarem com abordagens temáticas da história do Nordeste ou da cultura nordestina, por conta de como isso é utilizado na indústria cultural, nas televisões e tudo o mais. Não tenho esse problema com aqueles temas que mexo, com Amazônia etc., porque acho que posso fazer tudo isso e devo transgredir tudo isso para achar um lugar, uma forma que seja inventiva, criativa e, inclusive, crítica em relação a esse tipo de coisa. Faz-se muito clichê. Não vou fazer clichê. Vou para um lugar que transgrida, que "desterritorialize". Se está colocado aqui, eu coloco em outro lugar, onde acho que se pode efetuar uma série de conjunções que acho que são poéticas, que são éticas, que são estéticas.

KIL ABREU:

O teatro do Francisco é de uma singularidade muito bem desenhada, um lugar bem fora da ordem, em todos os sentidos que ele falou. Tem uma questão, Francisco, não sei como tem sido isso para você, nem queria saber se a gente pode chamar os seus textos de literatura dramática, no sentido tradicional. Talvez não, mas talvez haja uma singularidade radical no que você produz como escrita, não falo nem como encenação. Talvez isso crie uma condição, não sei se isso representa algum tipo de dificuldade para você, no sentido da difusão do seu trabalho. Pelo menos até onde sei, as coisas suas que vi foram encenadas por você mesmo, não é? Você começou falando: "Eu enceno e penso meus textos, meu pensamento vai junto com a encenação." Como você pensa sua relação com outros encenadores? Da sua escrita com a de outros encenadores? Isso é uma expectativa para você, ou isso está fora da ordem? Seus textos são os textos que você encena?

FC:

Nem uma coisa nem outra. Não é algo exclusivamente meu, se alguém me pedir... O Guilherme Leme me pediu, muitas pessoas me pedem, mas depois parece que não rola, não sei. Principalmente quando se trata das peças que têm questões de etnografia indígena, parece que apresentam uma certa dificuldade para as pessoas, porque é um campo meio complicado. Aquela coisa que os autores falam, que a autoridade indígena é a mais radical de todas. É o fora do fora do fora. Mas não tenho problema nenhum com isso. Inclusive tenho colaborado no projeto dos outros. Eu só enceno os meus textos porque são muitos. Atualmente são quase cinquenta. Perdi a conta. Têm textos que estão em formato digital, não estão impressos. Falei sobre isso em uma conversa com a Bel Diegues, pois ela me escreveu sobre a feira [de publicações de dramaturgia, parte do projeto Dramaturgias]. Têm coisas que já estão editadas, e que já foram encenadas algumas vezes, inclusive. Têm coisas que são rabiscos, rascunhos que tenho vontade de jogar fora, mas as pessoas falam: "Não, não jogue, é uma escrita." Estou em fase de restauro. Estou fazendo mais isso do que encenando. E as pessoas perguntam: "Por que você está encenando tão pouco?" Porque estou em uma missão, que é tão hercúlea quanto encenar — esta do restauro. Não sei o que farei com isso.

ISABEL DIEGUES:
Fiquei curiosíssima quando você falou que está em fase de restauro dos seus textos. Adoraria entender o que é isso.

FC:
O restauro é o seguinte: escrevi durante décadas. Muitas coisas são textos fechadíssimos, inclusive que já encenei aqui em São Paulo, em outros lugares, várias vezes, que já se leu muito. Outros são textos que estão quase prontos, e ainda outros são textos que estão 30% encaminhados e tem uma tonelada de pesquisa para elaborar esses 70% que não estão. Têm coisas da época da máquina de datilografar elétrica. Tudo isso precisa ser restaurado em relação ao estado em que está.

ID:
A sua ideia é chegar à versão final de cada um desses textos? É isso?

FC:
É de dar um fim para tudo isso. Por exemplo, tem uma parte que são fragmentos que ainda não compõem uma peça. Acho que se montar um quebra-cabeça, vira um texto. Então, preciso fazer isso.

Até tenho conversado com algumas pessoas que são curadores de literatura, e elas falaram: "Você poderia fazer um volume só que se chamaria *Fragmentos*." Porque já não sei o que fazer. Há trechos que vão para um texto que está 70% pronto. É um restauro literário. Como se fosse o restauro de um prédio histórico.

ID:
Desculpe sair um pouquinho das nossas perguntas, mas fiquei muito curiosa. Você está revisitando tudo aquilo que já escreveu e que está incompleto, ou aquilo que ainda está em fase de pesquisa, coisas que eventualmente você não mexia há muito tempo?

FC:
Isso.

ID:
Está tornando-os textos publicáveis ou encenáveis?

FC:
Tem texto que está escrito à mão e para o qual nunca tive tempo... Porque como estou sempre encenando, preciso cuidar da encenação que estou fazendo e da pesquisa que a envolve, e assim o resto vai ficando para trás... O que vou fazer? Jogar fora? As pessoas falam: "Não jogue." Então, como já cheguei a uma certa idade, decidi gastar um certo tempo para fazer essa coisa que estou chamando de restauro, que é a palavra que encontrei para viabilizar esse impulso.

JOSÉ FERNANDO PEIXOTO DE AZEVEDO:
Ouvindo, vendo e lendo suas coisas, tenho impressão de que você se estabelece como uma referência, sobretudo para nós que estamos aqui em uma cidade como São Paulo, que traz um universo cultural, social e antropológico,

que ajuda a ver a realidade ou o mundo de outra maneira. Fico me perguntando quais os pressupostos dramatúrgicos e teatrais que o ajudam a organizar essa experiência. Que tradição o seu trabalho inventa, ou quais são os pressupostos literários e dramatúrgicos que o ajudam a dar forma e corpo ao material que você tem?

FC:

Muita coisa. Não conseguiria dizer. Os autores da história da dramaturgia, desde os gregos até os hipercontemporâneos. Quando resolvi que seria um dramaturgo, eu já encenava, era muito garoto, e consegui entender uma coisa naquela época. O momento do teatro era o da encenação. Não era mais uma coisa da dramaturgia. Uma receita de bolo pode dar em uma encenação, um romance dá em uma encenação, qualquer narrativa pode dar em uma encenação. Baseado nisso, alguns autores falavam da ditadura da encenação. Parecia que naquele momento a figura do dramaturgo não era mais necessária, o teatro podia existir sem essa figura, porque qualquer narrativa poderia ser um texto teatral. Fiquei meio apavorado, porque lia os textos dos dramaturgos e sonhava, não sei porquê, desde que nasci, em ser um dramaturgo. Queria ser um encenador, mas tinha muita facilidade de escrever na escola. "O menino escreve bem redação." E eu disse: "Mas quero escrever para o teatro." Eu era garoto, via as peças e as achava esplêndidas. Quando comecei a ler os teóricos, vi que havia um certo decretar do fim da dramaturgia. Era aquela época em que havia o fim de Deus, o fim disso, o fim daquilo, o fim da história, de não sei o quê. Então, era também o fim do dramaturgo. Eu falei: "Puta que pariu. Eu, que estava louco para ser um dramaturgo, uma amostra da dramaturgia." Aí fui tentar entender: "Não. Acho que o que acontece é o começo de outra maneira de fazer teatro." Entendi o que se chamava de teatro moderno, depois de cena contemporânea, depois de sei lá o quê, pós-teatro, teatro pós-moderno. Falei: "Vou ter que criar uma dramaturgia para essa nova forma de teatro.

Vai ter uma brecha para isso." Então, comecei a entender como era a mecânica dessas novas formas de teatro que começaram a acontecer no mundo a partir do começo do século XX, e como que se escreveria para aquilo, qual seria a escrita para aquilo. Fui correr atrás de autores contemporâneos, não só de autores de teatro, mas autores da literatura, James Joyce, Guimarães Rosa, Oswald de Andrade. Eles escrevem uma escrita que tem um pouco a cara desse tipo de cena. Nova cena, por exemplo. Foi o que fiz e deu no que deu. E hoje não sei o que fazer com esse monte de coisa. Não sei se respondi.

JFPA:
Sobre a relação com o universo indígena, tive há uns dois anos uma experiência com os Guarani, e, de fato, é impossível não reconhecer que o atravessamento por essa experiência muda a maneira de ver o tempo, de ver a história, a própria cultura. Queria que você falasse um pouco da relação com o universo indígena, e como é produzir uma dramaturgia que corresponda a essa experiência.

FC:
Fui sentindo uma necessidade de construir uma ontologia própria. Uma ontologia que regesse tanto a minha encenação quanto a minha dramaturgia, e essas duas coisas misturadas, como já falei, são hipermisturadas. No começo, eu tinha essa experiência com os indígenas pelo fato de ter nascido num lugar onde todos esses problemas estavam próximos: as questões ontológicas indígenas, a mitologia, a luta pelos direitos, o genocídio. Todas essas questões vieram muito cedo para mim. Foram elas que vieram para o meu teatro. Não foi o meu teatro que foi atrás delas porque estava precisando de temáticas. Eu estava nesse lugar geograficamente, culturalmente, filosoficamente, fisicamente, e essas coisas vieram para dentro do meu teatro. Todas, sem que eu quisesse. Eu falei: "Já que veio, vamos ficar juntos." Com o decorrer do tempo, fui sentindo Claude Lévi-Strauss. Entendi uma coisa: na sociedade indígena, no pensamento indígena,

que Lévi-Strauss, para as articulações teóricas, chamou de "pensamento selvagem", há outros nomes. O Eduardo Viveiros de Castro avançou nisso. Prefiro chamar de paisagens indígenas.

Como muitos autores, entendo que nas sociedades indígenas não houve a desassociação entre natureza e cultura que ocorreu no começo da filosofia ocidental, o que gerou uma série de dicotomias, de binaridades. Por quê? Você, que foi ao Jaraguá, se ficar lá pouquíssimo tempo, vai ver que é isso mesmo. Apesar de os Guaranis estarem dentro de um território geográfico com todos os problemas que a metrópole de São Paulo tem, na realidade, a mim me parece — e para alguns autores, como Viveiros de Castro — que existe um corpo, e esse corpo contém tudo que a filosofia e as ontologias ocidentais dividiram: espírito, mente, fisicalidade. Observamos que para os indígenas existe um corpo onde tudo está contido. Nesse sentido, não houve essa desassociação entre natureza e cultura. Por isso que com eles não existe colocar, de um lado, corpo, e, do outro, demônio, pecado, psiquiatria, polícia, tudo isso que é gerado com essa divisão que as religiões fazem entre corpo e espírito, cultura e natureza, fisicalidade e mentalidade. Isso para os indígenas não existe. Tem uma frase da antropóloga Tânia Lima — que formulou o perspectivismo ameríndio com Eduardo Viveiros de Castro — que diz o seguinte: "Os índios pensam que os animais pensam que são humanos. Os índios não pensam que os animais são humanos, mas os índios pensam que os animais pensam que eles são humanos. Isso implica que cada categoria animal se vê como um humano. Não é nossa única categoria que se vê como humano." Isso rompe com a tríade ocidental edipiana do pai, da mãe e do filho. A família indígena não é só consanguínea, ela se dá por afinidade. O cachorro é parente, outra pessoa, outro indígena é parente, a árvore é parente. A relação de parentesco é uma coisa muito importante. Elas saem dessa tríade complicada que os autores chamaram de edipiana. Isso abre uma série de possibilidades...

E tudo isso está dentro de um corpo. Toda aquela indumentária é uma representação geral de tudo isso. Desse corpo, que é o corpo físico, o corpo social, o corpo de todos esses parentescos que vão desde o cachorro, o filho até os fenômenos da natureza, os mortos e tudo mais. Trabalho com essa ontologia. Esse não é um formato corpo de um lado, a alma e essas coisas de outro, se antagonizando. É aquela representação que você vê que é plumagem, colagem. É uma representação desse cosmos todo numa pessoa, porque a pessoa tem um processo de formação que é feito em sintonia com essa sociedade, com esse código, e ela também é um modo de comunicação. Aquele corpo está representando todas as coisas.

KA:

Francisco, diante de todo esse repertório que você chama para si, para sua dramaturgia, acho que aqui há um lugar especial, porque também é um teatro muito especial. Você tem alguma expectativa em relação ao público, no sentido da fruição? Na seguinte perspectiva, Francisco, que você acabou de descrever um repertório que é complexo, cheio de entradas, com muitas referências, o que seria razoável para você, como diretor, em relação à expectativa diante do público? O que você poderia dizer sobre isso?

FC:

Primeiro, eu não subestimo o público. Nunca subestimei. Ultimamente andei tendo uns debates sobre esta questão. Segundo, acho que o meu trabalho, apesar de ele ter esse lado "biblioteca" (as pessoas falam que "é cabeçudo"), ele conta com um inconsciente coletivo em função de todas essas manifestações que são mitológicas, ontológicas, fantasmais, e isso pega as pessoas. Os Guarani vão ver e achar maravilhoso se tiver ou não coisas deles. Porque eu acho que, ao mesmo tempo que têm labirintos, que são etnográficos ou culturais, ou que são arquétipos, acho que meu trabalho tem fantasmas, tem paixões, céus e infernos, Ocidente e não Ocidente, e isso pega as pessoas. Fico tentando fazer com que meu teatro tenha uma coisa que pareça com o que chamam de teatro didático, aquelas peças didáticas do Brecht. A Ingrid não gosta que chame de peça didática, ela gosta de chamar de "peças do aprendizado". Tem isso, mas tem também uma assombração, tem um espanto, tem um "maravilhamento", um sublime, coisas que capturam qualquer ser humano. Eu faço um teatro para a humanidade, para os Guarani, para todo mundo. Eles vêm muito ver. Vieram três vezes na *Sonata fantasma bandeirante* e querem vir de novo. Mas não me preocupo com isso. Não digo: "Lixe-se o público." Muito pelo contrário, adoro que o público venha, quero que o público venha. Não sou aquela pessoa que diz: "Fiz uma pesquisa, está tudo pago e não estou preocupado com o público." Não. Estou fazendo teatro para um diálogo com o público. Preciso desse encontro, definitivamente. Se não estou montando, reúno pessoas, vou lá no Jaraguá e começamos a ler alguma coisa. O tempo todo estou produzindo alguma coisa, é o que as pessoas hoje chamam de "performatividade". Estou fazendo isso porque preciso do encontro com o que não sou eu, com o que não é o artista. Mas não fico programando, porque acho que quando você fica programando, você hierarquiza. Estou fazendo uma coisa que é tão sofisticada que só A e B podem ver, C, D e E não vão conseguir me entender. Não tenho essa parada. Acho que sou entendido. Só não sou entendido por quem não quer. Há um tipo de público, do teatro burguês, esse realmente não vem. Porque não pego só pelo que debato, pego também pelos fantasmas que existem no teatro, por sua sacralização, por sua festa. Ao mesmo tempo, as pessoas dizem: "Ele é cabeção, biblioteca, não sei o quê..." Mas sou ilusionista, aquele cara que fica iludindo as pessoas de que tirou pombos de dentro do negócio, porque acho que o teatro também é isso. Fico o tempo todo cuidando da ideia, do debate, dos aprendizados que aquilo vai produzir. Mas fico também preocupado com a mágica que vai rolar, querendo que as pessoas que estarão ali saiam assustadas (como com aquele negócio da mulher que vira gorila), mas elas ficam felizes. Eu me preocupo com essa hipnose também. Muito, inclusive. Tanto quanto me preocupo com os conhecimentos, com as ontologias, eu me preocupo com a hipnose, com o circo, com a mágica da coisa.

JFPA:

Mas a sua dramaturgia pressupõe um tipo específico de ator?

FC:

Já se debateu muito isso. Na realidade, sim e não. Acho que parte da minha encenação pressupõe um tipo de ator, atores que possam falar, que tenham movimento, que tenham um repertório corporal. Ou não, prefiro uma figura que é uma esfinge, uma figura antiga. Agora fiz um processo de quatro dias no Sesc Pompeia do meu projeto Guarani, o *Crepúsculo da terra Guarani*, com a visão que os Guarani têm de fim de mundo, a dialética deles de fim de mundo. Porque eles entendem que nasceram em uma terra que é má, velha, seca. Eles começam a querer construir um mundo a partir daí. Precisam viver, mas chega-se a um ponto em que não dá para organizar um cosmos se você vive em um lugar horrível e está naquilo ali, com aquele pensamento. Então, eles projetam a ideia da terra sem isso de "má". Não é muito bem o Paraíso cristão porque é uma coisa no mundo. Eles vivem diariamente essa dialética. Eles lutam, por um lado, para chegar a esse lugar, para conseguir a terra, porque estão sendo despejados do Jaraguá e, por outro lado, têm consciência de que aquilo é a terra má. Esse projeto que fiz é sobre isso. Convidei a Maria Alice Vergueiro para fazer a Terra antiga. Isso foi em setembro de 2017, no Pompeia. Foi uma experiência maravilhosa. Por quê? A Maria Alice, como está com problemas de saúde, não tem mais a possibilidade de ter uma movimentação corporal como o Eros, que é um ator jovem. Mas ela tem uma força, tem toda essa movimentação e toda essa performance de outro modo. Isso é tão poderoso, talvez mais poderoso do que um ator jovem que está na academia do Nova Dança, treinando todos os dias. Eu trabalho e preciso atingir determinadas poéticas com a força que elas têm, e tento juntar pessoas que, às vezes, são muito diferentes e até com formações diferentes. Acho que todo tipo de ator pode estar no meu trabalho. Até se fala muito disso, de que nunca se viu alguém que consegue juntar pessoas de lugares tão diferentes como eu. Faço uma equação porque meu teatro tem essa ideia fundamental de que cada animal se vê como humano, então não existe só a nossa espécie humana, não existe essa centralidade, existem vários sujeitos.

JFPA:
A certa altura você falou da peça didática ou da peça de aprendizagem. Isso é parte do seu projeto ou é uma identificação que fazem no seu trabalho? Como isso se dá exatamente?

FC:
Vou fazer um ciclo de peças de reavaliação histórica, que terá dois trechos da tetralogia num dia e três dias depois... São tipos de autópsia histórica de determinadas questões que envolvem a história indígena, o colonialismo e os indígenas. Acho que essa coisa acaba ganhando um sentido didático nos termos que o Brecht usava, sem eu ter a pretensão de que aquilo vai mudar a vida das pessoas, como o Brecht tinha. Porque acho que hoje a gente vive em um mundo complexo demais, mais complexo ainda do que o dele, de muitos meios. Mas acho que tem umas lições... Porque sempre debato com todo mundo, deixo tudo muito em aberto, não entro nessa.

KA:
Como você se vê no contexto da sua geração? Você já falou em termos de influência, das suas leituras, dos outros artistas e outros atores que che-

gam, que vêm de muitos lugares além do teatro. Mas, especificamente do teatro, como você se relaciona e como avalia o lugar e a geração a que você pertence?

FC:

Acho que me dou muito bem com as pessoas. Fiquei muito feliz de vir em seguida ao Newton, porque a gente se encontrou lá atrás e tinha essa história de ele também ter vindo de fora. Sempre fazemos planos de nos encontrarmos mais, mas nunca dá certo. Ele fica muito ocupado e eu também. Então, me dou muito bem com todas as pessoas, até porque não sou aquela pessoa moderna, sou alguma coisa fora do moderno, que acha que tem que se instaurar uma nova ideia, que vai ser única novamente e que as outras coisas... Agora não, pois estou muito ocupado com o restauro, mas costumo ver o trabalho de outras pessoas. Eu preciso disso. Acho que sou mais um, simplesmente. É um barato que eu seja só mais um, que tenha essa rede toda, porque acho que isso é que é aquela rede que os animais imaginam — nela não existe uma subjetividade apenas. Cada um se vê como humano, como sujeito. Eu me vejo como mais um em uma rede que, quanto mais se prolifera, melhor. Não acho que precise haver um padrão. Sou totalmente contra essa ideia do padrão. Por isso aquela primeira questão que coloquei, de que não vejo dissociação de forma e conteúdo, ou de forma e tema — a experiência artística é infinita. Preciso disso também. Eu me vejo como mais um, simplesmente, dentro de um conjunto que só é legal porque tem uma série de outros vetores também. Isso, inclusive, me movimenta. No mais, acho solitário demais.

KA:

Quais são os vetores que o movimentam? Sem querer cair na coisa das influências, em termos de relações, o seu teatro, do ponto de vista estético, de pensamento, se a gente pudesse pensar nesses termos — às vezes não —, mas você encontra relações com outros parceiros e criadores da sua geração?

FC:

Como tinha um olhar muito freudiano, o crítico americano Harold Bloom falava que os artistas são um romance familiar freudiano. O que é o romance? Tudo o que vou falar é a partir do Bloom. Ele diz que quando você abraça uma pessoa, você abraça todas as gerações dela, toda a família dela. Isso é o romance familiar. Ele fala que a literatura é uma coisa assim, é um romance familiar. Quando você está escrevendo, você está escrevendo por todos os autores que são sua família, sei lá, espiritual, literária, poética. Eu me sinto assim, meio que fazendo uma psicografia de tudo isso, com essas coisas que me solapam — como os indígenas, as periferias, as bordas. Quando, volta e meia, estou querendo entrar em uma área de conforto, essa coisa vem e me atinge como um trovão. Mas estou ouvindo esse romance familiar o tempo todo, porque não tem como. O que vou fazer, tapar os ouvidos? Têm horas que tapo: "Não. Fantasmas, não venham." Mas por algum poro eles vêm. Tenho uma fase em que demoro muito, a da pesquisa, depois tenho a fase dos fantasmas. Aí não tenho mais responsabilidade com absolutamente nada. Rola uma anarquia total e deixo vir. As formas todas invadem aleatoriamente, como os pássaros do Hitchcock. Estou falando daquele corpo temático que eu tinha. Eu deixo vir, simplesmente.

JFPA:

Você tem uma relação com novos dramaturgos, jovens dramaturgos? Você falou da experiência da SP, *com a residência. Existem novos dramaturgos conversando com a sua dramaturgia?*

FC:

Vou falar umas coisas meio esparsas. Já tive muito mais, porque quando cheguei, o primeiro grande momento foi no Arena, 50 anos do Arena, a Cia. Livre estava... Havia um monte de dramaturgos... Conheci todo mundo e durante anos fiquei muito em contato com essas pessoas. Depois elas foram ficando mais ocupadas, eu fui ficando mais ocupado também, e, hoje em dia, menos do que gostaria. Eu e o Rudinei, que também é do Norte, fomos para um evento em Belém e conversamos muito. Hoje em dia não tenho muito tempo para isso. Gostaria de ter. Estou fechado agora, pois estou tentando organizar esse restauro. Não tenho ido ver peças, as pessoas reclamam. Estou até justificando aqui para saberem que não é problema com exatamente ninguém.

Mas eu adoro, acho muito bom, muito legal conversar com as pessoas. Às vezes dramaturgos jovens me falam: "Francisco Carlos, a gente gosta muito da maneira como você escreve." Falam muito de mim. Sempre encontro com o dramaturgo do Rio que não pôde, infelizmente, estar hoje aqui, o Jô Bilac. A gente sempre conversa muito. Teve um momento que conversei muito com a Marcia Zanelatto, do Rio de Janeiro, porque ela entrou em contato comigo. A gente conversou por internet durante muito tempo. Procuro estar atento. Nesse primeiro semestre não estou tanto. Estou adorando estar nessa mostra, porque é uma maneira de sair de uma clausura a que me propus temporariamente. Mas preciso muito disso. Por isso falei que não sou nem da dramaturgia colaborativa e não sou o dramaturgo de gabinete, porque não tenho gabinete e porque preciso dessas ações, nem que sejam rápidas, porque elas me alimentam, movimentam meu diálogo com pessoas que fazem pesquisas. A Ondina Clais faz pesquisa no corpo, o Eros Valério faz pesquisa, a Tarina Quelho, com quem trabalho muito, faz pesquisa, e a gente troca. Sempre armo umas paradas para estar junto com essas pessoas. Acho que, no final, acaba enriquecendo todo mundo. Não sou um solitário.

KA:

Em certo momento conversávamos sobre alguns teatros que, diante dos instrumentos públicos de subvenção... Temos que ter cuidado para falar essas coisas porque daqui a pouco vira...

FC:

Um comício.

KA:

Não de minha parte, mas acaba sendo lido... Você começou falando: "Não é grupo, não sou grupo, apesar de me agrupar com um núcleo duro que me acompanha."

FC:

Sim, sou um grupo.

KA:

Assim já é mais difícil de ser assimilado por uma lei de fomento, por exemplo. A pergunta é a seguinte. No sentido das condições de produção, como você tem levantado seu teatro? Como que a dramaturgia, o texto e a escrita têm ido à cena?

FC:

O meu narcisismo criativo é maior do que meu muro da lamentação. Sempre falei isso. Acho que meu teatro é uma arma. É a minha arma e a arma de muita gente que se junta comigo, de muitos artistas. Às vezes sinto que falta tempo de entrar nesses movimentos mais organizados, mas sempre que posso vou lá. Mas acho que meu trabalho é uma arma e que dissemina subversões na dramaturgia local e tudo o mais. Se não tem grana, eu faço. Não gosto de falar isso porque assim parece que estou querendo dizer que não precisa ter grana. Precisa ter. Quando tem, fica muito melhor. A lei do fomento, que foi uma luta das pessoas — você estava envolvido —, é indiscutível as coisas incríveis que ela gerou e fomentou. Apesar de nunca ter ganhado edital nenhum, sou um perdedor de carteirinha, não é por isso que ache que não deva ter edital, porque isso fomenta o teatro. Fui beneficiado pelo fomento muito indiretamente. A parte inicial do meu trabalho todo foi ali na Praça Roosevelt, onde estavam as companhias que se edificaram a partir do fomento. Não vou dizer que não precisa da Lei Rouanet, MBL. Não vou. Independentemente se ganho ou não. Porque os fomentos são campeonatos, concursos e ganha quem ganha. Quem não ganha tem que fazer de conta que não ganhou, sei lá. Eu tenho essa coisa. Nunca ganhei um edital, mas acho muito importante, por isso que falei, ele fomenta. O edital não fomenta só aquela pessoa que ganha, ou só aquela companhia. Ele fomenta o teatro como um todo. Acho isso muito importante. Agora, se não tenho, faço em qualquer canto. Reúno pessoas e faço porque preciso desse movimento, é uma coisa orgânica. Não sei nem se vou falar isso porque também pode criar coisas, tenho realmente feito projetos com grana, tenho feito projetos com o Sesc de São Paulo. Estou respondendo uma coisa que você perguntou, porque estou aqui dentro. Você perguntou, estou respondendo, se não respondesse isso estaria mentindo. Fora isso, eu faço. As pessoas fazem, geralmente. Conseguimos levantar daqui a trilogia urbana que fiz. A iniciativa foi da Maria Manuela com a Mafalda Pequenino e um monte de atrizes, e depois veio o Cristiano Carlo. Eles produziram, não fui eu, porque eu não era daqui, as pessoas não me conheciam direito. Os atores fazem muito isso junto comigo, os produtores fazem isso lindamente. Carlos Stefan e outros, os diretores de arte. Mas, depois que comecei a trabalhar aqui em São Paulo, grana eu só tive quando fiz projetos com o Sesc.

JFPA:

Agora uma pergunta por desconhecimento mesmo. Você descreveu o momento em que começou a fazer teatro, o que o mobilizava. A cena teatral do Amazonas, eu desconheço. Quais eram os elementos que te animavam ali? Qual é a cena local, a tradição local que, de certo modo, deu ensejo ao seu início como dramaturgo?

FC:

Havia alguns grupos e tinha a presença do Marcio de Souza com a companhia. Somos até hoje grandes amigos. Fui para outra direção, nunca fui do grupo dele, porque já era dramaturgo, desde garoto já tinha a minha pesquisa. Sempre respeitei, nunca achei que para eu fundar essa coisa que vocês estão chamando de tradição, nunca achei que eu precisava derrubar outra coisa que já está ali. Muito pelo contrário. Acho que aquela tradição que está ali vai me ajudar a criar uma nova, mas tenho um problema com essa palavra. De modo geral, desde que comecei a fazer teatro, sempre me interessei pelas outras áreas artísticas. Porque o que está no teatro já está no teatro. Sempre achei que as outras áreas artísticas poderiam me ajudar muito a criar novas formas, trazer novas linguagens. Sempre corri muito atrás. Havia artistas plásticos incríveis, fotógrafos incríveis. Teve até um que esteve em um projeto aqui, o Roberto Evangelista. Ele tem um trabalho de instalação, foi amigo de Hélio Oiticica. É muito interessante o trabalho dele. É artista internacional, já deve estar com uns 70 anos atualmente. Acho muito importante essa arte ambiental no Brasil.

Eu via o trabalho dele, conversava com ele e achava que essas transposições precisavam ser feitas para o teatro. Lembro que conheci o Roberto Galias. Eu morava em Manaus e ele foi dar uma conferência. As pessoas ficavam reclamando: "Porque aqui é muito provinciano, é muito difícil." Ele falou: "Gente, qualquer cidade do mundo é provinciana. São Paulo é provinciana, Nova York é provinciana. Tem toda aquela coisa. O artista não é provinciano." Isso bateu, nunca esqueço. O artista não é provinciano. Todo aquele provincianismo burlesco, o artista sai fora disso. Eu acho que mais ainda essas pessoas. E o cinema.

KA:

Vou fazer um pulo... Você vai fazer um trabalho. Já está fazendo, já está rolando?

FC:
É de quinta a domingo.

KA:
O que vai acontecer?

FC:
Vou fazer quatro dias de ação cênica, a partir de quatro textos. Na quinta, se chama *Ópera espacial Caiapó*. Na sexta, farei duas partes da tetralogia, vou fazer a peça inteira, que se chama *Banquete Tupinambá*, e um trecho que se chama *A Bauhaus e os índios*, na segunda parte do programa. No sábado, vou ler um texto em quatro horas, que já li no Rio, e que se chama *Relatos efêmeros sobre a França Antártica*, sobre a história do Villegagnon. No domingo, vou fazer uma coisa que já fiz muito e que se chama *Expedição dos amantes da máquina*.[1] Já fiz o jardim. É uma brincadeira que faço com o Hélio Oiticica, porque sou muito amigo da família. Metade é amazonense, e a gente tem uma ligação antiga. Tem uma cenografia, a Santini vai fazer a luz e o Ismael vai fazer a direção de som. São quatro ações cênicas em cima de textos. Essa peça tem quatro partes, que chamo de quatro espelhos, e vai durar quatro horas com 23 atores. São pessoas com quem trabalhei no começo e atores jovens que estão trabalhando comigo agora. É uma mistura de todo mundo. São os atores que, em certo sentido, se identificaram com meu trabalho.

---

1 Os textos foram montados no teatro Sesc Ipiranga, cujo palco ganhou uma instalação inspirada nos jardins do artista plástico Hélio Oiticica. As montagens fizeram parte da programação do projeto Dramaturgias.

ROBERTO ALVIM

ROBERTO ALVIM:

Vou começar falando sobre a questão da experiência, a questão do tempo, de como o tempo influencia, dialoga com o nosso trabalho. Como a nossa época nos atravessa e vai redefinindo intenções, finalidades, como vai direcionando nosso discurso. Foi dito que o que determina o nosso destino artístico é a resposta singular que damos às circunstancias históricas em que vivemos. Ou seja, não dá para escapar dessas circunstâncias históricas, seja no sentido de criar obras que diagnostiquem em profundidade questões urgentes da contemporaneidade, seja em criar obras que funcionem como heterotopias, isto é, lugares outros que se apresentam como alternativas ao que a gente chama de real. Criamos obras que mostram que aquilo que a gente chama de realidade é apenas um jogo de linguagem com o qual todos nós compactuamos, mas que é possível inventar outros, obras que tentam olhar para frente, um pouco à frente. Tentei perceber de modo clarividente como sementes plantadas no nosso tempo vão germinar. Isso é sempre imprevisível, insuspeito e, no entanto, o teatro já viu isso à frente de seu tempo várias vezes. Pensando, por exemplo, em toda a questão da tecnologia, se pensarmos que a palavra robô nasceu em uma peça de teatro... Chama-se *R.U.R* e foi escrita por um autor tcheco, Karel Čapek. Ali ele cria a palavra robô, cria o conceito inteiro do que seja um robô. Então, é possível olhar à frente do nosso tempo. Essa é uma das funções, uma das possibilidades para o teatro. A gente é bombardeado o tempo inteiro com uma imagem acerca do que é a vida, e de quais são as questões emergenciais de nossa época. E isso é um problema, às vezes. Porque a gente se pauta pelas manchetes de jornal, se pauta por aquilo que formas e discursos hegemônicos determinam como sendo a pauta do dia. Aquilo de que se deve tratar atualmente. Nós temos uma série de obras hoje, por exemplo, que estão dentro de uma determinada agenda do que sejam as questões importantes do nosso tempo. Isso vem a ocupar e ganhar uma série de editais, uma série de espaços. Vira aquela história de jornalista bobo. A tendência do momento. E nisso sempre há, por outro lado, uma grande balela. O teatro pode lidar com essas questões emergenciais. Vocês podem lembrar do CPC [Centro Popular de Cultura] da UNE [União Nacional dos Estudantes], por exemplo, que na época da ditadura militar pegava a manchete que saía hoje no jornal, ensaiava durante a madrugada e apresentava uma peça que combatia um programa específico no dia seguinte. Isso é incrível, porque o teatro é uma arte artesanal que pode, que se presta a isso, plenamente. Por outro lado, é preciso perceber que existe uma série de questões constitutivas da nossa humanidade e que perduram através dos tempos. Que sofrem, sim, modificações circunstanciais, mas que se mantêm como forças estruturantes, ou estruturais, desde os gregos antigos, desde que a gente se conhece por humanidade. Nesse sentido, é preciso perceber que a história da arte é uma trajetória de eclosão de singularidades. Ninguém previu o aparecimento de um ator como Samuel Beckett, que, é óbvio, responde a Auschwitz, responde a uma Europa destruída pós-Segunda Guerra Mundial, mas responde de um modo absolutamente insuspeito antes que ele o fizesse. Beckett não se insere em nenhuma tendência do teatro naquele momento. Ele é uma resposta singular a uma circunstância histórica. Isso cria seu destino artístico. Em sendo uma trajetória de eclosão de singularidades, isso está dentro do tempo e, no entanto, alcança sua singularidade na medida em que responde a esse tempo de uma maneira descolada das tendências, das formas e dos discursos hegemônicos desse tempo. É um paradoxo. Estamos respondendo ao nosso tempo, mas se respondermos ao nosso tempo do modo que o nosso tempo quer que nós respondamos, sairemos na capa do jornal, teremos uma crítica excelente, mas isso não contribuirá em nada para a história do teatro, e não será nem uma nota de rodapé na história do teatro. É um paradoxo da questão da experiência e do diálogo do teatro com o seu tempo. E assim eu encerro a primeira questão.

JOSÉ FERNANDO PEIXOTO DE AZEVEDO:
Agora, Roberto, como você elabora isso na sua prática? Quer dizer, como isso aparece no seu trabalho, na lida com os materiais? Como isso vira material, e como nessa lida isso vira forma? Entendendo "forma" não na posição abstrata, forma-conteúdo, não é isso. Mas forma como elaboração de experiência. Como isso aparece?

RA:
Existe uma frase do Van Gogh, numa carta para o Theo, seu irmão, na qual ele responde por que está pintando girassóis. Por que ele escolheu os girassóis? (Isso no início da fase dos girassóis). E ele diz para o irmão: "Theo, meu caro Theo, eu sou movido por forças que não controlo." Faço muitas peças. Em 27 anos como diretor,

encenei mais de cem peças profissionalmente e escrevi umas quarenta. E isto se dá não por um gosto de fazer, porque, na verdade, nem encaro o teatro como alguma coisa de que gosto, ou que amo profundamente. Encaro quase como uma espécie de condenação vocacional. Eu queria ser um astro do rock, mas Deus não me deu voz para isso. Então, de certo modo, essa coisa de reinventar um mundo, de reinventar a vida, de reinventar o homem através de uma instauração biofísica quadridimensional sempre foi algo com que muito organicamente lidei. Comecei a dirigir aos 18 anos de idade, profissionalmente. Dirigi *Catástrofe*, um dos primeiros textos do Strindberg. Se você me perguntasse isso há cinco anos ou há um pouco mais de tempo, eu teria uma série de princípios programáticos acerca do meu trabalho. Escrevi um livro chamado *Dramáticas do transumano*, em 2011, publicado no Brasil pela editora 7Letras, depois no México, e que vai sair na Alemanha em 2019. É um livro que dita uma série de coisas, que coloca uma série de questões. Cada vez mais eu me vejo distante de qualquer programa estético, de qualquer tentativa de domar uma dinâmica de recepção da vida, de "experienciação" da vida, e de resposta a essa experienciação através de obras de arte. De experienciação de obras de arte e de resposta à experienciação na minha vida. Porque uma questão estética é sempre uma questão existencial. E toda técnica que a gente emprega é uma visão de mundo inteira. Estou num momento de troca de sujeito. Bem sério, bem radical. E trocar o sujeito faz com que as coisas que fiz anteriormente não façam muito sentido para mim agora. Não que eu as negue, não que as ache menores, mas foram feitas por um outro. Isto tem a ver um pouco com aquela velha pergunta. Quem escreve quando você senta para escrever?

É preciso que a gente tire a nós mesmos da cadeira. Eu sempre fiz um esforço muito grande nesse sentido, de me tirar como identidade cultural, tão pequena, tão medíocre, tão banal. Tirar Roberto Alvim da cadeira para deixar que um outro escreva. E este outro é o grande outro. A gente pode chamar isso de inconsciente, podemos dizer que somos o cavalo de alguma coisa, que está fora, ou que está dentro. Nunca vamos saber onde está. Mas acredito que o inconsciente se estrutura como linguagem. Então se vive plenamente, integralmente, e esta é uma questão essencial para a dramaturgia. Teve uma vez que eu estava em um workshop de dramaturgia em Foz do Iguaçu e uma menina falou: "Eu pesquiso muito antes de escrever, estou pesquisando já há seis meses." Aí eu falei: "O que você escreveu até agora?" Ela falou: "Até agora não escrevi nada. Estou pesquisando só há seis meses." Eu falei: "Por que ao invés de pesquisar por seis meses você não vive uma hora?" Estar integralmente presente o tempo inteiro. O nosso inconsciente está elaborando simbolicamente a nossa experiência. Quanto mais intensa a nossa experiência na vida, mais o inconsciente necessita elaborar simbolicamente, e criar estruturas arquetípicas que vão se materializar e se fisicalizar numa estrutura textual. É muito misterioso esse caminho, e prefiro que ele permaneça misterioso. Não vou jogando, que nem João e Maria, as migalhas de pão pelo chão para tentar encontrar o caminho de volta. Pelo contrário, deliberadamente vou apagando as pegadas. Isso faz com que, nos últimos anos, eu tenha conseguido fazer, por exemplo, *Júlio César*, do Shakespeare; *Fantasmas*, do Ibsen; o *Tríptico*, de Samuel Beckett, e as suas três últimas novelas; o *Fedra*, do Racine; o *Leite derramado*, do Chico Buarque. Quando estou em uma obra, estou cem por cento nessa obra. Fiquei um ano no *Leite derramado*. No final das contas, eu estava conversando com o Chico sobre toda a adaptação dramatúrgica daquele romance, que aparentemente não tinha nem como ser adaptado. O próprio Chico falou para mim: "Acho que isso não vai dar para adaptar, não." Eu falei: "Mas eu já fiz." Eu não tinha feito nada. E ele falou: "Você pode vir aqui em casa quinta-feira?" Era uma segunda-feira. Na quinta-feira, cheguei ao Leblon, na casa dele, li o texto para ele e ele chorou. Porque tem a ver com quanto texto cabe numa pequena porção de tempo. Com a habitação e a intensidade, a habitação pulsiva, instante a instante. Repito, porque uma obra de arte não cabe num discurso teórico, não cabe em nenhum discurso teórico. Uma obra de arte não nos coloca em contato com nosso ego. Por isso digo que tiro o Roberto Alvim da cadeira quando sento para escrever. Porque não tem nada a ver com esse ego, essa persona aqui. Uma obra de arte nos coloca em contato com uma coisa que a gente pode chamar de Id, ou de coisa, instância puramente pulsiva, da ordem do desejo e de acoplamentos imprevisíveis do desejo. Porque o desejo tem uma dinâmica de transmutação permanente. Citaria a velha frase do Heráclito ("velha", no sentido cronológico): "Nenhum homem entra duas vezes no mesmo rio, por que não é o mesmo rio e não é o mesmo homem." Estamos em transformação permanente. Amarrar-se a um conteúdo programático de criação para sua vida equivale a se amarrar a um filtro ideológico a partir do qual você vai ver todas as situações. Ou a um filtro filosófico, ou a um filtro religioso. "Ah, a partir de agora eu sou hinduísta e uso um filtro hindu para ver tudo. A partir de agora sou nietzschiano, uso Nietzsche para ver tudo. Sou marxista, uso Marx para ver tudo." Chegará uma hora em que, filtro a filtro, esses antolhos vão começar a cair. Vão caindo, vão caindo, porque a vida não cabe em nenhum conteúdo desses. E porque nós mudamos permanentemente. Então, mantenho em mim, permanentemente, uma instância de instabilidade em que sou surpreendido, na sala de ensaio, pelo meu próprio trabalho, pelo que eu escrevo. Acabei de ler dois pedacinhos de peças para gravar um *podcast*. Uma delas se chama *Anátema*, a primeira peça que escrevi aqui em São Paulo para a Juliana Galdino, em 2006. Depois li *Pinokio*, escrito em 2010. E parecem escritos por duas pessoas diferentes. Não me reconheço nelas, graças a Deus. Porque não é sobre narcisismo. É sobre um outro, ou outros que nos habitam. E isso remete à origem do teatro. É sempre importante lembrar disso. No século 6 a.C., na Grécia, dentro do templo de Dionísio, em cima da mesa de sacrifício repleta de sangue do bode — pois haviam cortado o pescoço dele —, os cultuadores de Dionísio estão em volta, cantando, dançando enquanto o bode sangra. Um deles suja o rosto de arenito branco, Téspis sobe em cima da mesa e começa a falar como se fosse o Dionísio. Esse foi o momento mais revolucionário da história da humanidade, mais do que a ida do homem à Lua, mais do que o mapeamento do DNA, mais do que a descoberta do átomo. Por que ali abriu-se a possibilidade de nos livramos da condenação de sermos nós mesmos. Do nascimento à sepultura. E de podermos habitar o tempo, o espaço e a condição humana de outros modos que são impossíveis para minha identidade culturalmente definida. Por isso cito a frase da Sarah Kane, autora inglesa, que diz o seguinte: "Cada palavra que escrevo me mata mais e mais." É assim quando a gente escreve sobre si mesmo. Cada palavra que a gente escreve nos mata mais e mais. Tenho procurado escrever agora para me livrar de mim mesmo. Como disse Mondrian: "A arte nos livra de nós mesmos." Livrar-me de mim mesmo, habitar a vida de outro modo, de outros modos. É sempre surpreendente. Porque quando a gente escreve sobre a gente mesmo, a gente se aprisiona cada vez mais num circuito neurótico obsessivo, como um cachorro que corre atrás do próprio rabo, falando sobre si. Num permanente convívio com os próprios fantasmas. E é importante fazer essa travessia da fantasmagoria. Atravessar esses fantasmas, porque você vai encontrar outras assombrações, outros monstros — são infinitos os monstros. Pode estar atravessando a esquina, mas é um outro monstro. E que *puta* monstro esse. Para isso preciso olhar de frente o monstro, a cada mergulho, a cada hora. É por isso que cada hora deve ser vivida como se fosse a última hora, definitiva. Aliás, teve uma coisa de que outro dia me acusaram. Me acusaram não, isso é uma piada.

Mas, positivamente, fizeram assim: um homem pegou várias postagens — agora, não escrevo mais no Facebook — da véspera de estreia de peças, e em todas elas — eram mais de dez — eu estava dizendo assim: "Essa é a melhor peça que eu escrevi na vida." E eu não estava fazendo marketing das peças. Eu realmente sentia, naquele momento, que era a melhor coisa que eu tinha feito na vida inteira. Porque era a única coisa que eu estava fazendo naquele momento. A coisa mais importante e a coisa mais constitutiva da minha humanidade, que eu estava inventando, criando, descobrindo, naquele momento. Então, é sobre a forma que você falou, Zé. O teatro, uma obra de arte, é um sistema complexo de relações formais, construído no mais amplo diálogo com sistemas anteriores a ele. E a gente pode falar de tradição depois. É uma obra que proporciona uma experiência estética, até então desconhecida, não dada anteriormente por outras dramaturgias na história do teatro. Sempre conto que uma vez eu estava na Bélgica, também dando workshops de dramaturgia, e tinha uma francesa, para quem eu falei: "Você tem que ser tão grande hoje quanto Shakespeare foi na sua época." E ela, claro, como estudante da Sorbonne, baixou a cabeça. Isto significa desprezo a Shakespeare. Isto significa também amor a Shakespeare. Por tudo que ele nos deu. Por ter dado a vida inteira, e mais, para criar uma obra que tanto nos ensinou e continua nos ensinando. É por amor a ele que nós temos a obrigação de fazer hoje, não melhor, porque não existe melhor e pior em arte, mas de um modo mais bonito, mais profundo. Porque sabemos mais, graças a ele e a outros que vieram na sequência. Profundo é o que reverbera em múltiplas direções ao mesmo tempo. Raso, superficial, é o que tem um único significado.

KIL ABREU:

Você e a Juliana Galdino, além de artistas incríveis, são também formadores. Dão oficinas, cursos de dramaturgia. E você falou do desapego, de se desvencilhar de si mesmo para poder fazer o projeto poético acontecer plenamente. Em relação ao Dramáticas do transumano, *ainda quanto a essa questão da formação, se viajarmos e perguntarmos, lá em Belém, lá em Macapá: "Você conhece o livro do Roberto Alvim?", a pessoa responde "Eu conheço." Como é isso para você, neste momento? Você começou falando disso, não é? Dizendo assim: "Estou querendo, vai ser editado... mas estou querendo me desfazer." O que significa isso? Porque sempre achei um paradoxo. Ao mesmo tempo que você tem uma poética, que é de uma criação genuína, que é de dentro da própria pulsão criativa, você tem uma poética escrita, sedimentada. Como você avalia isso? A existência do livro como referência, porque é uma referência no sentido, inclusive, da construção dramatúrgica. No momento em que você diz que isso não te interessa... Aliás, você já dizia isso antes. Mas como é para você? Como o autor, que advoga de seu lugar de criador, esse lugar, essa atitude criativa, de total desprendimento, trabalha na formação de outros autores?*

RA:

Vou falar da *Dramática do transumano*. O livro já me causou várias situações constrangedoras. Teve uma vez que saiu uma matéria na revista da Livraria Cultura, e o jornalista, que é um cara excelente, chegou com uma série de perguntas e jogou uma série de conceitos, como *transmigração de consciência* ou *transmutação de sujeitos* e coisas que eu não lembrava que tinha escrito. Aí ele falou: "Quando você fala do objeto O e na instauração do não sei o que lá...". Eu falei: "Quem fala?" Ele falou: "Você." Eu falei: "Não, mas onde falei isso?", "Tá no seu livro aqui." Eu falei: "Olha, é que não foi exatamente eu que escrevi." Porque tem uma coisa da esquizofrenia que é muito legal, que é o seguinte: no fundo, no fundo, eu continuo seguindo o *Dramática do transumano*. Porque o que é o *Dramática do transumano*? Ele é sobre esquizofrenia. O que é esquizofrenia? "Esquizo", quebra. "Frenia", linha. Então, a quebra da linearidade. Há uma quebra de linearidade. *Dramáticas do transumano* coloca que é preciso a reinvenção de si mesmo o tempo inteiro, que a instabilidade é o cerne da criação artística. Então, eu sou totalmente instável. Estou me reinventando o tempo inteiro, e de um jeito completamente esquizofrênico. Quando chega na parte do público, da recepção, têm coisas muito bonitas que a gente pode dizer. Mas tem também uma outra coisa que posso colocar agora, que é só para poder me contradizer depois, que é: a gente escreve para a gente, assim como falamos para nós mesmos. Claro que nosso monólogo se articula com o monólogo do outro. Mas vai se expandir *rizomaticamente* no espaço mental sensível do outro, de um modo imprevisível para mim. "Cada palavra que digo pode ser interpretada de infinitas maneiras por você." Isso é uma fala do zelador do Harold Pinter. Acho que ter apagado o livro foi crucial para mim. O livro, quando do seu lançamento, eu estava falando aquelas coisas para mim mesmo. Talvez não exercesse plenamente essa imperiosa construção e desconstrução de mim mesmo. Eu precisava convencer a mim mesmo da necessidade de aquilo ser feito. Eu precisava colocar no papel, sistematizar uma série de proposições muito excêntricas, profundamente excêntricas, que me servissem como disparadores para a minha potência criativa, para o meu trabalho, para a constituição de uma poética cênica. O livro foi lançado em 2011 e, naquele ano, a gente encenou 16 peças. As sete tragédias, do Ésquilo, oito peças brasileiras contemporâneas e *A amante*, da Marguerite Duras, no Centro Cultural Banco do Brasil. Todas cem por cento revisadas, na minha opinião e também na opinião da crítica. A gente ganhou, inclusive, prêmios por conta desses trabalhos: o prêmio Governador do Estado, o TCA... Agora, para que se pudesse fazer isso, eu tinha que levantar todo dia, olhar no espelho, e dizer: "I am not a human being", "Você não é um ser humano". Dizia para minha própria imagem no espelho. Isso me dava a coragem e a energia para que eu saísse de casa e tivesse 16 estreias em um ano, que só tem 12 meses. Porque se a gente se localiza num lugarzinho de um ser humano, esse lugar, determinado hegemonicamente pela nossa civilização, você não pode estrear 16 trabalhos em um ano. Não pode. Isso é impossível de ser feito. Você não pode escrever uma obra-prima em três noites? Claro que não pode. Você precisa ganhar o pão com o suor do seu rosto. Você precisa pesquisar um ano e meio para poder escrever uma obra-prima. E, mesmo assim, depende do seu esforço. Tudo é uma questão de intensidade. Uma questão de como a gente habita a vida, aqui e agora. Todas essas proposições do *Dramáticas do transumano*, essencialmente, são um grito pela liberdade. Liberdade acerca do que é nossa humanidade. E se nossa humanidade é libertada, então essa experiência de vida vai encontrar uma formalização poética, singular, porque cada um de nós é um sintoma único. Nenhum sintoma (que é a nossa estruturação em conceito) se repete porque nossa história é muito distinta uma da outra. Embora seja muito parecida também. E se você é um artista, com uma vivência intensa, vai procurar uma elaboração simbólica, poética. Então, repito, quando as pessoas pegam aspectos do *Dramáticas do transumano* ligadas a uma recusa a Hegel, ou a uma repugnância em relação a determinados procedimentos do estilo realista, por exemplo, acho que são questões um pouco periféricas, pois o cerne do livro é a necessidade da reinvenção permanente de nós mesmos, sobre o que vai encontrar tradução e expansão no nosso trabalho. Só interessa o que nós não conhecemos. A gente tem que ter fé. Fé é a percepção de que existem experiências que eu ainda não conheço. Não estou condenado ao campo do conhecido. Existe, na próxima esquina, um novo monstro, absolutamente desconhecido, uma nova cabeça de Medusa, e quando eu cruzar a esquina, vou olhar para ela, face a face, nos olhos da Medusa, e vou me transformar radicalmente em outro. E repito, isso se harmoniza profundamente com o nascimento do teatro e com a possibilidade aberta pelo nascimento do teatro. Em relação à formação, sim, dou aula de dramaturgia há 18 anos. Aliás, alguns dos autores que estão aqui, nesse seminário, trabalharam comigo no começo, sendo estudantes de dramaturgia, escrevendo nas minhas oficinas. E outros aqui de São Paulo e de Curitiba. Hoje de manhã dei aula de dramaturgia das dez até uma da tarde, antes de vir para cá. E é maravilhoso, porque na época do lançamento do *Dramáticas do transumano*, formei uma espécie de seita — não em volta de mim, eu não era Jesus Cristo, eu era João Batista. Eu anunciava a chegada do Messias, e o Messias era cada um daqueles autores ali. Eles não me seguiam, eles seguiam a si mesmos. Acho que libertou muita gente, deu potência criativa para muita gente. Mas, hoje em dia, não trabalho mais assim. Não parto de uma recusa absolutamente fundamentalista de qualquer tradição, de qualquer sistema cênico preexistente. Procuro analisar as proposições estéticas, as poéticas de cada um dos autores, e perceber a eficácia, ou não, dos procedimentos adotados por ele naquela poética. Se eu não percebo a eficácia daquilo, faço sugestões, comentários, críticas. Noto por que aquilo não está ficando de pé, por que aquilo não está funcionando, porque são aspectos técnicos automaticamente apontados por uma análise técnica criteriosa. Do mesmo modo como a gente pode apontar as técnicas usadas pelo Harold Pinter, por exemplo, para criar os efeitos que ele cria. São 14 técnicas. Elas nunca tinham sido discriminadas. Eu discriminei essas técnicas. E são aquelas 14 técnicas que causam os efeitos que Pinter causa. Porque tudo é forma. E tudo tem que se expressar numa forma. Embora essa forma seja uma tradução, repito, de uma experiência de mundo, de vida, do Pinter, que não encontrou nenhum procedimento técnico anterior que pudesse dar conta de expressar esteticamente essa experiência. Então teve que criar essas 14 técnicas para isso. Voltando ao ponto: as oficinas de formação mantêm o mesmo rigor, mas não recusam produtos culturais, vamos colocar assim. Existe cultura e existe arte. Cultura é a regra, arte é a exceção. Eu acho lindo quando alguém, algum de nós tenta fazer uma obra de arte. Mas pode ser muito bom também fazer um produto cultural extremamente inteligente, que promova reflexões interessantes, tenha um aspecto crítico interessante, de divertimento. Divertido é o que nos tira do rumo em que estamos e nos leva para um outro lugar. Eu permito *it's a joke*, permito que os meus alunos façam produtos culturais hoje em dia. Antes eu queria matá-los se eles apresentassem uma coisa assim. Deixando bem claro que uma coisa é arte, é obra de arte, que é sempre sobre invenção. Uma obra de arte — se a gente é um dramaturgo — é uma dramaturgia de invenção. Não estamos usando procedimentos, operações dramatúrgicas preexistentes, mas inventando operações dramatúrgicas que vão colaborar para a ampliação da experiência estética do nosso tempo, em direções até então desconhecidas. Mas admito que se façam produtos culturais hoje, contanto que eles lancem, em profundidade, um olhar acerca da condição humana. Se, no passado, na época do *Dramáticas do transumano*, eu fazia teatro com a finalidade de reinventar o homem, hoje em dia faço teatro com a finalidade de mostrar quão complexa é a vida humana. Ao contrário da imagem banal acerca da nossa humanidade, com que nos bombardeiam diariamente na TV, no cinema. Mostrar a complexidade da condição humana e, por desdobramento inevitável, dignificar a vida. Antes, havia uma mentalidade revolucionária em mim, agora estou bem mais conservador, vim hoje com a minha calça do exército. Antigamente eu era um revolucionário que queria destruir tudo, acabar com tudo, como todo revolucionário. Destruir a porra toda e reinventar a humanidade do zero. Hoje, mais velho, vejo o quão complexas as coisas são, o quão ignorante eu era, em muitos aspectos, de achar que o ser humano estava dado na minha frente, estava posto, que eu já sabia tudo. Quanto mais jovem a gente é, mais a gente acha que sabe tudo, evidentemente. Você vai envelhecendo aos poucos, e vai vendo: "Eu conhecia a pontinha de um iceberg." Quão grande, quão imensurável é a experiência humana. Hoje faço teatro para dignificar a vida humana. Dignificar o fato de estarmos vivos. Mostrar o quão digna e quão imensa é cada existência.

JFPA:

Pegando o gancho godardiano *da regra e da exceção, pensando todas as suas conversões, você imagina uma tradição na qual se inscreva? A minha pergunta tem a ver um pouco com a perspectiva dramatúrgica no Brasil. Pensando na experiência brasileira, você se vê dialogando com uma certa perspectiva ou com perspectivas, sejam na história ou no presente? Você encontra um campo para além dos seus alunos? Uma conversa geracional acontecendo? Imagina uma certa tradição na qual você possa também se inscrever?*

RA:

Vou começar por uma experiência mais universal e depois pensar localmente. Sim, hoje me vejo completamente inserido dentro de uma tradição. Uma tradição de autores trágicos que começa com Ésquilo, que eu amo profundamente, que mudou minha vida. Traduzir, adaptar os textos do Ésquilo do original em 2011, 2012, montar, encenar as sete tragédias num projeto que nunca tinha sido feito antes na história, nem no Brasil, nem em lugar nenhum. As sete tragédias, uma após a outra, estrearam e ficaram em cartaz juntas, duas por dia. Os autores trágicos me levaram a perceber o que é o teatro. E essa definição do que é o teatro permanece a mesma para mim. Se atualiza cada vez mais profundamente em mim. Uma vez perguntaram para o Ésquilo — a revista *Caras* da época, do século quinto antes de Cristo — o que era o teatro para ele. E o Ésquilo respondeu: "O teatro é um buraco." E, então, o repórter perguntou: "E com o que você preenche esse buraco?" E o Ésquilo disse: "Eu preencho esse buraco com os meus piores medos e com os meus desejos mais inconfessáveis." Essa tradição de autores trágicos chega até o Nelson Rodrigues, um dos cinco maiores dramaturgos de todos os tempos, só que nascido no Brasil, por isso não está no livro do John Gardner ou da Margot Berthold. Não está apenas porque nasceu no Brasil, porque é tão grande quanto Ibsen, tão grande quanto Strindberg, tão grande quanto Racine, esses autores trágicos. E o que é o trágico? O trágico é a percepção de que eu não controlo a vida, não controlo o outro, e pior, não controlo nem a mim mesmo. O desejo se move o tempo inteiro de uma maneira escorregadia, movediça. Tudo desliza o tempo todo. Tudo se transmuta o tempo todo, a não ser que nós estejamos mortos. Apenas um neurótico quer segurar as coisas, dominar as coisas, aprisionar as coisas. Dizer: "Você me ama, não é? Para sempre, não é? Para sempre! A mim! Não ama? Você, eu conheço você, você é assim, assim, assim. E você me conhece, não é?" Neurótico é fazer essa porra, querer aprisionar a merda inteira. Aprisionar o seu próprio trabalho também. "Meu trabalho é muito coerente. Tenho muito coerência. Sempre escrevi de uma maneira muito coerente. Sempre abordo as mesmas questões há trinta anos." Você está morto. Morreu! Esses autores trágicos que começam com Ésquilo, passam por Shakespeare, Racine, Sêneca, Ibsen (que montei algumas vezes recentemente), tirando um pouco as idiossincrasias históricas, têm uma obra que é puro *Id*, puro fluxo do inconsciente, pura elaboração de pulsões, dos nossos medos mais terríveis e dos nossos desejos mais inconfessáveis. Isso também remete à origem do teatro. Se a gente for pensar que o primeiro palco da história do teatro era uma mesa de madeira cheia de sangue, sangue do bode. Foi em cima dessa mesa cheia de sangue que o teatro se fundou. E o que é o sangue? Onde há sangue, há vida. E onde há sangue, há iminência de morte. Sangue derramado. O teatro sempre existiu nesse umbral, nessa interzona entre vida e morte, entre delírio e concretude, entre política e mitologia. Tirar um desses aspectos do teatro é tirar muito do teatro, que nasce no culto a Dionísio, um deus que possibilita o *religare*, a religação como algo para além do nosso *metrum* cotidiano, da nossa identidade cotidiana. Chame isso de sagrado. O que é o sagrado? Tudo aquilo de que a minha razão não dá conta, não compreende completamente, que é um mistério. "Ah, mas eu sou materialista." Se você é realmente materialista, você é profundamente mais religioso do que qualquer um, porque tudo é matéria, inclusive os fantasmas, eles estão matéria. Ectoplasma.

O teatro nasce aí, no culto a Dionísio. O teatro morre no século IV, quando o Império Romano, na figura de Constantino, proíbe o teatro. E o teatro vai renascer no século X ou XI, num culto a Jesus Cristo. Também aí uma entidade que possibilita a religação com o sagrado, o renascimento de um outro modo, mais amplo, mais profundo, menos circunscrito a uma circunstância cultural. Então, os dois nascimentos do teatro se dão dentro do culto a Dionísio e dentro do culto a Jesus Cristo. Jesus se torna Cristo no momento da crucificação, quando o mundo dos homens é unido a algo para além do mundo dos homens. À experiência do desconhecido. À experiência do que a nossa identidade culturalmente definida não comporta, não identifica, não reconhece. Tem uma frase aqui no meu braço que diz: *Ad maiorem Dei gloriam* ("para glória de Deus eterno"). Faço teatro para Deus, para a glória de Deus eterno. E quem é Deus? Deus é o outro. Deus é tudo aquilo que não sou eu. Não posso fazer teatro para mim, tenho de fazer para o outro. E o outro é aquele que não conheço, aquele que não é o mesmo. O desconhecido que habita em você. É para isso, é para Deus que eu faço, isto é, para o grande Outro. Em relação à questão geracional, já tive esse sonho muito, muito forte. No Rio de Janeiro, alguns autores aqui, como Pedro Brício, por exemplo, fizeram parte das primeiras oficinas de formação que dei no teatro Carlos Gomes, em 2001, quando não tinha nada no Rio de Janeiro, nem uma sala de cinema. A gente se conheceu nessa época. Foi criada uma oficina de dramaturgia ali, porque não tinha um dramaturgo escrevendo. Tinha, mas não tinha como essa produção aparecer. Passou por ali uma série de autores, inclusive Jô Bilac, Daniela Pereira de Carvalho, Pedro Brício, Camilo Pellegrini, Marcelo Pedreira, Marcia Zanelatto. Todas as pessoas do Rio que vocês citarem passaram por essas oficinas, que foram de 2001 até 2006. Mas o fato é que eu tinha a ideia de fazer algo geracional. Um pouco como foi o pessoal do expressionismo abstrato norte-americano, que tinha Jackson Pollock, Mark Rothko, Arshile Gorky, Barnett Newman. E os caras iam para a taberna, enchiam a cara e brigavam uns com os outros. No dia seguinte, iam para os seus ateliês pintar, e maravilhavam uns aos outros numa competição extremamente saudável. Porque se você cria uma obra linda, e eu vejo sua obra, tenho que manipular uma quantidade de energia imensa para fazer jus à obra linda que você me deu, e criar uma obra igualmente bela. Então, havia essa coisa geracional de ter um grupo de autores, cada um criando uma poética, cada um criando uma dramática, isto é, um sistema dramatúrgico próprio. Éramos amigos, e apenas amigos, porque diferentes uns dos outros. Quanto mais diferentes uns dos outros, mais amigos seríamos. Essa era a ideia de todo mundo, que cada um desenvolvesse uma poética própria. Mas essa ideia durou um tempo, lá no Nova Dramaturgia Carioca, no Rio de Janeiro. Inclusive a gente tinha um bar oficial. A gente teve muitas brigas nesse bar, brigas físicas, e era maravilhoso. Porque no dia seguinte a gente se encontrava para ler os textos uns dos outros. E todos tinham um amor patológico pela obra de arte. Um amor, uma vontade de ver mais e melhores peças de teatro, escritas uns pelos outros. E competir nesse sentido. Competir como num festival de teatro grego. Era uma competição, o teatro nasce como competição. Não competição enquanto inveja do outro, vontade de destruir o outro, mas de responder à grandeza da obra do outro com uma grande obra. Atualmente, não, sou um lobo solitário. Todos nós, acho que somos um pouco lobos solitários na dramaturgia hoje. Não temos uma questão geracional. Não tem nada parecido com isso, pelo menos que eu saiba. Pode ser que, em círculos universitários, por exemplo, haja. Mas, assim, no mundo aqui fora isso não existe. Tenho respeito e admiração pelo trabalho de vários colegas. A Silvia Gomez, por exemplo, que está aqui, me mandou um trabalho dela para que eu escrevesse o texto do programa que estreou no Centro Cultural São Paulo, sob a curadoria do Kil Abreu. Eu li a peça dela, escrevi um texto após a leitura. Então, tem isso: uma cumplicidade, uma parceria eventual. O Vinicus Calderoni, que foi meu aluno, começou a escrever comigo, escreveu dois anos na minha oficina, a primeira peça dele foi escrita na oficina, ele me envia as peças eventualmente, a gente conversa. O Diego Fortes, de Curitiba, ganhou o prêmio Shell no ano passado [na 29ª edição], foi meu aluno. Sempre que escrevemos alguma coisa, envio para ele e ele envia para mim. Mas não posso chamar isso de geracional. Não posso dizer que isso seja sequer parecido com um movimento geracional. Por que isso acontece? Teria que separar, analisar e diagnosticar. Não saberia dizer agora.

ISABEL DIEGUES:

Você acha que faz essas oficinas há tantos anos para encontrar esses interlocutores e tentar construir esse núcleo? Qual é a motivação para você fazer essas oficinas?

RA:

Encontrar amigos, não é?

ID:

Tem uma frase no Cinema Novo, *o filme do Eryk Rocha, que eu adoro, em que o Cacá Diegues diz: "A gente não era amigo porque gostava do trabalho um do outro. A gente era amigo porque gostava de trabalhar um com o outro. Me lembrei disso ao te ouvir falar. Porque é quase uma obsessão sua essa coisa formativa, das oficinas, de ensinar. No Rio de Janeiro, a sua passagem, a sua presença mudou completamente o cenário. Todas as pessoas que a gente publica, em algum momento, passaram por você. Mas fico curiosa para saber qual o impulso dessa coisa formativa que você tem.*

RA:

Acho que é o que salva. Porque como ser humano sou um merda. Mas tenho um enigma. E todo amor é enigma. Se não for enigma, não é amor. Se sei exatamente por que eu amo você, então, eu não amo você, é um acordo de conveniência. Não posso saber por que eu te amo. O amor se dá. Então, acho que tenho um amor patológico pelo teatro. Especialmente pela fisicalização do inconsciente de autores que se dá nesse suporte das palavras, numa folha de papel em branco. Tenho um amor muito grande por isso, acho que isso é da ordem da magia. Gosto de encontrar as pessoas porque se lê muito poucas peças de teatro. É muito chato ler peças de teatro sozinho, às vezes. E a gente se encontra numa sala e começa a ativar aquelas palavras em voz alta. Fiz isso anteontem, ontem, hoje, farei amanhã às dez da manhã, todo dia. Você tem razão, parando para pensar, é obsessivo. E aí os caras trazem as peças deles, a gente se senta numa roda e lê a peça em voz alta, ativa aquilo. Porque a dramaturgia não é sobre a palavra, como a gente costuma dizer. A dramaturgia é sobre a fala humana. Se ela se basta no papel, então não é própria para a cena. Ela precisa ser incompleta no papel. É na ativação da fala humana e com a substanciação de sensações, em texturas vocais, em planos rítmicos que aquilo se dá plenamente, encontra a sua potência plena. É por isso que a gente escreve com o ouvido. Encontrar com as pessoas na sala e aí, de repente, um universo novo se abre. Um planeta estético que não conhecia me é oferecido para visitação. Chego nesse planeta através daquela leitura.

Piso naquele solo, conheço os habitantes que falam outra língua, que vivem segundo outras regras. E daí volto e falo: "Nossa, como a minha humanidade seria mais pobre se eu não tivesse visitado esse pequeno planeta estético que me foi mostrado nessa leitura aqui." Então, é sempre uma aventura. Acontece sempre nessa visitação de planetas estéticos desconhecidos? Não, acontece uma vez. Mas, acontecendo uma vez por mês, é maravilhoso. São doze viagens interplanetárias por ano. É incrível, é incrível. Quão pequena seria minha experiência sem essas visitações a planetas estéticos singulares criados por dramaturgos. Então é sobre isso: perceber que eu não sei, não conheço tudo. Existem muitas experiências que ainda estão por ser inventadas, descobertas, e o grande campo do "fazimento" disso é a dramaturgia. Porque a dramaturgia opera como um Gênesis bíblico. Antes de começar a ler suas palavras, surge o verbo. *Kai theos en ho Logos* no princípio é o verbo, é *logos*, e o verbo começa a criar o mar, cria o firmamento... As palavras voam sobre as águas, as palavras criam a Terra, as palavras habitam essa Terra com essas criaturas. Tudo pela força do *logos*. Pela força do verbo. Quando a gente começa a escrever uma peça, é muito importante se colocar nesse lugar em que Deus estava na hora da criação do Universo. Se há uma analogia possível para nós, dramaturgos, é com esse Deus do Gênesis. Estamos diante de um lugar onde nada existe, e pela força do nosso verbo, pela força da linguagem, o tempo se cria, o espaço se cria, modos de subjetivação se criam. Um tipo de fruição do tempo, de conformação do espaço, um modo de subjetivação absolutamente específico e descolado do modo como a gente vive a nossa subjetividade aqui fora. Podem ser inventados, devem ser inventados. Uma poética é um jogo de linguagem e, hoje em dia, em que nós não temos nenhum jogo de linguagem hegemônico, cabe a cada dramaturgo inventar a sua poética, isto é, inventar as regras do seu jogo de linguagem, criar um mundo e inventar o modo como esse mundo funciona. Habitá-lo, então, plenamente, tudo pela força da linguagem, do verbo, e na obra seguinte ir para outra galáxia, ou para outro átomo. Manter o processo de reinvenção, de descoberta do desconhecido em permanente ebulição, é o que faz a diferença entre o que está vivo e o que está morto. Morto é tudo que está no campo do conhecido, vivo é tudo aquilo que eu ainda não experienciei, ainda não conheço, é o desconhecido, que existe, meus caros. E doze vezes por ano pelo menos, Bel, eu me encontro com o desconhecido.

ID:

Maravilha.

KA:

Só dá tempo só para responder em cinco minutos. Grace Passô já subiu. Mas é uma coisa talvez bastante prosaica, acho que você vai responder rápido. Acho que você está falando, logicamente, da perspectiva da criação de textos originais. E considero também as operações dramatúrgicas. Tão importante quanto escrever um texto é a operação sobre textos já escritos, de toda a tradição do teatro, desde o teatro antigo, até os novos clássicos, os modernos e os contemporâneos. Você passeou por todos eles, então, a pergunta é simples: e não vamos falar em rotina, que sei que você vai ficar ofendido, mas há procedimentos recorrentes diante desses textos que não são seus, que você possa identificar? Sobretudo, porque as adaptações, em geral, sei como está agora, são muito sintéticas.

RA:

Há esse procedimento. *A Feather*, na nossa adaptação, durava 55 minutos. *A Feather*, do Racine, assim como *Cesar*, do Shakespeare, assim como *Fantasmas*, assim como *Terra de ninguém*, do Harold Pinter, todas essas peças que traduzi e adaptei — adaptei no sentido de criar uma síntese da obra —, quero crer que são profundamente fiéis. Seja

Ésquilo, seja Beckett, seja Pinter. Fidelidade, numa tradução, numa adaptação, tem a ver com habitar o mesmo lugar pulsivo que o autor estava na hora que escreveu aquilo ali. Então, é uma operação pouco indizível dizer como é se colocar no mesmo lugar pulsivo em que Shakespeare estava quando escreveu *Júlio Cesar*. Porque é um lugar pulsivo completamente diferente do lugar do Pinter, ou do lugar do Beckett, ou do lugar do Racine. Mas, nos textos originais de todos esses autores, esse lugar pulsivo está posto. É preciso ir nos textos originais, não nas traduções, olhar para aquela forma, procurar ativar aquela forma, encontrar esse lugar, esse inconsciente que se estruturou daquela maneira ali, e a partir desse mesmo lugar começar o processo de reescritura da obra. E o que significa essa reescritura do texto clássico? Significa perceber que a dinâmica de sensibilidade do século XVI não é a mesma do século XXI. Temos um acúmulo de narrativas muito maior. Meu filho já assistiu a mais filmes aos dez anos de idade do que eu tinha visto até os 15 anos. Há um acúmulo de narrativas muito maior. Somos bombardeados o tempo inteiro por narrativas. Há um repertório muito maior, no qual as coisas são percebidas com muito mais rapidez, embora com menos profundidade. Então, meu ponto, com esses clássicos, é tirar tudo que seja muito circunstancial, muito culturalmente circunstancial, e encontrar, de certa forma, o haikai desses clássicos, a essência pulsiva, mantendo a forma da frase de cada um dos autores originais. Manter a arquitetura linguística dos autores, mas secar o texto, no sentido de síntese/amplidão. Encontrar uma síntese poética naquele texto, que pulsivamente seja também uma tradução, no inconsciente, de conceitos daquele autor, mantendo o estilo na arquitetura linguística das frases. Esses são procedimentos recorrentes, mas o lugar de cada um desses autores e o modo como tenho que chegar, como faço para chegar nesse lugar, é um pouco mágico.

GRACE PASSÔ

GRACE PASSÔ:

Vou começar pela primeira questão. Da forma como criamos. Minha relação com a dramaturgia, especificamente, é uma resposta da experiência do meu corpo no teatro. Isso começou e se deu primeiramente no meu trabalho e na minha experiência como atriz. Obviamente, os sistemas pelos quais eu tive que passar para criar alguma coisa como atriz geraram uma resposta dramatúrgica. Para mim, a dramaturgia, a minha relação com essas escrituras, vem de uma espécie de vazamento. Uma espécie de vazamento de algumas experiências, do que em determinados momentos eu conseguia vislumbrar enquanto imaginação de uma experiência. Mas, por algum motivo, ali como atriz, eu não conseguia fazer isso acontecer. De alguma forma, na perspectiva da atuação como atriz, fazendo parte de várias experiências, de várias peças de teatro, eu imaginava coisas às quais, em determinadas condições de atuação, eu não conseguia dar forma. Estou dizendo isso porque é um pouco o meu grão na dramaturgia. Essa perspectiva de um corpo no front, que é o corpo que atua. A minha relação com a dramaturgia nasce daí, da minha experiência do meu corpo vivo na cena, e também da experiência social do meu corpo na cena. Tudo isso pode dizer respeito a subjetividades e também ao meu corpo enquanto construção social. Isso é muito determinante na minha relação com a dramaturgia. Ela nasce dos limites que eu, enquanto ser subjetivo, me dei em cena, e dos limites que a sociedade também me impõe, me impunha. Nasce na perspectiva subjetiva de um lugar, de estar em cena e imaginar formas que não consigo dimensionar, que não consigo estruturar em cena, mas que talvez, em uma tela de computador, através de determinadas poéticas, eu consiga arquitetar. Nasce, também — e isso é determinante —, do fato de a minha história... É muito interessante entender o quanto sou resultado de muitas militâncias. Estou vendo aqui e estou lembrando o tanto que já conversei com o Kil Abreu, o Zé Azevedo, e a Bel Diegues. Tenho consciência disso hoje. Nasce também do lugar onde nunca me colocaram, e que tive que criar para existir. Então nasce da necessidade de ampliar o imaginário simbólico que meu corpo expressa no mundo. Nasce da necessidade de reduzir a vinculação da minha imagem. Quando falo "eu", estou partindo da perspectiva de atriz para começar a escrever. Nasce da tentativa de desvincular minha imagem, enquanto construção social também, de determinados estereótipos. Nasce de uma resistência, nasce de um reclame poético, de uma resposta poética a um imaginário que, em determinadas situações como atriz, poderia ter sido muito limitado. Nasce de uma extrema necessidade de existir. Escrever, para mim, é uma necessidade de existir. No fim, também, enquanto exercício da libido. Escrever, para mim, está ligado obviamente à ideia de criar uma língua no mundo, não a uma bondade. Um desejo de criar uma língua no mundo, e uma necessidade urgente, cabulosa, de estabelecer relação, onde quer que esteja. Quais as relações que se estabelecem quando se faz teatro no

Brasil? Os circuitos que a gente anda aqui, esse lugar. Os lugares em que a gente anda vivendo de teatro. Esses lugares são, como todos os locais oficiais, cheios de limitações, e o que escrevo é, de alguma forma, uma resposta a isso. Uma necessidade de existir nesses lugares, e existir plenamente. Porque não viemos para pouco na vida, viemos para tentar nos gastar bastante.

KIL ABREU:

Você falou, Grace, em coisas essenciais, do que te move. Mas há sua trajetória de artista. Pensando nesse caminho que vai lá da Grace do Por Elise, *do* Amores surdos, *ainda no Espanca!, do* Congresso Internacional do Medo, *até essa de agora, que é a mesma, mas não é a mesma. Acho que não é à toa que você começou a falar da coisa do corpo, porque acho que está muito vivo. O* Vaga carne... *Pensando nesse arco que vai de um lugar a outro, como essas coisas foram se deslocando para você? Tanto do ponto de vista pessoal quanto do ponto de vista da escritura. A sua escrita se move como nessa trajetória, ainda que os princípios possam ser os mesmos e, provavelmente, são, pois você acabou de dizer. O que é esse movimento que vai lá do início, com o Espanca!, para o momento em que você está agora, do ponto de vista da escrita? Como essas questões foram movendo você quanto à criação?*

GP:

Para mim está tudo junto. Nem consigo responder a uma coisa específica com relação à escrita. Não consigo falar de dramaturgia sem falar de atuação, sem falar de encenação. Nem estou denominando nada, que dramaturgia é tudo isso, estou dizendo da minha relação muito total com o fazer, com o fazer teatro. Para além da escrita, isso é uma percepção do teatro na minha vida ao longo do tempo. Sinto que com o tempo as coisas que escrevo estão muito ligadas. Por exemplo, são menos falas a serem escritas em um tempo e em um lugar. O que é um pouco o princípio do texto teatral. Sinto que, de alguma forma, com o tempo, a minha escrita tem caminhado paralelamente à minha noção de atuação enquanto performance. Isso tudo não vem como resultado, sendo bem sincera, de uma racionalização do que faço. Isso vem de uma experiência do meu corpo vivo na cena, atuando cada vez mais. Tenho algumas estratégias para tentar atuar melhor. Uma das estratégias dos últimos tempos — mentira, faço isso há muito tempo — é, antes de entrar em cena, conversar comigo mesma, me tirar de determinadas posições divinas e conversar, quase como uma meditação pessoal. Eu me lembro de que se trata de mim mesma em cena, de que não existe nada, absolutamente nada, nenhuma pele entre mim e as pessoas. Isso é uma tentativa de radicalizar a minha relação em cena, em vida, com o presente. Estou falando de atuação, mas acho que, no fundo, ao longo do tempo, minha escrita tem tentado se jogar nesse lugar também. Tentar, de alguma forma, com algumas estratégias específicas — posso tentar pensar em algumas delas —, inscrever uma experiência. Arquitetar ou encontrar através de códigos da tela, do papel, reconstituir através daqueles códigos a vibração de um tempo, de uma experiência. Para mim, ela tem ficado mais performática nesse sentido. Não sei. Estou cada vez mais distante de um lugar. Talvez isso tenha a ver com formação, porque minha relação com o teatro sempre se deu no lugar de dentro dos grupos de teatro. Sou de Belo Horizonte e você se forma em teatro dentro de grupo de teatro — uma pessoa com 38 anos, como eu, é resultado de botar muito a mão na massa, do desejo de criar dramaturgias originais, mas isso vem do fazer teatro, da maneira artesanal de se relacionar com o teatro. Sinto que a minha relação com a escrita tem sido cada vez mais nesse lugar, quase como uma voz, que é a minha voz. Ela tenta, de alguma forma, reconstituir ou fornecer pressupostos de como fazer aquela experiência acontecer. É quase uma conversa com o leitor ou com a leitora.

ISABEL DIEGUES:

Ouvindo você falar, penso numa escrita que vai se transformando. E você trouxe a ideia da experiência. Você acha que isso se dá por conta da sua experiência no teatro ou é sua experiência para além do teatro que também faz a sua escrita mudar? Porque tenho a impressão de que a sua escrita é também uma escrita performática, mas que vai ficando mais literária, de certa maneira. Você fala muito da experiência e não sei se essa experiência se dá somente em cena. É uma experiência do corpo, uma experiência de lugar no mundo, mas para sua escrita tomar esse rumo isso se restringe a uma experiência em cena?

JOSÉ FERNANDO PEIXOTO DE AZEVEDO:

Posso? Está no mesmo campo e talvez possa misturar. Na Cia. Clara você não escrevia?

GP:

Não.

JFPA:

Do Por Elise até o Vaga carne e o Preto, *pensando na relação da experiência e da performance, sua escrita foi ficando mais negra? Eu digo isso porque essa dimensão da performance, parece que, em algum momento, ela se torna uma questão. Isso também muda a sua escrita e a sua percepção com relação à escrita hoje?*

GP:

Muda, sim. Isso para mim, hoje, é muito mais intencional, encontrar formas de dizer, numa perspectiva em que dizer é algo muito maior. Encontrar formas de dizer sobre as questões, sobre o fato de ser uma mulher negra. Claro que a escrita vai ficando mais preta. Não tenho saída. Não tenho saída por quê? O que é o caminho de uma pessoa que faz arte? É o caminho de reconhecimento da sua identidade. É um caminho em que você vai escolhendo o que você quer ser e como você quer estar no mundo. Obviamente, é claro que o fato de ser negra sempre foi uma questão na minha vida. É possível enxergar nos textos mais antigos uma poética que se relaciona com um cotidiano mais pobre. Algo com uma simplicidade que pega referências e trabalha o imaginário a partir de coisas comezinhas.

ID:
Singelas.

GP:
De uma singeleza da pobreza, o que acho de extrema riqueza. É claro que sou resultado, obviamente, de um feminismo negro, que se coloca na minha vida hoje como não existia antes. Não tenho como não falar sobre isso. Independente de como eu fale. De alguma forma, estou ligada a isso. A minha existência, o que significo na sociedade, isso é de uma tentativa de marginalização tão grande na nossa história social que não tem como eu não lidar diretamente, no meu trabalho, com questões como a minha negritude. Mesmo porque tudo que escrevo tem uma ligação muito íntima e quase declarada com o nosso tempo. Acho que isso tem a ver porque estou ligada a outras funções na cena. Qual o outro assunto possível para mim hoje? Não existe, não tem como, não há possibilidade. Só se eu realmente estivesse em outro lugar. Não tem como ser uma artista negra brasileira no teatro brasileiro e essa não ser a questão do meu trabalho. Porque o que se apresenta hoje como uma insurgência, uma potência, uma militância mais visível é, na verdade, o resultado de uma represa que foi aberta, de uma água que já estava ali. Então, quando as falas de qualquer artista negra, ou seus trabalhos, quando se insiste na questão, isso é o resultado de uma voz que foi extremamente silenciada. Silenciada é a palavra. Não gosto de usar a

palavra que todo mundo está usando, mas é verdade. Extremamente silenciada. Isso chega com uma potência tão grande! Há a necessidade de se falar sobre o assunto, de se criar uma poética para ele e de entender isso em cena.

Além disso, há o fato que todo mundo sabe: o teatro brasileiro é muito elitizado e, como é elitizado, é racista. Como é racista, se você é uma pessoa negra, obviamente vai encontrar na sua vida estratégias para ser aceita nesse lugar. Não que você faça coisas para ser aceita. A Leda Maria fala que, quando você é uma pessoa negra, você é poliglota, nasce poliglota, porque você nasce com a dimensão do outro. Você tem a dimensão do outro. Você precisa conversar com o outro. É provável que algumas outras estruturas, ou outros nichos sociais, tenham isso menos desenvolvido. Você sabe que você é negra para alguém. Se você não é uma pessoa negra, talvez seja mais difícil entender isso. Você desenvolve ao longo de sua vida uma certa linguagem para o outro, de necessidade de afirmação para o outro. O outro não existe. Você conversa com o outro e conversa com outras pessoas negras. É quase como se você elaborasse, ao longo de sua vida, estratégias de relacionamento em todos os campos: afetivo, social... Por que estou falando isso? Porque José Fernando me perguntou se minha escrita vai ficando mais preta. Quero dizer o seguinte: impossível, não tem como não falar sobre isso. Ainda mais nesse teatro que a gente faz. Os lugares pelos quais o teatro brasileiro passa, ao menos os lugares por onde eu passo, no teatro brasileiro, ao longo da minha história toda, são muito pouco notados. Os lugares pelos quais eu passei — não que seja assim sempre — eram muito pouco dotados de uma reflexão e de uma ação em relação à negritude brasileira. Então, se eu não produzisse alguma resposta a isso, eu não estaria vivendo neste tempo, não estaria assumindo tudo o que está acontecendo agora. Não há possibilidade de falar sobre outra coisa. Para mim, agora, não tem como.

ID:

A sua escrita é direcionada a um público específico? Você faz isso para o outro? Você está falando de ser poliglota, de ter uma linguagem que possa traduzir para o outro a sua condição, ou mesmo de levar, na linguagem do outro, aquilo que é seu, para chegar no outro. Que público é esse para quem você escreve? São seus iguais, é o outro, são todos, ou você não pensa sobre isso?

KA:

Eu ia perguntar também. A sua questão não é só sua. É uma questão que, às vezes, pertence, incidentalmente ou não, a todos nós. Mais específica e essencialmente a você, às pessoas negras, às mulheres negras e a você como artista também. Então, é isso mesmo que a Bel já abriu. Você tem expectativas em relação ao público, Grace? Com todo esse repertório, tudo isso que acabou de falar, qual a sua expectativa de interlocução? Não em ter público ou não ter público, claro. Não estamos falando disso.

GP:

Na verdade, essa é a questão: para quem? A questão toda do teatro é essa. Para quem a gente faz? Não sei responder a essa pergunta. Não sei. Porque tem aquela velha história do leitor ideal. De alguma forma, quando você escreve ou quando atua, você direciona ou endereça seu pensamento para algum lugar. Mas não sei dizer para quem. Sinto hoje, objetivamente, que me incomoda muito uma certa previsibilidade de público para o qual eu me apresento ou escrevo. Isso me incomoda muito. E ocorre porque estou em determinados circuitos. De alguma forma, entendo um pouco quem vai se aglomerar ali para ouvir aquelas palavras. Isso tem mexido muito comigo. Quando você me pergunta se a escrita vai ficando mais preta, tem a ver com isso também. Tenho observado que quando tenho eventos ou reuniões ligados, de alguma forma, à militância negra, fica mais nítido por que fazer teatro. Isso é um problema que tenho para resolver na minha vida agora, inclusive.

Porque ninguém ali está caçando assunto, coisa que, no teatro contemporâneo, a gente faz muito. Não que os pretos não façam teatro contemporâneo. Mas talvez esse circuito em que estamos, entende?... [Para os negros] o assunto já está dado. O que nós, pretas, estamos conversando é, no fundo, como reelaborar. O que as pretas e os pretos estão conversando, gente? Estão conversando sobre quebrar a distância entre palco e público. Através de um repertório que é ancestral e futurista, mas estão conversando sobre quebrar essa relação. Tem coisa mais importante que isso? Quebrar essa relação entre nós? Conversando sobre como molhar o teatro contemporâneo com um chão ancestral. Ao mesmo tempo, como entender a diáspora no teatro, como entender esse corpo no teatro? Ao conversar sobre o teatro brasileiro, essa tentativa de entender o que é um teatro preto, para além do que podemos conversar sobre isso, se existe, se não existe... Para além disso, os assuntos já estão ali. Porque existe um acordo entre olhos de uma existência que, na construção brasileira, é tão complexa, mas tão complexa, que elaborou códigos de convivência de guerrilha. Estou falando de guerrilha, mas não no sentido da violência. Isso que acontece hoje nas reuniões dos artistas negros é de uma potência! É muito diferente eu estar com vocês hoje em comparação com as reuniões que tenho tido para pensar o teatro preto com a galera preta do teatro. É algo diferente.

ID:

Não sou atriz, nem dramaturga, nem preta, mas é uma questão para mim também. É um pouco aflitivo estarmos falando sobre isso e ver esse mar de gente branca na nossa frente. Mas vamos lá. Partimos para onde?

JFPA:

Acho que você tocou num ponto, Grace, quando disse que, ao discutir teatro preto, ao discutir a questão do negro, estamos discutindo o teatro. Portanto se trata, de certo modo, de reinventar e reorganizar a história do teatro. Essa passagem é fundamental. Você não está trabalhando apenas com artistas pretos, você lida com perspectivas das mais diversas, está trabalhando no Brasil, está trabalhando fora do Brasil. Aqui aparece uma questão complicada, a de que fazer teatro preto não significa necessariamente trabalhar apenas com artistas pretos. Trata-se de uma perspectiva sobre o teatro brasileiro, e há, no entanto, uma diferença quando estou trabalhando com artistas pretos e quando estou trabalhando com artistas brancos.

Digamos que essa convivência seja uma condenação, que não seja possível escolher estar aqui e estar ali. Portanto, essa sua experiência atual é um modus operandi *do teatro e é disso que se trata. Qual a diferença quando esse processo de criação dramatúrgica acontece? Por exemplo, numa experiência como foi o* Preto*? Como isso acontece numa experiência como foi o* Vaga carne*? Há diferenças e você está elaborando essas diferenças? Quais as questões que aparecem quando você está lidando concretamente, enquanto dramaturga, com essas diferenças, com esse convívio, com esses artistas em contextos diferentes? Porque isso aparece no* Preto *de uma maneira drástica. Tem um convívio que precisa ser resolvido e ali você também estava no lugar de dramaturga.*

GP:

Também.

JFPA:

Não sei se você teve a experiência de trabalhar como dramaturga apenas com artistas negros. Acho que você não teve essa experiência.

GP:

Não.

JFPA:

Então, de um lado tem uma experiência que é muito concreta, e, de outro, uma perspectiva que se abre para você. Queria que você falasse um pouco da experiência concreta. Como lidar com essas dificuldades?

GP:

Não sei, Zé. Você está me perguntando especificamente sobre a questão racial nessas diferenças? Ou ambos?

JFPA:

Ambos.

GP:

Quando escrevo, estou ligada à cena. Quando falo de tentar escrever uma experiência, isso está muito relacionado a uma arquitetura cênica, a encontrar pontos, encontrar um solo, encontrar códigos, a conseguir construir uma plantação para fazer alguma coisa acontecer num tempo e espaço, e ponto. Para mim se trata de dar uma resposta escrita, uma resposta às dimensões que determinados corpos me sugerem. Quando você me pergunta como resolvi isso em cena, não sei dizer. Talvez eu possa ser um pouco mais objetiva. Possa dar exemplos. Talvez seja bom. Posso falar do *Vaga carne*. A primeira ideia, o primeiro *insight* que me veio tinha a ver com o desejo de construir um corpo estranho em cena. A ideia de estranhamento, para mim, é extremamente preciosa. De como encontrar estratégias na escrita para dar forma a uma situação onde o gesto, a ação ou o movimento não estão em harmonia com a fala. A partir dessa ideia, de imaginar um corpo, que nem seria eu quem faria, de imaginar um corpo onde a fala, a ação e os movimentos conviveriam numa espécie de disritmia entre si, eu comecei a escrever. Minha escrita passa pelo lugar das ideias teatrais, pelas formas que, de algum modo, consigo imaginar em determinado momento da minha vida. Eu corro atrás de uma escrita que seja um chão para essas formas. Estou dizendo isso porque acontece também quando estou escrevendo para alguém. É um pouco isso, o resultado de uma miragem da experiência daquele corpo na cena. Olhando para aquele corpo e entendendo o que posso sugerir enquanto potência para que ele esteja em movimento, para que ele coloque o pensamento em movimento, para que ele gere algumas ações, para que ele gere movimento em uma relação teatral. É isso que consigo imaginar em relação ao que você me perguntou.

KA:

Lembro de uma determinada passagem, já faz uns anos, no festival, acho que de Rio Preto, em que fiz uma entrevista com você. Achei bonito e acho que pode ter a ver com isso que está dizendo, de alguma forma. Eu perguntava sobre autores com os quais você dialogava. E você falava de Brecht, que também traz essa materialidade de situação, de circunstâncias e de pessoas. No caso dele, mais ligado a personagens, e aqui, talvez, com a marca de performance mais evidente, sobretudo no seu trabalho mais recente. Ocorreu-me isso de volta, o Brecht. Isso não é importante para você?

GP:

Comecei a escrever como resultado do meu contato com a obra dele na escola. Não sabia que podia pensar teatro. Meu contato com Brecht, desde o início, me tirou de um certo terreno alienígena em que me sentia como artista de teatro, e foi muito determinante. Primeiro, pela possibilidade de ler sobre um artista que tentou colocar o pensamento em ação na obra, de ter contato com sua relação com as obras, sempre em construção, uma obsessão histórica. E também por uma reflexão do que ele produzia, e pela introdução de determinados pressupostos básicos de teatro que já são incorporados no nosso. Brecht sempre foi o que me disparou a vontade de pensar sobre o teatro, de pensar sobre a dimensão social do teatro e, sobretudo, de pensar uma atuação radicalmente distanciada ao longo da vida. Isso foi o que molhou minha vida o tempo inteiro. Minha relação com as obras do Brecht, com o pensamento dele.

ID:

Temos mais cinco minutos.

JFPA:

Sobre o teatro brasileiro, de que já falou um bocado, você imagina uma tradição ou um campo de discussão no qual você se inscreve, e uma conversa entre pares nesse momento? Geração é uma palavra muito pesada, mas um campo de discussão que você reconhece e permite uma conversa que, de certo modo, atravessa seu trabalho? Você reconhece isso, ou imagina?

GP:

Sim. Reconheço algumas coisas muito básicas com os grupos, com os coletivos, com os agrupamentos, com os parceiros com os quais trabalho e me identifico. Reconheço uma tentativa de radicalização do teatro enquanto performance, da atuação enquanto performance. Reconheço uma busca intencional por um teatro borrado em relação às linguagens artísticas, onde você não sabe muito, até consegue reconhecer pressupostos técnicos da dança ali dentro, mas é algo que existe justamente num certo borramento dos limites entre as linguagens. Reconheço uma busca, uma obsessão por dramaturgias originais, ou seja, uma obsessão em criar novos imaginários para a cena. Imaginários que consigam, de alguma forma, agregar realidades atuais que precisam de novas formas para acontecer. Acho que é um pouco por aí, Zé. Isso é um pouco um lugar de encontro básico de pensamento sobre teatro. Essa tentativa de criar dramaturgias que consigam agregar as novas perspectivas do pensamento contemporâneo, coisas que se apresentam na nossa sociedade hoje sob outros ângulos.

DIONE CARLOS

DIONE CARLOS:

Eu queria começar pelo início. Falar um pouco da trajetória, porque ela explica uma série de perguntas. Tenho uma trajetória um pouco incomum. Comecei muito tarde no teatro, já com quase 30 anos. Costumo dizer que não é possível sonhar com aquilo que você não conhece. Eu não tive acesso ao teatro por muitos anos. Era algo realmente muito distante e destinado a pessoas de uma determinada classe. Venho do Rio, do subúrbio, a gente não tinha acesso a isso. O subúrbio é uma espécie de limbo no Rio de Janeiro. Falo isso aqui porque acho importante.

Quando perguntaram da tradição, eu, Silvia, Michelle, a gente brincava, pensando: "Que tradição?" Comecei a pensar em figuras que não eram necessariamente do teatro. Clementina de Jesus, por exemplo, vejo muita dramaturgia no que ela faz. Fui criada nesse ambiente. Fui criada num ambiente extremamente oral, onde a palavra era e é garantia. A palavra não é uma performance, no sentido de ser utilizada para tentar se relacionar, se comunicar. A palavra tem uma força. Nesse sentido, acho que sim, venho de uma tradição dos griôs[1] do Rio de Janeiro, de alguma maneira. Venho do samba, da palavra. Na casa da minha mãe, por exemplo, as pessoas entravam pedindo licença cantando. Embora eu tenha passado por uma formação, tenha feito escola de teatro, tenha estudado teatro, trabalhei dois anos com o Renato Borgui, no Teatro Promíscuo,[2] como atriz, o que foi muito importante para mim, porque tive acesso a possivelmente um dos maiores expoentes de uma geração que ama dramaturgia. Convivendo com o Renato, pude perceber que havia um trabalho muito grande, não só na escrita, mas um trabalho do ator em codificar aquela escrita. Aprendi muito com ele.

Por questões pessoais, familiares, abdiquei da atuação. Sempre escrevi. Acho que já era uma dramaturga que se colocava em cena. Não era uma atriz, era uma dramaturga atuando. Hoje acho que tem uma atriz que escreve junto com a dramaturga. Comecei a ficar muito curiosa sobre como a dramaturgia acontecia, não só na cena, mas antes. O que leva alguém a criar dramaturgia? Nesse caso, a pessoa está respondendo não só aos estímulos de uma sala de ensaio, mas à vida. Isso me fez começar a pensar que talvez eu também pudesse escrever dramaturgia. Demorei muito tempo, inclusive já estudando dramaturgia, para aceitar que eu poderia escrever dramaturgia. Quando penso em tradição, é difícil achar uma dramaturga com a mesma origem. Com os mesmos temas, talvez. Temos um muito específico, e acho que há diferença, sim, entre homem e mulher, acho que o feminino é uma construção social, mas há diferença no olhar, nesse zoom que é colocado. Percebo que, muitas vezes, ainda há uma confusão quanto à percepção desse olhar. Ela ainda é muito masculina.

---

[1] Contadores de histórias africanos.

[2] O Teatro Promíscuo nasce da parceria de Renato Borghi e Élcio Nogueira Seixas, e alterna a produção de clássicos com experimentações mais ousadas.

Isso, para mim, é muito evidente. Acho bom que aconteça, acho que vai acontecer cada vez mais. Agora assumi a orientação do núcleo da Escola Livre de Teatro de Santo André. Leio os textos das minhas alunas e fico muito impressionada porque realmente vão para lugares que a gente não está acostumada a ver na dramaturgia. É específico, bestial mesmo, no sentido de um outro olhar, de uma outra sensibilidade. O gênero faz diferença. O olhar da mulher é diferente, e não estou falando do feminino construído socialmente. Acho que é preciso e que já passou da hora de se começar a olhar com atenção para esse enfoque.

Tive muita sorte porque tive bons mestres e boas mestras, pessoas que não desistiram de mim, apesar de todas as dificuldades. Me viam como alguém que poderia escrever. Acho que a coisa da potência começou a surgir por estímulos dessas pessoas que, sim, usam o conhecimento como instrumento de partilha e não como instrumento de dominação, de subjugo, de desqualificação. Acho que esse é o papel do mestre, da mestra, conseguir despertar potência nos seus alunos. Porque o Brasil é um país com muitas dificuldades e a gente sabe disso. Não existe meritocracia no Brasil, isso é uma grande mentira. Não dá para você colocar todo mundo dentro de uma sala e achar que pode exigir igualmente. É lógico, é preciso haver um nível de exigência, mas as trajetórias são díspares, são muito diferentes, então não tem um ponto de partida igualitário. Como você vai exigir de todos o mesmo tipo de funcionamento para operar na dramaturgia? Alguns levarão um bom tempo. Eu levei um bom tempo para me ver como alguém que poderia fazer. Acho que me vejo nos alunos, nas alunas. Não dá para fechar os olhos para isso, porque nesse caminho a gente perde muitos talentos que não se adequam. Eu me vejo um pouco como alguém estranha de dentro, muitas vezes. É solitário, mas é importante porque acho que é assim que você consegue também olhar um pouco para si, para o mundo, e ter forças para responder. Porque a dramaturgia vai exigir tudo de você. Você precisa ter força para construir uma dramaturgia.

Estou fazendo o caminho que sonhei. Estou à frente, estou no comando desse caminho. Porque soube dizer "não" para certas coisas e disse "sim" para outras. Acho que os "nãos" fizeram com que os "sins" fizessem todo o sentido. Quando eu estava na SP Escola de Teatro — só para falar do começo —, escrevi um texto chamado *Sete*. O Roberto Alvim era meu professor. Ele levou esse texto para casa, a Juliana Galdino leu e falou: "Eu quero montar." Então, estreio já pelas mãos de uma mulher dirigindo esse texto. Num segundo momento escrevi um texto depois de passar um bom tempo sem conseguir escrever. Eu havia sofrido um bloqueio grande porque gosto de estudar e queria responder adequadamente ao que vinha recebendo na minha formação. Então, reproduzi o Bertold Brecht. Eu queria ser o Brecht, queria ser o Reiner Müller, mas não sou o Brecht, não sou o Heiner Muller. Eu tentava reproduzir as formas, mas alguma coisa ficava de fora, e era justamente tudo isso de que eu estava falando até agora, que tem a ver com a minha trajetória e não dá para negar. Não mais. Ela está presente nessa dramaturgia, em fricção com tudo que venho recebendo em anos de formação, porque considero que ainda estou em formação. Tenho trabalhado com pessoas muito experientes, pessoas que fazem teatro há muitos anos. Fui abençoada com o Renato Borgui, e agora convivo com pessoas que estão aí há muito tempo. Nessa fricção entre trajetória, formação, informação e conhecimento, venho construindo minha obra. *Sete* era uma peça baseada na questão das mulheres mulçumanas. Eu tive muito contato com a comunidade mulçumana. Costumo dizer que fui salva pela comunidade mulçumana, porque elas me ensinaram que empoderamento não necessariamente é seguir um tipo de modelo onde você, de algum modo, também, a partir da sua postura, acaba sendo um pouco prepotente em relação às outras mulheres. Com elas aprendi que há muito de sabedoria no que chamamos de submissão, a coisa do véu. Há muita potência, muito poder, estratégia e inteligência. Acho político, inclusive, o modo como elas se articulam, o modo como elas operam na sororidade. Falamos muito em empoderamento e, às vezes, estamos condenando algumas mulheres a ficarem de fora desse movimento. Somos diferentes, e que bom. Eu sou a favor da diferença, sou a favor da fricção. *Sete* foi escrita na época da deposição do Kadafi.[3] Eu estava começando a pensar nos temas, e assisti a um vídeo de uma mulher na Líbia que tinha acabado de ser estuprada por 15 homens durante o conflito. Eram soldados do Kadafi. O Kadafi, inclusive, andava com uma guarda feminina, mas ele tinha soldados que praticavam esses atos. Porque o estupro é uma espécie de arma de guerra. Eles faziam isso em cada lugar aonde chegavam. Se sabiam que você tinha algum parentesco com algum rebelde, te estupravam. Essa mulher [do vídeo] é uma advogada, foi estuprada por 15 homens. Ela sai, foge do cativeiro, entra em um hotel repleto de repórteres estrangeiros e começa a gritar. *Sete* é uma resposta aos gritos dessa mulher. Que poderia ser uma mulher aqui no Brasil. Fiz uma associação com o Rio de Janeiro, com o que está acontecendo na cidade, e que já vem acontecendo há muito tempo. Saí de lá há 20 anos e para mim o Rio é como o Líbano, é a Serra Leoa que a gente tem aqui, porque as barbaridades acontecem. Então *Sete* é uma resposta psíquica, política e existencial aos gritos dessa mulher. As cenas são uma espécie de delírio dela. Mas não gosto dessa palavra porque parece que o delírio é algo que pertence ao descontrole psíquico ou à doença, à patologia, e não acredito em patologia. Acho que tudo pode ser transformado em potência, inclusive o que as pessoas chamam de patologia. Isso me incomoda bastante, esse olhar apolíneo em cima da condição humana. Eu gosto dos anti-heróis, por isso escrevi

---

[3] O ditador líbio Muamar Kadafi foi capturado e morto em 2011.

sobre essa mulher, por isso escrevi inclusive sobre os homens que estavam ao redor dela — eles falam na peça. Tem o General, tem a cena do estupro, mas tudo de modo poético. Ela vê esses estupradores como leões, por exemplo.

Depois de *Sete* fiquei um tempo refletindo sobre como eu queria encaminhar minha trajetória para não virar alguém que obedece às demandas de trabalho. Então, tirei um tempo para refletir. E surgiu um convite da Cia. do Pássaro para que eu escrevesse *Oriki*. Eles queriam fazer uma adaptação do *Hamlet*, mas com arquétipos de Orixás. Achei instigante. Primeiro, porque é um universo ao qual tenho acesso, que conheço, e porque é o *Hamlet*. Sei que todo mundo quer montar o *Hamlet*. Seria bacana um outro olhar sobre essa questão. Falando da forma, no caso do *Oriki*, descobri que os orikis são poemas curtos. Seriam uma espécie de haikai, mas maiores. "Ori" quer dizer cabeça, "ki" quer dizer louvar, saudar. Então no "Oriki", muitas vezes, em seis linhas, seis versos, você tem uma dramaturgia inteira. Ele consegue apresentar uma figura, falar sobre seus feitos e concluir. Muitas vezes convida a completar a dramaturgia. Não é a dramaturgia que aprendi na escola, mas é dramaturgia porque tem narrativa, tem toda uma potência sobre outra cultura, sobre outro ponto de vista condensada ali.

No *Oriki* fizemos algumas associações. Hamlet era Xangô, Ofélia era Oxum, evidentemente — achei que poderia ter sido uma Obá, mas virou uma Oxum. A gente fez *essa* peça. Era muito radical. As pessoas tinham muita dificuldade, porque *Hamlet* tem muitos pais, muitas mães. As peças de Shakespeare têm uma série de defensores. A bardolatria está aí para isso. O pessoal ia assistir esperando o orixá com machado, mas não tinha isso, então foi uma grande decepção para quem queria se ver naquela obra e se frustrava profundamente. Hoje eu vinha pensando como venho frustrando expectativa. Sou uma mulher, vou escrever sobre questões do feminino, mas, no lugar do feminino construído socialmente, às vezes vou por um lugar que as pessoas consideram louco, caótico. Mas o caos, para mim, é criação. É outro ponto de vista e consigo falar sobre isso. Não é algo leviano. Não acordei um dia e decidi que iria colar Ofélia na Oxum.

Teve *Oriki*, depois teve *Mamute*, um convite também absurdo. Era uma companhia iniciante. Eu tinha estreado com a Club Noir, depois prometi para mim que passaria um bom tempo trabalhando com companhias iniciantes. Porque não queria que ninguém fosse assistir a uma peça com texto meu por conta da companhia. Queria que as pessoas fossem assistir porque estariam interessadas no texto ou no trabalho dessa companhia iniciante, então fui realizando parcerias só com pessoas que estavam começando, como eu. Hoje são companhias que estão estabelecidas, produzindo, ganhando prêmios. Com *Mamute*, me trouxeram uma notícia de jornal sobre uma mulher que ficou 42 anos mumificada dentro de um apartamento. Quarente e dois anos. Na Croácia. Sistema comunista, depois veio o capitalismo, as coisas foram acontecendo no mundo... O Muro de Berlim foi erguido, o Muro de Berlim caiu, várias coisas aconteceram e a mulher virou uma poltrona. Ela grudou na poltrona. Fiquei pensando nessa figura. Era um texto absurdo, totalmente clássico. Pensei: "Mas ela era um ser humano, Hedviga Golik." Ela era um ser humano, era uma pessoa. As notícias sobre essa mulher diziam que ela tinha algum tipo de problema psicológico. Não tinha amigos, não tinha família. Outras falavam que ela praticava de magia negra, que era de uma seita. As pessoas vão aumentando a situação, que já é terrível, e as narrativas são mais terríveis ainda. Mas não quis ir pelo caminho óbvio. Quis falar sobre os vizinhos no entorno dessa múmia, vivendo sob influência dessa múmia sem saber exatamente o que está acontecendo. Não fui por um caminho de piedade sobre a Hedviga, mas de humanização dessa figura e, digo mais, de endeusamento dessa figura. Porque ela é uma presença que ninguém sabe explicar, mas que está ali. Comecei a pesquisar sobre o Copan[4] durante esse trabalho, e descobri que lá tem essas entidades. O Copan é uma cidade dentro da cidade. Há todo um funcionamento próprio no Copan que é fascinante. O Copan daria um filme, daria um longa-metragem maravilhoso.

A gente dava oficina para idosos, que é uma coisa que adoro fazer. Adoro dar oficina, para idosos principalmente. Porque é uma visão não domesticada. Não é uma visão de especialista, são pessoas comuns fruindo daquele momento, daquela obra. Acho que, para mim, o mais importante é lidar com a sensibilidade das pessoas. Hitler dizia odiar os surrealistas: "Malditos, precisamos matá-los." Essa frase teve um impacto muito grande em mim. Hitler odiava muitas coisas, mas temia os surrealistas. Fiquei pensando sobre isso. Por que o Hitler temia o surrealismo? Porque quando você mexe sensivelmente, sensorialmente, com uma plateia, talvez não esteja dando realmente respostas, talvez esteja instaurando algumas perguntas. Mas você está mexendo em um lugar muito perigoso, que é o inconsciente, justamente onde está a possibilidade de imaginar. Você está fazendo um convite para que a pessoa imagine, para que também preencha algumas lacunas colocadas propositalmente. Oferecer pistas e deixar lacunas é um trabalho que exige muito, você precisa ter muita atenção para fazer isso. Para que a peça também tenha algum sentido, para que não seja só um grande vazio. A questão é como eu desperto, como a minha sensibilidade se comunica com a sua, e a sua comigo.

---

4 O Copan é um dos mais importantes e emblemáticos edifícios da cidade de São Paulo, localizado na Avenida Ipiranga, no centro, inaugurado em 1966. É um símbolo da arquitetura moderna brasileira, cujo projeto foi concebido pelo arquiteto Oscar Niemeyer. O prédio tem a maior estrutura de concreto armado do país, com 115 metros de altura, 32 andares e 120 mil metros quadrados de área construída, dividida em seis blocos, com um total de 1.160 apartamentos de dimensões variadas, numa estimativa de 5 mil residentes das diferentes classes sociais e mais de setenta estabelecimentos comerciais.

Depois de *Mamute* teve *Bonita*, um texto que em cartaz aqui, no Sesc Ipiranga. É sobre a Maria Bonita e o cangaço. Pesquisei bastante sobre o cangaço. Gosto muito de fazer pesquisa. Sempre faço amizade com o pesquisador. Às vezes não faço amizade com o elenco, mas com o pesquisador, com certeza. Ganhei grandes amigos nesse trabalho de pesquisa. No *Bonita* tive a sorte de ter acesso ao material do Frederico Pernambucano de Mello, que é um juiz aposentado que resolveu pesquisar sobre o cangaço. Essas pessoas que são obsessivas, que dedicam a vida a um tema — como resistir a essas pessoas? Não consigo. O Frederico Pernambucano de Mello tem o material, a estética do cangaço... O que é o cangaço? Para mim, é algo da ordem dos samurais. É uma resposta ao feudalismo no Brasil. Como fechar os olhos para esse tema? Eu poderia escrever sobre o cangaço até o fim da minha vida. Adoro o tema do cangaço e toda a sua estrutura. O que eles construíram não foi apenas uma insurreição, foi algo além de uma insurreição.

Eles não tinham projeto político. Isso é o que é mais curioso. Mas o que eles fizeram tinha um aspecto político para as mulheres. Porque, naquele momento, às mulheres eram dadas três opções: virar esposa totalmente submissa ao marido; de repente, ser prostituta, porque também era uma forma de se voltar para si, de dizer "meu corpo, minhas regras" a partir de 10 reais, mas tudo bem, era uma forma de sair do jugo da família; ou ir para a Igreja, virar freira. Ou seja, o cangaço era uma vida muito difícil, mas a vida que essas mulheres levavam era três vezes mais difícil do que estar no cangaço. Estamos falando de mulheres que fugiam com esses cangaceiros, porém muitas se entregavam, algumas foram sequestradas e estupradas. Mas no caso da Dadá, quando fala do Corisco, fala com profunda admiração. Uma espécie de síndrome de Estocolmo longa. Mas não é só ela, há outros casos em que os casamentos duraram cerca de 50, 60 anos. Não houve separações. Pensando nisso, e é isso que quero trazer, lanço um olhar humano para aquilo que é difícil de entender, de aceitar. Porque o estupro, por exemplo, é um medo recorrente, é um tema tabu. Como eu entendo a Dadá? O que leva a Dadá, até hoje, a dizer: "Aquele homem me resgatou, ele era meu mestre, me ensinou a ler e escrever. Veja bem, ele me ensinou a ler e escrever." Ela coloca isso como um momento definitivo. Como você vai fechar os olhos e vai julgar a Dadá? Não dá para exigir isso dela. É outra experiência. Os samurais, por exemplo, perfumavam a cabeça, o chapéu, para que, quando fossem decapitados, caso fossem decapitados, prestassem respeito e reverência ao oponente. Tem muita honra nisso. No cangaço também havia códigos de conduta que não vejo na sociedade onde estamos inseridos. Hoje estamos vivos e nos encontramos e amanhã poderemos estar mortos, tendo plena consciência disso. A palavra é garantia. As relações são de verdade. Não tem tempo para fazer performance, no sentido de tentar disfarçar. É o que é. Não gosto de você, gosto de você. Tudo ali *in loco*, no momento. Maria Bonita — uma figura revolucionária, porque foi a primeira mulher a entrar no bando — tem uma famosa frase: "Então, Lampião? Vai me levar agora ou quer que eu vá com você?" Ela não dá opção para ele dizer "não". Ela entra nesse bando com cinquenta homens. Era uma mulher no meio de cinquenta homens. A partir da entrada dela é proibido o estupro, por exemplo, dentro do bando. Os homens começam então a sequestrar mulheres, meninas, por onde eles vão passando. Depois ganham fama e as mulheres começam a ir atrás deles. É meio que: "Oba! Passou o cangaço." Passou o circo e estou indo atrás porque não quero mais viver essa vida. Como fechar os olhos para essa narrativa? É uma narrativa brasileira, é uma narrativa muito potente e com uma mulher protagonista, que é a Maria Bonita. A maior parte das pessoas cresce ouvindo que os cangaceiros eram um bando de bandidos, e que eram poucos. Não. Você está falando de um grupo de 200 pessoas andando pela caatinga. Eram grupos grandes, eu imagino. Alguém perguntou uma vez a um historiador: "Quem seria Lampião hoje?"

Ele falou: "Ele seria um vereador, um deputado." Eu fiquei pensando: "Que coisa... Imagina o Lampião." Outro dia li a seguinte frase: "Não quero intervenção militar, quero a volta do cangaço." Porque se ele dissesse "Fora, Temer", eu queria ver quanto tempo o Temer ia ficar no poder. Então, nesse sentido, o cangaço é nosso. São os nossos samurais. E é isso que acho interessante. Eles não eram heróis perfeitos. Eles também prestavam um serviço de segurança para os coronéis, por exemplo. Não é que eles se opunham aos coronéis, mas existiam alguns códigos. Se eles chegavam em uma casa, não dizimavam, principalmente se era alguém de quem gostavam. Às vezes mandavam um bilhetinho dizendo: "Kil Abreu, estarei em sua casa amanhã, se prepare para morrer." Mandavam um bilhetinho. Ou: "Isabel Diegues, separe a farinha, o açúcar e o milho, que estou chegando." O Lampião tinha uma ética, tinha um código de ética próprio. Nesse sentido, é um outro universo. Como não olhar para esse universo e como não começar a imaginar narrativas para ele? *Bonita* esteve em cartaz aqui [no Sesc Ipiranga].

KIL ABREU:

Quanta coisa se pode discutir a partir do que você já disse, mas você disse algo no início que acho muito importante. Queria ver se a gente traz isso para o primeiro plano. Você disse assim: "Tem uma fala feminina na dramaturgia." É lógico que quando dizemos "uma fala feminina", não estamos nos referindo só aos temas, aos assuntos que você escolheu, nem mesmo à representação da voz da mulher. Não é só disso. Só para dar um exemplo bem objetivo. Não sei nem se é ético falar. Vou falar porque acho que ajuda. Tivemos agora um edital de dramaturgia do Centro Cultural. Recebemos uns trezentos textos. Vários são de dramaturgas, mas são textos de mulheres que poderiam ter sido perfeitamente escritos por homens. Não só isso. Alguns são textos escritos por mulheres e, do ponto de vista ideológico, podemos até dizer que carregam um certo machismo, curiosamente. Só para voltar à sua questão do início. O que a gente poderia identificar nessas narrativas com o que você está chamando de questão feminina, do ponto de vista da forma, propriamente? Como essas relações vão se dando de maneira a ter uma inflexão que a gente diga: "Este aqui é um texto de mulher"? Não só pelos temas, mas porque tem alguma coisa que o identifica do ponto de vista da sua formatação, ou da maneira como a forma se apresenta como um texto de mulher?

DC:

Acho que tem uma questão que é recorrente. Primeiro, porque é um corpo feminino. Feminino, não, um corpo de mulher, porque feminino é uma construção social. Anne Sexton, por exemplo, foi uma autora que forçou a própria loucura, de algum modo, para escapar desse código, dessa programação social. Eu percebo que tem um olhar sensível, e não óbvio, muitas vezes, dentro do que estamos acostumados a ver. Um olhar apolíneo, um olhar mais aristotélico, mais linear sobre as questões. Não que uma mulher não escreva dentro dessa forma. É claro que é possível. Mas acho muito difícil, quando você vê um poema de Sylvia Plath, imaginar que o Camus, por exemplo, escreveria algo daquele tipo.

Principalmente a Anne Sexton. Sempre trago a Anne porque ela é uma autora maldita, é como a Albertine Sarrazin, que também é uma autora maldita, que foi prostituta. Quando você lê, tem uma coisa do corpo que escreve. Assim como também na questão dos negros. Quando se escreve a partir desse corpo, que tem experiências que um homem não tem, não é uma questão de ser mãe ou não ser mãe. Estamos submetidas à natureza. Estamos submetidas à natureza e ela continua existindo. A natureza é tão tirana quanto a poesia. Se existe alguém que conhece a tirania da poesia, é a mulher, porque a gente já está submetida à tirania da natureza. Então, minha resposta para você é essa. Acho que há diferença, sim, porque é outro corpo que está ali. Respondendo àquele momento, como agora fazem as trans. Estou lendo o livro da Ave Terrena. É diferente. Há coisas ali que eu jamais escreveria porque não tenho a vivência que ela tem, que é a de ser uma mulher num corpo de homem, de ser uma mulher que nasceu num corpo de homem. É uma outra experiência. Isso é muito importante porque a Chimamanda Ngozi fala sobre os perigos de uma narrativa única. De a gente eleger uma narrativa e ter aquilo como o único padrão possível. Acho que a gente perde, porque o interessante é justamente a fricção. Eu poder ler você, você me ler e de repente a gente poder se perder um pouco também. Não ficar se identificando o tempo inteiro, não se ver o tempo inteiro, mas ficar pelo menos instigado ou revoltado, mais vivo.

JOSÉ FERNANDO PEIXOTO DE AZEVEDO:
Você agora juntou duas coisas. A mulher negra, e você começou falando da experiência, da origem no subúrbio. Certo, vê diferente, elabora diferente. Mas o que você vê? Queria entender um pouco o que você vê. O que essa dramaturgia, de fato, elabora como imagens, como relações, como processos? O que essa experiência de uma mulher negra, periférica, deslocada do Rio de Janeiro para São Paulo, com uma experiência inclusive religiosa — o que ela vê? Quais são as imagens que essa experiência elabora?

ISABEL DIEGUES:
A minha pergunta é um pouco a dele, feita de outra forma. Entendo quando você fala de onde você parte e que corpo é esse, e a experiência desse corpo. Queria entender onde você chega. Onde você acha que aterrissa com isso?

DC:
Acho que o que eu faço, o que eu vejo, o que eu olho, é como o trabalho de um pintor. Em termos formais, as peças são sempre fotogramas. É muito difícil falar da própria obra. É uma dificuldade grande responder completamente sobre a minha obra. Até porque

a dramaturgia não foi feita para que eu fale de mim, mas para que ela chegue em outra pessoa e essa pessoa tenha sua impressão. Mas posso, evidentemente, tentar responder a essa pergunta, inclusive formalmente. Acho que minha dramaturgia vem se construindo através de fotogramas. Tem uma pintora, uma fotógrafa. Existe uma lupa, colocada sobre os temas e as situações, que vai trazendo isso e vai construindo, acoplando, em termos de dramaturgia. Mas não levanto bandeiras nesse sentido, não é o meu lugar, não quero esse lugar. O que eu disse aqui é que não posso negar esses lugares. Porque, por muito tempo, eu considerava esses lugares pequenos, insignificantes, e descobri que não são. Podem ser até defeitos para algumas pessoas, mas são fundamentais. Não posso negar, não posso dizer: "Não, não tenho nenhuma influência da oralidade na qual fui criada." Isso está presente na obra.

Não trabalho com rubrica nos textos, nunca dou indicação para encenação, porque quero me surpreender com a proposição do encenador ou da encenadora. Em *Revoltar*, por exemplo, minha peça mais recente, e que ficou em cartaz no Centro Cultural, vivi um processo muito lindo com o Vinícius Torres Machado, que é o diretor. Nós realmente construímos juntos aquela peça, inclusive a dramaturgia.

Todas as companhias com as quais trabalhei me deram passe livre. "Faça como você quiser." No caso da Cia. Livre, eu nem assisti às cenas. A gente teve alguns encontros, muito verticais, profundos, e eu trouxe a dramaturgia a partir de alguns materiais que eles estudaram e principalmente da biografia *Eu fui soldada de Fidel*.[5] E a gente conversou sobre isso logo depois da peça.

Foi bacana que você foi me perguntando: "Por quê? Por quê?", que é o papel dos pensadores, dos críticos de teatro. Acho interes-

---

[5] *Eu fui soldado de Fidel: Autobiografia de Fidelina Gonzalez*, de Renata Pallottini, publicado pela Hucitec Editora.

sante que se pergunte também "De onde vem isso? Aonde você quer chegar?". Aonde quero chegar também é uma pergunta muito difícil, porque estou em ação, estou em movimento, também não quero me entender completamente. O dia em que eu me entender completamente não irei a nenhum outro lugar. Ficarei presa a uma espécie de lugar imaginário que não vai me permitir descobrir coisas novas. Amanhã posso fazer uma viagem para outro país, aprender outra língua e virar outra pessoa. Isso pode acontecer. Não acredito que você é alguém que fica imutável, construindo uma dramaturgia, que no fim é uma repetição, embora a gente vá se repetir em termos de construção. Acho que trabalho muito com repetição. A coisa da incomunicabilidade está presente. Ela está lá. Tem o aspecto da solidão, que também está presente. Mas não sou porta-voz de nenhum grupo, não me coloco e não quero me colocar nesse lugar. Estou tendo agora essa experiência de dar aulas, que é uma coisa que não tinha feito. Recebi esse convite. Sei que muitas pessoas passaram por essa cadeira. No encontro com os alunos, para mim é mais importante estimular a potência deles e trocar sensibilidades do que oferecer respostas ou atuar como uma espécie de jesuíta da dramaturgia. Não tenho o menor talento para ser jesuíta. Não tenho talento para adestração. Não sei adestrar.

KA:
Você acha que isso é alguma coisa solicitada de você?

DC:
Que eu adestre?

KA:
Você acha que, como formadora, ou mesmo como dramaturga, isso é algo solicitado de você?

DC:

Que eu me coloque como porta-voz?

KA:

Que dê respostas, que seja jesuíta...

DC:

Acho que há uma expectativa. Eu poderia me colocar nesse lugar, evidentemente. Poderia. Tenho o *physique du rôle*. Poderia, mas não quero. Não quero. Porque não quero ser prisioneira. Quero justamente convocar as pessoas a viverem suas trajetórias, a terem suas experiências. Sei que é uma grande responsabilidade, e falo sempre isso para eles e para elas. Escrever é uma grande responsabilidade, principalmente pelo momento em que a gente está vivendo nesse país. Se você pensar que o dramaturgo é alguém que responde ao seu tempo, estamos respondendo a esse tempo caótico pré-Hiroshima e Nagasaki que vem aí. A responsabilidade é muito grande. A gente sabe disso. Você está registrando um momento. Se pegarmos dramaturgias em momentos onde situações políticas terríveis estavam prestes a eclodir, conseguimos entender uma época. Quando lemos Beckett, entendemos o que foi a bomba atômica, por exemplo. Eu, pelo menos, consigo me aproximar mais da bomba atômica lendo Beckett do que vendo um documentário sobre a bomba atômica. Acho que a dramaturgia tem uma importância muito grande com relação ao registro. Por que essa mulher escreveu isso em 2018? O que era um louco plantando flores numa peça sobre Revolução Cubana em 2018? É um convite à sensibilidade. O fazer artístico é político. A partir do momento em que você dá uma opinião, uma visão de mundo, e compartilha isso com muitas pessoas numa cena, há um poder de alcance. Você pode chegar até alguém. Às vezes, quando me convidam para falar, vejo a expressão de surpresa de algumas pessoas, elas acham que faço outra coisa, mas que não sou uma dramaturga, por exemplo. É muito bom que isso aconteça. Porque, no caso das alunas, fico pensando em como seria o impacto na minha vida se eu tivesse me encontrado, ou alguém como eu quando eu tinha 15 anos, e pudesse olhar e dizer: "Talvez eu possa estar lá." Não tive isso.

JFPA:
Mas talvez fosse impossível. Porque você descreve uma trajetória a partir da experiência da SP. *Você é uma dramaturga formada por uma geração de grupos.*

DC:
Sim.

JFPA:
E de dramaturgos que emergiram de experiências coletivas. E mesmo os atores ou diretores. Você descreve a experiência do Borgui, que estava no contexto coletivo, de certo modo. Mas, de qualquer jeito, essa experiência de formação aparece com uma dramaturgia que emerge dos coletivos. De repente, por outro lado, você descreve uma trajetória de dramaturga que atua com coletivos, mas já uma segunda geração de coletivos também. Quer dizer, é como se houvesse um processo de formação que resulta numa experiência de dramaturgia, que é bem diferente daquele que a formou.

DC:
Sim.

JFPA:
Porque você está atuando com diversos coletivos, muito jovens. Isso pressupõe outra relação com temas, com procedimentos. Perceber essa trajetória formativa é um dado interessante, porque fico imaginando em que condições você produz. Além de algo que aparece como um tema que a interessa. São projetos que a chamam. Esse processo que vai da formação à produção,

que devolve a formação num segundo momento, é algo a pensar. Em que condições você produz um texto?

DC:

Lá atrás, logo depois da estreia na Club Noir, estabeleci alguns critérios para aceitar parcerias. Porque acho que existe um texto para cada dramaturgo, dramaturga. Você precisa ler e se relacionar com aquilo. Não consigo trabalhar com alguém que não se relacionou com o texto. No caso da Cia. Livre, por exemplo, o texto foi o primeiro. *Bonita* chegou na companhia, houve a leitura e eles falaram: "Vamos chamá-la porque algo ali nos pareceu interessante." E fizemos a parceria. Alguns temas me são muito caros. A questão da condição humana, principalmente de outros níveis de consciência. Estou falando do que as pessoas chamam de patologia. O autismo, enfim, todas essas outras formas de estar no mundo me convocam. Também a questão dos marginalizados, dos ditos anti-heróis, dos silenciados. Quero escrever sobre isso. Kaim, por exemplo. Nunca pensei que um dia escreveria sobre um personagem bíblico. E, porque amo literatura, adoro literatura, quando chega o Saramago, já é um convite muito interessante. Gosto de pegar essas figuras icônicas, que já foram julgadas, e oferecer um novo julgamento para elas, não de modo a fazer com que sejam aceitas, mas apresentando outro ponto de vista sobre elas. Gosto muito de fazer isso. Agora estou fazendo uma adaptação do *Oração para uma negra*, do William Faulkner, no qual a personagem é julgada porque mata uma criança. Só que ela não tem voz, ela não fala. O livro é sobre as questões existenciais das pessoas que estão ao redor dessa mulher que está sendo julgada. Ela é a personagem principal e não fala. Estou escrevendo sobre essa mulher. O que ela diria nesse julgamento. Porque estamos vivendo uma época de julgamentos. Quero muito trazer para a cena as pessoas que já foram condenadas. Gosto dos condenados, gosto dos marginais, dos anti-heróis, das anti-heroínas. Essas figuras são as que me atraem.

Geralmente tenho encontros com os grupos. Pesquiso muito, sempre acabo tendo uma relação de parceria. Tive uma relação de parceria enorme com o Bruno Veras para fazer *Baquaqua*. É a primeira narrativa em primeira pessoa de um escravizado no Brasil. Não é o olhar de um antropólogo, é alguém falando em primeira pessoa. Tem essa relação com a pesquisa, que eu adoro. Tem também, é claro, a trajetória da própria companhia. Quando são artistas que você admira. No caso da Cia. Livre, por exemplo, demorei uns dois dias para acreditar que haviam me chamado. Achei que estavam me convidando para assistir a algum ensaio aberto, o que já tinha achado uma coisa fantástica. Depois percebi que não, que estavam me chamando, de fato, para escrever a dramaturgia, o que é uma responsabilidade. Tem uma série de dramaturgos e dramaturgas que passaram antes pela companhia. Evidentemente isso também tem um certo peso num primeiro momento. Depois eu enterro esse peso, se não, não se consegue escrever. Assim como na Escola Livre. Tem uma responsabilidade. Tem uma questão de tradição, de linhagem que você tem que seguir, que a gente tem que continuar. Missão dada é missão cumprida. Quando me chamam, quero realizar. Acho que é isso.

KA:

Dione, agora já temos o repertório dos dramaturgos e dramaturgas que falaram ontem vou tentar formular uma questão. Acho que há uma recorrência e, ouvindo você falar, me ocorreu uma coisa que não sei se faz sentido, mas vamos lá. Você acabou de escrever uma peça chamada Revoltar, *inspirada na trajetória de uma soldada do primeiro momento da revolução cubana, que foi representada lá no Centro Cultural São Paulo. A peça termina, não sei se está no seu texto, já não lembro, mas termina com uma pichação. A palavra é insurgência?*

DC:

Insurreição. Não estava no texto.

KA:

Insurreição. Estava no mesmo campo, então, de uma política que está sendo chamada. Ontem tivemos aqui o Alexandre Dal Farra, que também chama para si, não só do ponto de vista da pesquisa de linguagem, mas dos temas mesmo, fazendo um negócio muito colado na conjuntura. Mesmo o Roberto Alvim, ao seu modo, também chama para si, meio que do avesso, mas também se coloca. Todos três, inclusive você, agora, dão um tratamento bem diferente a isso que chamamos de política. No seu caso um pouco menos, é como se fosse preciso sequestrar a política para a política poder emergir. Aliás, em relação à sua peça teve uma crítica que saiu, já não lembro de quem, que achei curiosíssima. O crítico dizia: "A peça é boa porque não é política. Peça política sem política." Eu acho que é uma bobagem, porque é uma peça cheia de fissuras e a "politicidade" está na fissura. Ali você usou do artifício de uma personagem que sofre de Alzheimer. Os vazios da memória vão dando conta do distensionamento de um processo político em Cuba. A estratégia me pareceu muito clara. O crítico leu isso de uma outra maneira, mas, enfim, contei essa história só para perguntar o seguinte: O que é isso da insurreição, diante de um país que está num momento de absoluto racha? Muito polarizado, com posições muito afirmadas de um lado e de outro ou de muitos lados, inclusive aqueles que a gente não está conseguindo enxergar. O que significa isso, o que é a insurreição para você como dramaturga?

DC:

Vou responder. Vim aqui hoje só para esse momento. Sonhei com essa sua pergunta. Há meses que estou sonhando com esse momento.

KA:

Então, vamos.

DC:
Só para pegar um exemplo...Estou agora trabalhando na Brasilândia, convivendo com a organização que está sendo feita na periferia em termos políticos, artísticos e culturais. E há uma articulação muito grande, inclusive com grandes resultados, dos quais não se fala. Acho que essa polarização... criticar, destruir é muito fácil. Construir, convocar dez pessoas para fazer, seja lá o que for, para fazer uma faxina numa casa, é difícil. Eu li um livro do Comitê Invisível. *Aos nossos amigos: crise e insurreição*. É pequeno, não tem autoria, é de um grupo. Ele vai mostrando que isso que as pessoas estão chamando do fim da possibilidade de fazer uma revolução, na verdade, é um equívoco. Isso é feito de modo muito pensado para que não nos vejamos como agentes de mudança. Mas quando, por exemplo, vou à periferia, vejo mulheres...Vou falar de uma peça que escrevi agora chamada *Ialodês*, que é sobre as grandes senhoras da sociedade. Mulheres que inspiram outras e as convocam para fazer pequenas mudanças na própria comunidade. Mudanças essas que causam impacto inclusive nos filhos, que são as pessoas que vão seguir adiante. Ou seja, uma pessoa pode mudar, sim, a trajetória de uma linhagem, se você pensar nas articulações, e tenho visto as líderes mulheres do Movimento dos Sem Teto. Assisti a um documentário, para mim aquilo é insurreição, sim. São mulheres que, em algum momento, percebem que têm potência e que podem liderar um movimento. Elas podem construir um prédio. Parece pequeno, mas você imagina se essa semente é plantada em cada pessoa, ou pelo menos em um determinado grupo de pessoas. Então, eu acredito na insurreição. Acho que a insurreição se dá de muitas formas, não necessariamente de um jeito grande, panfletário. Não imagino mais uma revolução. O Brasil é um país continental. Acho extremamente difícil realmente conseguir dar conta desse país. Você vai para o Nordeste, é um país, vai para o Sul, é outro país. Não existe unidade no Brasil. Uma unidade, um país,

isso é uma invenção. O Brasil é como a África, a África não existe, a África é uma invenção, uma invenção europeia. O Brasil é uma invenção portuguesa. Aqui existiam muitas nações. A minha avó era Puri. Quando as pessoas falam tribo, você imagina umas 500 pessoas, mas não, são milhares de pessoas. Eram nações que foram dizimadas com uma guerra bacteriológica. Então, como que depois de passar por tudo isso, sobrevivemos, estamos aqui? Alguém resistiu, alguém conseguiu engravidar e dar sequência. Como vou olhar para isso e pensar: "Não vou dar conta do que vem."? Vai ser terrível, a gente sabe, as coisas estão aí. Mas tem muita gente articulada, agora, dando aula na Brasilândia, por exemplo. Vejo a potência acontecendo, entende? As pessoas não estão desestimuladas, perdidas, deprimidas. Claro, há um choque. Quando você perde um direito que conquistou, é evidente que há um choque. Mas são pessoas que vêm de uma uma tradição de resistência profunda. Você está falando de pessoas que vieram de um passado de escravidão, pessoas que vieram da seca, sertanejos escravizados. Ou seja, *baby*, me conte uma novidade. Porque o que está acontecendo agora, sempre aconteceu no Brasil. No caso do *Revoltar*, eu fui pesquisar sobre o AI-5, por exemplo. Esse desmonte da cultura já aconteceu, não é uma novidade. Creio na insurreição que tento praticar todos os dias, como mãe, como artista, como professora. São pequenas insurreições. Acho que a gente é capaz. Você está à frente da curadoria de um espaço cultural onde pode selecionar um texto, como o do Jhonny Salaberg,[6] que faz uma narrativa que talvez não tivesse espaço em outros lugares. Isso é insurreição, para mim. Acho que a gente é capaz de fazer isso em pequenos grupos. Não é mais a grande revolução com uma figura no comando, são núcleos, e não são de guerrilha, são de insurreição mesmo,

[6] Refere-se ao texto *Buraquinhos ou o vento é inimigo do picumã*, publicado pela Editora Cobogó.

de plantar a insurreição no coração das pessoas. A partir do momento em que uma mulher abre a boca e fala e tem algum tipo de opinião, isso não deixa de ser um tipo de insurreição também. Estou me insurgindo. A mim não foi ensinado: "Vá lá e fale, tenha opinião, se coloque." Então isso, para mim, é sim uma prática de insurreição.

KA:
Estou totalmente de acordo com você nesse lugar afirmativo. Do ponto de vista da criação dramatúrgica, esqueci de dizer uma coisa importante, que os rapazes disseram ontem e que está na sua peça também. Só para lembrar o Alexandre Dal Farra, em termos de apagar, de apagamento das pegadas para poder chegar a uma dramaturgia fissurada. Quando digo: "O que é isto?" Todos falam de política.

DC:
Aqui, não. Eu não.

KA:
Não, mas, em certa medida, entendo que na sua peça há um contexto específico. É estratégia...

DC:
Sim, da personagem.

KA:
É coisa da personagem, do Alzheimer, que também esquece. É um esquecimento para dar conta do apagamento da memória histórica. Você está entendendo qual é o problema?

DC:
Perfeitamente.

KA:

É a relação entre isso que chamamos de insurreição no sentido afirmativo, como você está dizendo, e estratégias narrativas que apagam, que esquecem.

DC:

Vou responder. Necrofilia é amor aos mortos. Eu amo os mortos, tenho amor aos mortos. Não quero negar os mortos. O que estou tentando fazer é responder neste momento, pensando que a gente está vivendo também num outro mundo. Hoje temos um mundo com rede social. Convivo com jovens, hoje é outra velocidade. O tempo de codificação, inclusive de fruição, é outro, completamente diferente do que foi.

JFPA:

Só ia ressaltar que, quando o Alexandre Dal Farra e o Roberto Alvim falam de apagar as pegadas, na verdade estão falando de uma subjetividade que precisa se estranhar nas coisas, que se desfaz na medida em que se choca com a experiência e produz algo que a excede. Até certa altura, na conversa com o Dal Farra, eu falei: "Isso me lembra Brecht, que tem um poema chamado 'Apagar as pegadas'." Acho que é como essa subjetividade, no choque de experiência, se desfaz e vai virando outra coisa. É assim que o indivíduo desaparece, na medida em que se configura algo de uma dimensão que o excede. Não é apagar a tradição, muito pelo contrário. Ao fazer isso, uma tradição se inventa.

DC:

Acho que é isso. Ele falou de apagar as pegadas. Para mim é como aquela árvore. Tem um poema do Brecht, que é uma árvore pegando fogo. Então, para mim, é mais essa árvore pegando fogo do que as pegadas.

JFPA:

O mesmo cara escreveu os dois.

DC:

Deixe o cara, que esse alemão está atrás de mim.

KA:

A Anna Müller tem aquela frase. Como é? Eu sempre troco. "Arrancar a relva para que o verde venha." É nesse sentido.

DC:

Acho que é mais nesse lugar.

MICHELLE FERREIRA

MICHELLE FERREIRA:

Começar é a coisa mais difícil. Começar é uma barra, porque é que nem começar uma peça, uma folha em branco. Você começa, pode dar tudo certo, e você pode morrer. Duramente, você morre. Está passando tanta coisa em minha cabeça, mas vou começar por onde achei que tinha que começar: pela questão do público. Ontem, eu estava relendo as questões, para me preparar para este momento, e aí me chamou a atenção a quinta questão, sobre o público. Sobre esse espectador ideal. Aí me dei conta, pensando em como eu produzo, que esse espectador ideal é presente em meu processo de criação. Eu sou uma dramaturga de gabinete, à medida que escrevo em um gabinete, meu escritório é numa sala, onde tem uma parede laranja. Dizem que no *feng shui* isso é bom, porque ativa a criatividade, eu acreditei nisso e pintei a parede de laranja, e tem um sofá atrás da minha cadeira. E a sensação que eu tenho é que tem um monte de gente sentada lá, me assistindo a escrever. Quando escrevo estou diretamente ligada a essas pessoas que vão me assistir, que já estão me assistindo na produção. Porque quero fazer para elas, porque eu quero que elas me amem, porque acho que escrevo para ser amada, também, escrevo para os meus amigos, para os meus inimigos, para a minha família, para quem eu não conheço e sobretudo para quem eu quero conhecer. Então é assim que se dá: esse público está presente enquanto estou criando, e ele está me dizendo coisas. E ele é sempre mais inteligente do que eu. Ou eu sempre acho que ele é mais inteligente do que eu. Aí vou articulando como ele vai chegar na minha ágora, porque eu tenho um desejo infantil — infantil não porque ele é um desejo imaturo, mas porque é um desejo antigo, estrutural — de ser popular. Estou pensando sobre essa questão, o que é ser popular, e como posso ser popular. Quando digo popular, digo alcançar o maior número de pessoas. Por isso que, quando escrevo, eu escrevo junto com a Arena Corinthians atrás de mim, porque estou pensando em todo mundo. E é óbvio que parece um pouco esotérico, um pouco louco, mas eu consigo, de alguma maneira, quer dizer, eu tento ouvir essas vozes. E elas às vezes me criticam, às vezes acabam comigo, ou às vezes dizem: "Tudo bem, vai lá." Elas riem das minhas piadas. Outras vezes, não, outras vezes elas mandam: "Vai lá refazer" — como disse, tudo isso para ser amada. Carente, não é? É isso aí. Eu não escrevo só para me expressar, acho que seria pouco, porque somos livres para nos expressar, não precisamos escrever uma peça de teatro para isso, nós nos expressamos em qualquer lugar. O teatro para mim tem a ver muito mais com o meu desejo de conexão com toda a humanidade do que só expressar uma ideia, um desejo muito íntimo que eu gostaria a que as pessoas assistissem, no teatro. É por isso, por meu desejo infantil de ser popular e de ser amada, que eu escrevo com o Itaquerão atrás de mim. Uso também a comédia como um instrumento para que as pessoas se aproximem de mim e eu me aproxime das pessoas, para que eu consiga tocá-las, transformá-las, ou estar com elas, deixá-las bem. Bom, para estar junto. Tem um monte de gente que escreve junto comigo. E muitas vezes eu tenho muito pouco controle sobre essa criação.

JOSÉ FERNANDO PEIXOTO DE AZEVEDO:
Mas, no processo de escuta dessa multidão que está atrás de você, como emergem os temas? Quer dizer, os projetos se dão a partir de temas que são propostos a você ou você determina esses temas, escreve? Como se dá a escolha dos materiais e como você produz a partir dessas escolhas?

MF:
Não sei até que ponto eu escolho. As coisas chegam até mim. Por exemplo, tem um lado espiritual muito forte, as coisas chegam até mim, as coisas grudam em mim, e elas precisam sair. Claro que tenho minha observação do mundo e faço os meus recortes, mas quando eu chego a eles, já estão tão dentro de mim. Só consigo escrever uma peça, por exemplo, quando a peça já aconteceu comigo, dentro de mim, e sei que vibração quero ativar no espectador. Para mim, é através dessa vibração, mais do que o tema, porque, também, o que existe são meia dúzia de temas. Depois eles têm seus desdobramentos. Mas o que tenho em mente é uma vibração que quero que a plateia sinta. E como faço para alcançar essa vibração? Que processos formais tenho que disponibilizar para alcançar essa vibração? Agora, como sei que é essa vibração? Primeiro, sinto em mim. É como se eu soubesse como quero que o espectador saia de um espetáculo que escrevi. E aí vou fazer de tudo para alcançar essa vibração. Só que, obviamente, não vou alcançar, porque eles vão fazer o que quiseram e porque posso chegar muito próximo, mas não tenho domínio... Quando eu estou falando, estou pensando em tanta coisa.

KIL ABREU:

Nesse mesmo caminho que o Zé perguntou, sobre a vibração e sobre ir ao encontro dessa plateia imaginada a partir das situações que você cria, poderia falar de recursos nos quais você pensou? Por exemplo, no Sit Down Drama *existe uma ironia, um* nonsense *bem avançado. A procura dessa vibração teria a ver com isso, com essa sintonia com um possível público, por exemplo, na escolha de situações que beiram o* nonsense, *nesse caso? Estou dando um exemplo só para provocar você, talvez, na direção de outros.*

MF:

O que eu não quero? Não quero aborrecer a plateia. Não quero que a pessoa saia aborrecida. Eu quero que a pessoa se divirta. Para mim, é muito importante. A diversão é um aspecto muito importante. Quero que as pessoas se divirtam e, ao mesmo tempo, quero dar porrada. Quero que elas me amem e tenho que estar disposta a me sacrificar, a ponto de elas me odiarem também. Porque você não pode escrever agradando, nem a si mesmo, porque isso é muito perigoso. Voltando ao que eu estava falando da comédia. Uso a comédia, justamente, porque ela aproxima. O riso é transformador, anárquico, potente, e ele é imediato, é uma reação do corpo, ele acontece, você entende uma piada de várias maneiras, ela pega você. Talvez esse seja o artifício, a comédia, o sentido mais divertido para aproximar as pessoas, para que tratemos de assuntos e questões um pouco mais espinhosos, porém dentro dessa chave, como se fosse possível se divertir nisso, nessas questões meio bárbaras. Acho que rir do que é bárbaro, do que é sujo, é uma maneira de transformar aquilo em beleza também, é uma maneira de você sublimar. Quando você ri de determinada situação, você se coloca... Onde você se coloca quando está rindo, quem você é?

JFPA:

A partir do que você tem feito, quais são as situações das quais podemos rir, então? Você tem rido de que situações?

MF:

Só da miséria e da catástrofe, do horror.

JFPA:

Que situações são essas das quais rimos e que o riso transforma em outra coisa? Pergunto para entender um pouco essa operação dramatúrgica.

MF:

Acho que rimos menos da situação e mais de como você dialoga com a situação. Eu coloco os meus personagens em situações às vezes banais, às vezes limite, mas o que interessa é que as pessoas lidam com a situação de uma maneira completamente inesperada, deixando seus inconscientes aflorarem e começando a falar, sem uma regra social. Colocar os personagens numa situação em que eles possam realmente falar o que pensam, e não estejam protegidos por regras sociais, que rompam com essas regras. Num rompimento sistemático, quero ver como vão operar se tirarmos todas as proteções que eles têm, o que vai sobrar deles. Só que fazem isso como fazemos: nós nos expomos sem querer nos expor, maltratamos sem querer maltratar, vazamos sem querer. Se tivéssemos controle, seríamos maravilhosos, seríamos só o melhor de nós. Eu me lembro que fui numa Flip [Festa Literária Internacional de Paraty] uma vez, em que o homenageado era o Guimarães Rosa, e tinha uma mesa formada por João Ubaldo Ribeiro e o Ignácio de Loyola Brandão. E o João Ubaldo, muito engraçado, muito genial, falava que dentro dele eram dois Ubaldos: o grande Ubaldo e o pequeno Ubaldo. O grande Ubaldo era um cara genial, era amigo dos amigos, generoso, uma pessoa admirável. E tinha o pequeno Ubaldo, que ele não mostrava para ninguém, que talvez usasse só para escrever as coisas mais obscuras da sua obra. Essa contradição, onde acontece? Na busca da contradição, uma coisa química mesmo, meio culinária, de tentativa e erro. Você experimenta e constata: "Hum, ficou muito salgado", não, volta, repete a operação, continua, vai, segue, é muito laboratorial.

JFPA:
Sei, mas você fala "eles". Quem são "eles"? Por que você diz que o Itaquerão está aqui atrás, mas o Itaquerão não aparece na cena? Rimos de quem? Há uma classe que aparece nessa cena? Ou é todo mundo?

MF:
A classe é a classe a que eu pertenço, só consigo falar da classe a que eu pertenço. Essa classe média branca, que eu sou, com aspirações burguesas, em que fui criada. É dessa classe de que não me orgulho, eu gosto de bater nela, o meu assunto é com ela, e os fantasmas, as coisas que ela faz conosco, comigo, essa dominação, esse pacto com a mediocridade, tudo isso me atormenta.

JFPA:
Em alguma medida, o horizonte seria o Itaquerão rindo da classe média, é isso?

MF:
E a classe média rindo de si mesma. Porque quem está vindo ao teatro? A plateia também está embranquecida e classista. Então, é ela rindo de si mesma. De alguma maneira, acho divertido, depois, talvez, com sorte, com sucesso, ela ir se transformando com isso.

JFPA:
E a atriz, porque você tem uma formação de atriz, não é?

MF:
Você não me deu aula, saí antes, não tive essa sorte.

JFPA:

A atriz comparece nesse processo de criação? Porque, quando você fala de vibração, a sua linguagem me lembra um pouco o modo como uma atriz trabalha. Isso tem aparecido aqui nas entrevistas, não é? O modo como o trabalho de atriz informa o processo de composição da dramaturgia. Isso aparece para você?

MF:

Totalmente. Esse entendimento de como o ator trabalha, de como ele se aproxima. Mas tem de tomar cuidado, porque a atriz pode ser bastante benevolente às vezes, e brigar com a dramaturga: "Acho que você não está facilitando. Vamos facilitar." Quando você facilita, acabou. Tem uma coisa de que não gosto, é a palavra "embocadura". O ator às vezes diz: "Não está entrando na minha boca, essa palavra." Mas vai entrar na sua boca. Você não é ator? Ela vai entrar na sua boca. Diga essa palavra. Você vai falar essa palavra, porque o mundo é meu, eu que inventei, e eu estou dizendo para você falar. Não podemos abrir mão dos universos que criamos. Não podemos. Essa é a concessão que não se pode fazer. Porque às vezes diminuímos o autor para o texto caber em nós, ou para caber na montagem. Isso diminui a obra, a questão. É um desserviço.

KA:

Vou citar aqui a sua fala numa entrevista, acho que foi para a Folha de S.Paulo. *Quando você estava falando da questão do Itaquerão — para quem fala, para quem não fala —, isso é algo que também tem a ver com a sua inquietação. Conversávamos ontem que alguns autores, alguns artistas, enquanto falam, tão inteiros, dão a ver que estão num movimento incrível. E tem a ver com isso. Era um tema grave, você dizia assim: "Acho que a dramaturgia, no geral, precisa apontar para a revolução. Se, em um momento como este, o teatro não indicar um novo Brasil, o que vamos fazer?" Imagino que não seja muito antigo. Como a fala não se desdobra, eu queria que você comentasse essa relação da conjuntura com a dramaturgia.*

MF:

Falei essa frase porque eu estava muito possessa com a minha própria pessoa, estava numa crise, ainda estou, acho que é por isso que estou tão confusa para falar. Ontem, pensei nas questões, fui genial. Dentro de casa, sou genial. Depois passa. Eu falei pensando no seguinte... Eu estava puta comigo, porque estou cansada, estava cansada, continuo cansada, não posso ficar tão cansada, porque tenho que continuar, ao mesmo tempo estou cansada do excesso de constatação das coisas, principalmente da minha própria obra, porque não adianta constatar que as pessoas são loucas, que o Brasil é uma merda. Cansada de assistir a obras que só ficam constatando, está fácil constatar, porque está na nossa cara. Se a arte for para constatar, é cansativo. Já tem o jornal constatando, já tem a tevê constatando, já está todo mundo constatando. O teatro não precisa constatar. Você pode partir, claro, de uma constatação, é óbvio, porque, também, vai partir do quê? Mas vamos apontar uma flecha para o futuro. Nesse sentido da revolução, do pensar, o que pode ser, já que, quando criamos, criamos uma teogonia, e criamos um mundo nosso, podemos fazer o que quisermos. Ontem, eu estava até brincando, porque, no nosso mundo, aqui, tudo o que cai, cai para baixo. Newton, não é? Aí fico pensando: "Mas eu quero inventar uma coisa que caia para cima." E aí? Eu posso. É teatro, não é? Posso inventar um mundo em que as coisas caem para cima. Estou a fim de subverter essas leis da gravidade — nesse sentido, esteticamente, e do conteúdo, algo que aponte para o futuro. E aí? Era uma pergunta que o Antunes me fazia muito no CPT[1], nas minhas primeiras peças. E ele falou assim: "Legal. O mundo é muito louco. Mas... e aí?". Até que ponto estou

---

[1] Centro de Pesquisa Teatral, dirigido pelo encenador Antunes Filho.

me repetindo e até que ponto estou me arriscando e apontando minha flecha para o desconhecido, para um mundo que não sei nem se vai existir. Criar um mundo, no palco, que apenas reflita o que acontece fora dele é pouco, eu acho pouco, acho que existe algo a mais, o que é, onde está e como fazer. Não sei, estou tentando. Existe uma frase do Dario Fo de que eu gosto muito. Ele fala que o dramaturgo tem de estar disposto a sair do teatro em um camburão. Estou esperando meu camburão, quero meu camburão. Mas, para isso, tenho que apontar, tenho que imaginar, principalmente imaginar. Acho que, às vezes, nós, por causa do mundo em que vivemos, mesmo artistas, imaginamos muito pouco. Digo por mim. Eu quero que essa capacidade de imaginação se expanda.

KA:

Você tem vontade de sair num camburão, algum dia? Talvez retirada pela polícia ou escoltada, para não ser agredida pelos espectadores?

MF:

Linchada, também.

KA:

Fiquei pensando no que você falou sobre o lugar de classe e sobre as plateias que, de alguma maneira, acessam os espetáculos que você escreve. Você tem esse desejo de deslocamento, no sentido de que os seus textos cheguem em lugares que, normalmente, pelas condições de produção e de circulação, não chegam?

MF:

Tenho desejo e às vezes consigo realizá-lo.

KA:

Como é que tem sido isso? Conta um pouco, Michelle. Porque muda, não é? A recepção muda. O imaginário que você descreveu: "é um imaginário de classe média, eu quero que a classe média também se movimente" etc. Esse deslocamento significa o quê, como tem sido?

MF:

Tem sido muito interessante, mas "interessante" é uma palavra difícil. Por exemplo, agora, nós estamos com o *Riso nervoso* circulando pelo Nordeste. É muito incrível. Não pelo espetáculo. A plateia é incrível, as pessoas, a autoestima das pessoas, é tão bom viver com autoestima. Fomos para Fortaleza, e na plateia ia gente bem humilde, as pessoas diziam assim: "Vocês estão vindo com uma comédia para Fortaleza. E aqui é a cidade dos comediantes." Tem sido sempre uma grande experiência. Porque quando eu falo que exponho a classe média para que consigamos rir dela, exponho a classe média para ela e para todo mundo. E todo mundo tem uma ligação ou uma inspiração desse lugar totalizante. Acho que o deslocamento ainda é pouco, gostaria de fazer muito mais. Era incrível quando estávamos em turnê com *Os adultos estão na sala*, nas cidades remotas do interior, que nunca tinham visto teatro na vida, e a coisa acontecia. Por mais que esteja dizendo da classe, do meu lugar de fala etc., quero estar conectada com todo mundo, e acho que, na obra de arte, quando é uma obra de arte, há um elemento universal que comunica. Não por passar a minha ideia, mas um entendimento outro, um entendimento sensível. Eu não entendo, mas eu sinto. Porque estamos agora muito acostumados a entender. Não é tão bom ter de entender o raciocínio, essa mania cartesiana. Olha aonde isso nos levou. Uma outra parte que precisamos resgatar, que não tem a ver com essa supremacia da lógica, do que faz sentido, do que é coerente, tem a ver com outras sensibilidades. Essas me interessam. Gostaria de acessá-las, assim como a vibração que disse que busco, muito mais do que a inteligência.

JFPA:

Mas o riso não tem um efeito de compreensão sobre as coisas?

MF:

Totalmente. Você ri do que você consegue compreender. Ou seja, é um paradoxo.

JFPA:

Você está falando do popular como uma abrangência, mas também do popular que tenha a ver com certa experiência social. Então, se essa cena da classe média é confrontada com um público que não pertence à classe média e que talvez não tenha mais a expectativa de ser classe média, talvez o efeito de recepção seja outro. Fico imaginando, quando você está escrevendo, esse cara ali atrás que dizia: "Eu não quero ouvir isso."

MF:

Mas ele fala. E tem falado cada vez mais. Quando eu estou escrevendo, o personagem vem e fala: "Eu vou fazer isso aqui." E às vezes você tem que implodir o Itaquerão também. Tem que dar uma de Shosanna, do *Bastardos inglórios*. Chama todo mundo para o cinema e bota fogo. Agora, posso falar do fato de ser mulher. É outro ponto, mas está tudo junto. E só estou dizendo isso porque estou fazendo esta entrevista com você e tive que organizar o pensamento sobre como produzo. Mas, quando produzo, não organizo o pensamento, não paro para pensar. Quando estou criando, não paro para pensar como crio. Quando crio, crio. Isso é uma análise que faço *a posteriori*, se faço, porque a obra já se emancipou de mim, já é um ser, ela mesma, e aí eu lido com ela, e as pessoas lidam com ela, já não me pertence mais.

ISABEL DIEGUES:

É engraçado, porque ouvimos de algumas pessoas aqui uma ideia de não controle daquilo que se escreve, ou daquilo que se apresenta como estratégia de escrita, tema, enfim. Ainda que haja a encomenda, o trabalho coletivo. E, na sua fala, noto vários controles. Claro, você acabou de dizer até o contrário, mas soa como se você tivesse várias vozes de comando, como o Itaquerão. Como se tivesse um controle dessa situação, o que acho que é curioso. Tenho a impressão de que isso é, claro, você pensando a posteriori *a respeito do seu processo de trabalho. Mas quando você começa, quando lhe pedem uma peça, o que você faz? Como é que você faz isso e como é que toda essa gente que não é, eventualmente, diretor, como é que o coletivo com que você está trabalhando entra nessa história? Porque acho que tem gente demais nessa sala, queria entender isso, não sei se confio nesse controle todo que as pessoas têm da situação...*

MF:

Não, também não confio. Mas a sua pergunta foi tão boa que eu até esqueci como que vou começar a responder.

ID:

É porque você está falando desses controles, desses dispositivos, desses desejos de alcançar, da popularidade, de eventualmente comunicar e do efeito que o riso tem. Como se todas essas ferramentas (seja daquilo que vem para *a escrita, seja daquilo que você produz* com *a escrita) fossem supercontroladas, e tenho a impressão de que isso é algo difícil de acontecer...*

MF:

Não, não é nada controlado. É uma exposição.

ID:

São muitos ingredientes, mas tenho a impressão de que todas essas presenças, seja de quem está em seu sofá, seja o efeito que você quer criar, imagino que estão todas sob muito controle.

MF:

Elas não estão sob controle, além da criação, elas estão descontroladas. As coisas vão criando contornos, a coisa mesma vai dizendo como vai acontecer, a própria obra vai dizendo como devo abordá-la. Cada peça é a criação de um universo completamente diferente. Por mais que eu tenha as minhas estratégias, tenho me questionado sobre elas, querendo mudá-las, para que os resultados também mudem. É aquilo que disse da culinária, se você quer que aquele prato fique diferente, terá que colocar outros ingredientes, fazê-lo de outra forma. Não tem controle nenhum.

ID:
E qual é o disparador das coisas que você escreve? Porque você está o tempo todo falando daquilo que está presente na hora da escrita e do resultado, mas o que dispara essa sua escrita? Curiosidade?

MF:
Depende. Várias coisas. Às vezes, um pedido. Gostaria de falar sobre isso. Alguém me pede para escrever uma peça, alguém diz que gostaria de falar sobre algo, mas, normalmente, não sei lhe responder, não sei de onde vem.

ID:
Mas vem da sua cabeça?

MF:
Claro que vem do mundo exterior. Quando falo da minha cabeça, é a minha relação com o mundo. É a única que eu tenho, porque só tenho esse corpo, só tenho essa história. Na verdade, por estar totalmente inconformada de só ter esse corpo e só viver essa história, acho que escrevo teatro justamente para poder abrir as possibilidades de outras vidas e outros mundos, principalmente outros mundos, outras possibilidades de cair para cima. Agora, sobre a questão da produção, por exemplo, em que você entrou, e que tem a ver com o feminino, que eu ainda não abordei, queria pontuar

que é uma coisa que venho conversando bastante com outros artistas e colegas. Por exemplo, quando entrei na Escola de Artes Dramáticas, aos 18 anos, não éramos feministas, não gostávamos de feminismo, porque tínhamos certeza de que era um assunto resolvido. Imagina... "Já somos iguais, já está tudo resolvido." E hoje sou bastante feminista. O método da dominação é justamente convencer que os assuntos estão resolvidos e que não se precisa mais lidar com eles, porque isso vai fazer com que você fique calmo, isso vai entorpecer você e você não vai precisar lidar com essa matéria. No entanto, a dominação vai se perpetuando e você vai deixando que ela te domine sem saber, o que é pior.

Hoje, sabendo disso e sabendo que era uma estratégia da dominação para nos manter quietas, minha postura é completamente diferente e isso é uma questão para mim. Tanto que virou uma questão no trabalho que estou realizando agora, não só em relação ao tema como à forma. Tudo está mudando agora. Estou escrevendo porque ganhei um ProAC[2] de dramaturgia para falar de meio de produção. Quando eu li a pergunta do meio de produção, falei: "Pô, chato é não ganhar o edital. Quando nós ganhamos, fazemos." Como é que era a pergunta? Se esses meios são limitadores ou não. Na hora, pensei: "Limitador é não ganhar, porque você não tem a condição material, mas, mesmo assim, nós fazemos, isso não é um problema." No ProAC dramaturgia você não escreve a peça, você diz sobre o que a sua peça vai ser, faz o projeto. Você pode escrever um trecho do que será, mas é um projeto daquilo que você vai desenvolver. Esquisito, porque, primeiro, é uma missão saber como você vai fazer uma coisa que você não sabe como vai fazer. Você tem uma ideia, tem um norte e vai tentar contar para as pessoas como vai ser. Queria causar um determinado efeito. Então descrevi esse efeito. Certo. Ganhei.

---

2 ProAC: Programa de Ação Cultural, do governo do estado de São Paulo. Por ele a autora desenvolveu a peça *4 da espécie — a história do corpo coisa nenhuma.*

E para fazer o efeito? E para fazer aquilo que eu disse que ia fazer? Eu prometi. Era dinheiro público. Falei: "Vou fazer esse efeito." E agora? Comendo uma grana, assim, nunca antes comida. Acho que é o trabalho mais difícil, porque nunca tinha começado a escrever assim. Eu nunca escrevi: "Vou fazer desse jeito, minha ideia é isso (...)". Para mim, era diferente o processo.

ID:
Você nunca escreve assim porque você não promete ou porque você não programa?

MF:
Eu programo, eu prometo, só que o que tinha programado e prometido é muito ousado, até para as minhas próprias ferramentas. E aí o lance da dificuldade, da superação, de ir ao encontro da própria limitação. E você pergunta: "Isso é a minha limitação? Ou estou disfarçando a minha limitação de estilo? Ou o estilo é a limitação? Ou tanto faz? Ou isso não interessa?". No fim, não interessa.

JFPA:
Não. Eu fiquei interessadíssimo nisso. Tem um instrumento de controle, você está falando em termos de estilo, então, de criação, em relação a essa coisa do ProAC. Como é que se controla isso? Você tem um plano de trabalho ali, que é de criação, mas como é que você vai apostar que chegou no efeito...?

MF:
Mas o efeito que eu prometi, na verdade, prometi para mim, é o efeito que eu quero.

JFPA:
Então, ninguém do ProAC vai dizer que você não cumpriu.

MF:

Ninguém vai tirar nada de mim.

JFPA:

Entendi. Está bom, perfeito, entendi.

MF:

Não, nesse sentido. Eu prometi para mim.

JFPA:

Não duvido mais de nada, porque existem editais que vou lhe dizer...

MF:

Não. Estou falando das minhas próprias ambições, onde quero chegar...

JFPA:

E do que está na área da criação.

MF:

Está na área da criação porque está na área da teatralidade, do mecanismo, da operação, de como você faz, para aquela vibração, para aquela resultante dar certo. Parece um pouco esotérico porque só estou contando o milagre, não estou contando o nome do santo. Mas quanto à magia da transmutação, de quando era uma coisa e de repente vira outra, de "como é que eu faço isso?", e, depois, com a ideia da montagem, "de como fiz". Mas agora está mais fácil, porque estou trabalhando.

JFPA:

Falávamos antes sobre como se tem ou não controle. Lembro de uma coisa elementar que a Fayga Ostrower disse sobre o processo criativo, que é um impasse, mas que tem várias portas de saída. Ela vem das artes visuais e, para eles, normalmente, a intuição é fundamental. Então, não se tem mesmo controle. Agora, é claro que existem artistas que criam a partir de uma coordenada racional, absolutamente delineada. Se você for pegar o Sergio de Carvalho, a Companhia do Latão (eu sei porque já trabalhei com eles), há um plano de trabalho no sentido do desenho do plano de pensamento, das estratégias construtivas da cena que têm que ter sido desenhadas. Então, cada um parte de um lugar, enfim, não tem certo ou errado. Você é produtora também, Michelle?

MF:

De jeito nenhum.

JFPA:

Mas vou lhe fazer uma pergunta mesmo assim, porque é importante. Este encontro vai gerar um livro que alguém vai ler daqui a dez anos para poder saber como os caras criavam. Ainda que São Paulo não dê conta, que seja uma ilha nesse sentido, não tem nenhuma outra cidade do Brasil com um teatro tão subvencionado. É claro que a demanda é gigante, extraordinária. Vou perguntar o seguinte, e já fizemos essa pergunta em outros momentos, para outros dramaturgos — você, especialmente, é uma dramaturga que já teve muitas peças montadas: Como essas peças têm ido à cena, do ponto de vista da produção? Como os dramaturgos estão se virando para que suas peças cheguem à cena?

MF:

São várias formas. Tenho a Má Companhia Provoca, a minha trupe, a minha galera, que é o lugar onde me sinto mais à vontade para trabalhar e produzir. Aí, sim, a Má Companhia Provoca produz. Tenho algumas funções dentro da Má Companhia, nenhuma delas é produzir, mas tudo bem, faço um monte de coisas, não produzo porque não tenho talento. Tive muita sorte também de encontrar pessoas que consegui seduzir, ou já foram seduzidas pelo meu trabalho e quiseram levar isso à frente. Com muita luta, muita batalha: "Gostaria muito que você lesse meu texto, gostaria muito que você conhecesse." Foram esses encontros que fizeram essa quantidade de textos surgirem. Sorte e trabalho, muito trabalho. Encontrei muitas pessoas que quiseram e que assumiram para si: "Eu quero levar a sua peça, vou fazer essa peça."

JFPA:
Em termos de subvenção... Prêmios, essas coisas.

MF:
Na Companhia já teve prêmio, teve lei... No caso de *As Olivias* teve lei, no caso de outro trabalho, teve Catarse, no caso de mais outro, teve edital, teve patrocínio. Teve peça que não teve nada, do zero. Teve Sesc, teve de tudo, todos esses *modus operandi* foram usados, porque precisam ser, porque precisamos fazer.

KA:
Você reconhece uma certa linhagem na qual você escreve seu trabalho? E num certo campo geracional, você se reconhece na experiência de outros artistas para trás e neste momento?

MF:
Claro, tenho muito orgulho dos meus contemporâneos, admiro muito meus contemporâneos, principalmente as minhas contemporâneas. Acho que venho de uma geração de meninas que estão escrevendo para caralho e tenho muito orgulho disso. Agora, o que isso vai representar? Isso, não sei. Tomara que represente esse chamado para que mais mulheres possam escrever. Quando entrei no CPT, não tinha mulher no Núcleo de dramaturgia. Eu e a Silvinha Gomez entramos juntas. Teve a Marici Salomão mas, quando en-

tramos, éramos nós. Só espero que deixemos alguma coisa bonita para quem vier, algo importante, de que possamos nos orgulhar. Mas não no sentido do ego. No sentido do orgulho como humanidade. Uma das coisas que era legal falar é que ontem eu estava consultando uma das minhas bíblias... Tenho uma bíblia, que é o Tarkovsky, *Esculpir o tempo*. Ele cita uma frase do Thomas Mann, de quem só li *As cabeças trocadas,* que achei genial. Diz assim: "Só a indiferença é livre." Estou chocada com essa frase até agora. Porque falamos que somos livres, principalmente nessa questão da criação. A aspiração à liberdade é algo que ninguém sabe o que é, mas todo mundo quer. Fiquei pensando nisso e concordei: realmente, só a indiferença é livre. Fico imaginando essas pessoas, essas entidades que escrevem comigo. Como estou comprometida com uma série de questões, isso não quer dizer que elas me limitem. Ao contrário. Estar comprometida não quer dizer que você está desidratada. Você pode estar "incomprometida", você pode estar superidratada e comprometida, exuberante e comprometida. Quando falamos "comprometida", parece que é algo baixo astral. Estou falando no sentido alto astral. Estou comprometida principalmente com as coisas que não consigo dizer, nem formular aqui para vocês porque não consigo formular nem para mim. Talvez eu escreva peças porque não entenda. E a minha resposta vem no vácuo de uma existência difícil, que vai durar pouquinho, mas que talvez faça diferença para alguém.

PEDRO BRÍCIO

PEDRO BRÍCIO:

Queria começar com uma história que aconteceu comigo na semana passada, que é a seguinte... No ano passado, fui convidado para fazer a adaptação de um texto da Maura Lopes Cançado, *Hospício é Deus*, e que vai ser montado pela Maria Padilha. Para quem não conhece, a Maura Lopes Cançado é uma escritora mineira, considerada maldita, e que nasceu no interior de Minas. Maura foi uma mulher livre, inteligente, bonita e também louca, tinha problemas psiquiátricos. Ela escreveu esse livro, *Hospício é Deus*, e também escreveu um livro de contos muito bonito. Fiz a adaptação no ano passado. A estreia era para ser em março, foi adiada para julho, depois agosto e agora vai ser em setembro [de 2018]. Há duas semanas, a Maria falou que queria fazer uma leitura, e aí comecei a mexer no texto de novo. Na semana passada, recebi uma correspondência, do UOL, para o meu endereço, com um nome, que era Maria Helena Mendes Lopes Cançado. Fiquei assombrado, fiquei pensando em qual seria a possibilidade matemática de você receber, na sua casa, uma correspondência com esse mesmo sobrenome, que não é Silva, não é comum, é Lopes Cançado, o mesmo do artista com quem você está trabalhando. Fiquei pensando nesse mistério, pois acho que escrever para teatro é mexer com mistérios e abrir espaço para mistérios. Eu estava realmente em choque, parecia uma brincadeira do Borges ou do Paul Auster, e está aqui a prova, para não parecer que estou começando com uma mentira, dá uma olhada... [Pedro mostra o envelope do Uol] É obvio que ainda não consegui abrir o envelope. E eu também assino o Uol, é coincidência demais.

Enfim, quis começar com essa história porque achei assombroso, e acho fascinante a questão do mistério no teatro, das energias, das subjetividades e dos fantasmas com que a gente começa a mexer quando está escrevendo ou trabalhando com teatro... Tradição? Eu quis começar pela tradição porque o Kil viu algumas peças minhas, não sei aqui quem viu o meu trabalho como ator, já que comecei a escrever relativamente tarde, aos 30 anos, né? Quando passei a escrever, já tinha um rico universo de personagens, de temas, de peças que havia lido. Fiz mestrado em teatro, também, na UniRio, e a segunda peça que escrevi era uma espécie de falsificação, se chamava *A incrível confeitaria do sr. Pellica*. Eu queria aprender a escrever para teatro, então peguei a estrutura de uma comédia francesa, porque não sabia escrever, e de certa maneira copiei aquela estrutura. Usei temas, questões e conflitos que me interessavam para falar do presente, quer dizer, fui atrás de um momento histórico específico, o do Iluminismo, e de um momento teatral específico, o da comédia francesa dos séculos XVII e XVIII, para falar do presente. Isso se tornou uma constante nas minhas peças, talvez nas mais relevantes. Em seguida, escrevi *Cine-Teatro-Limite*, que veio aqui para São Paulo e que se passava nos anos 1940, no Rio de Janeiro, na Lapa. A ideia, para essa peça, era escrever uma comédia chanchadesca que desse uma guinada do primeiro para o segundo ato e virasse um drama, mas eu era muito encantado, também queria falar dos anos 1940 no Brasil, dos comediantes populares, do teatro de revista. *Cine Teatro-Limite* era uma peça que tinha uma referência específica, do ponto de vista de um momento teatral e de um tempo histórico. Tenho paixão por revisitar gêneros, tradições e momentos históricos do Brasil.

Depois escrevi outras peças que brincavam com gêneros: um musical que dava errado, que se chamava *Me salve, musical!*, e também *A outra cidade*, que é bem inspirada na literatura do realismo fantástico. Por que isso? Tenho a sensação de que há uma especificidade de escrever para teatro, a sensação de que se dialoga com 2.500 anos de história, desde o teatro grego até as questões mais urgentes. Acho que o teatro tem essa lança, esse vetor para o passado longínquo e, ao mesmo tempo, para algo que acontece no dia, talvez horas antes da apresentação; algo que pode mudar totalmente a leitura de um espetáculo. Acho isso fascinante, realmente único, assim como este espaço aqui, que é um espaço de memória também. Quantas peças já aconteceram aqui, neste palco? Para mim, a questão da memória, da fantasmagoria e do que já aconteceu é bem relevante.

KIL ABREU:
Todos esses procedimentos de apropriação das formas que já estão escritas na tradição e nos gêneros, em certa medida, estão dentro de um campo que se habituou chamar de pós-moderno. O pós-moderno também é isso? Todas essas operações estão dentro desse campo, e, ao mesmo tempo, o momento atual, de um ponto de vista da dinâmica do capital, vai engolindo as coisas e deglutindo tudo, com uma "sanha" por novidade. Isso virou um valor. Para o artista, às vezes — não sou artista, mas eu vejo assim —, acho que é sacrificante o quanto se corre atrás da novidade, e a própria crítica contribui para isso. Você escreve uma coisa que em uma temporada parece genial e, na

seguinte, tem que se reinventar, porque se não o crítico já vem dizendo "está se repetindo", enfim. A pergunta é simples: queria saber como você lida com a apropriação dos elementos da tradição, seja no sentido do gênero, seja no de outras frentes que se abrem, seja quando você olha para sua geração e para esse chamado de que se faça algo novo, sem se apropriar de coisas antigas. Em algum momento, essa questão apareceu para você?

PB:

Acho que aparece e muda, porque isso não ocorre só em relação ao teatro e à produção teatral. Acho que existe, no campo das artes, da teledramaturgia, das séries, da performance, uma mudança veloz das formas de criação. Como você falou, às vezes, em um ano você vê um espetáculo que tem uma determinada linguagem e, três anos depois, aquilo já parece ser de décadas atrás. Acho que está difícil escrever ficção, é um desafio grande, porque a realidade está tão crua, imponente. Mas, de qualquer maneira, fico pensando em como tornar interessante para o público um determinado conjunto de questões, de ideias, de personagens, de coisas que estão me interessando, e a descoberta dessa forma não é simples. Ao mesmo tempo, não tenho uma paixão desenfreada pelo novo, pelo que se diz novo. Sou capaz de ler uma tragédia grega e achar aquilo mais contemporâneo do que muita coisa que se faz, inclusive do que aquilo que eu escrevo, entendeu? Tenho esse olhar, essa maneira de usar formas históricas, porque acredito que se aprende tanto sobre a estética do presente quanto sobre a realidade ao se olhar para trás. Acho que as causas estão ali. No meu caso, já escrevi muitas comédias, e tenho um certo prazer de jogar com a expectativa do público em relação aos gêneros. Todas as minhas peças fracassam, o gênero fracassa. A peça começa apontando para o gênero e ele fracassa, e é aí onde entram os significados contemporâneos. Na última semana fiz uma espécie de psicanálise sem psicanalista, tentando avaliar o meu trabalho para esta entrevista, observar o que fiz, que é bonito, porém que é uma alternativa um pouco vã. Comecei a observar as influências do teatro do Rio, desde o teatro de revista... posso falar do Martins Pena, do Asdrubal, do besteirol... Também, por que não?, acho que há uma grande influência da Companhia dos Atores, que faz uma dramaturgia mais cênica, e do Mauro Rasi, que apesar de ser paulista do interior, tinha um temperamento que se adequou bastante ao Rio. Cresci vendo e lendo essas obras.

KA:

Lembrei de uma coisa que tem a ver com a própria história do teatro brasileiro e de como a gente perseguiu, hoje bem menos, certas formas modelares, que são basicamente formas gestadas dentro de uma sociabilidade que não é nossa. Tentávamos fazer com que os nossos temas, os nossos assuntos coubessem dentro dessas formas. Eu lembro de uma tese de doutoramento, do Sérgio de Carvalho, em que ele fala de passagem sobre isso: sobre como determinados autores brasileiros, autores menores, escreviam dramas, até um determinado momento, dentro da estrutura dramática tradicional. Esses dramas terminavam como farsa, porque, na verdade, aquilo era uma necessidade — eles só eram verossímeis em outra chave, entendeu? E, de alguma maneira, acho que isso tem a ver com as suas peças também, de mudar de chave no meio. Tem a ver com essa descoberta de formas anárquicas que não têm uma definição precisa, mas que respondem a uma sociabilidade que é a nossa ao mesmo tempo em que a gente usa certas medidas, estilos e gêneros passados. Mas somos nós agora, nesse momento.

JOSÉ FERNANDO PEIXOTO DE AZEVEDO:

A minha pergunta vai nessa direção, queria entender um pouco mais sobre como você compreende a ideia de gênero, porque o Kil estava citando o Sérgio, e ali há uma direção entre forma e experiência, quer dizer, alguns gêneros correspondem a determinadas experiências e fracassam quando aquela experiência não se configura. Se a gente compreende o drama como gênero, ele tem uma série de pressupostos que, numa sociedade escravocrata, não comparecem. Então, a reposição do gênero fracassa, em alguma medida. Queria entender um pouco como você compreende a ideia do gênero, porque me parece que você já está fazendo uma outra operação, que não é uma mera reposição do gênero.

PB:

Tem duas coisas: uma é uma percepção minha dos momentos da vida, como uma coexistência de gêneros. Para dar o exemplo: uma vez morreu uma empregada do meu pai. Ela morreu sentada na privada, e o meu pai me ligou... A gente vai entrar no melodrama agora. Meu pai tinha sofrido um AVC e eu estava cuidando dele. Nesse dia eu tinha dormido na casa da minha namorada, e ele me ligou, falando assim: "Pedro, aqui é o seu filho, vem para cá porque a sua mãe está passando mal." Depois ele me ligou de novo e falou: "Pedro, vem para cá. Sua mãe está aqui, foi a empregada que faleceu." Gente, a história é tragicômica. Mais trágica, enfim. Eu fui lá e ela tinha morrido sentada na privada, e quando alguém morre você não pode mexer no corpo, tem que esperar a polícia chegar. Chegou a polícia, e o policial me reconheceu de uma novela porque já atuei na TV, então fiquei umas quatro horas conversando sobre amenidades, com uma senhora morta na privada.

Antes desse episódio eu já tinha a percepção de que os momentos dramáticos, os gêneros, na vida, são totalmente misturados. Mas essa peça, *Cine-Teatro*, que o Kil viu, começava como uma comédia que parecia uma chanchada. Na época, eu ficava pensando sobre a ingenuidade da chanchada, e no fato de que o mundo estava na Segunda Guerra Mundial: "Gente, isso é interessante, diz muito sobre um temperamento brasileiro", algo que até mudou. Acho que agora nossa violência veio à tona para todas as classes sociais como nunca, desmistificando o clichê de que "o brasileiro mesmo na dificuldade é alegre, é festivo". Mas, escrevendo a peça, eu pensei: "Essa comédia tem que virar um drama." O peso da realidade vai impedir a comédia de continuar se manifestando. É claro que, no segundo ato, o humor continuava também, ao fundo, mas como melancolia, com um certo mal-estar, porque na peça tinha um personagem, que era um roteirista que estava escrevendo chanchada... Depois o irmão dele ia para a guerra, e ele via que aquela obra que tinha escrito era ridícula diante da complexidade da vida. Aí o irmão desaparecia e ele começava a escrever cartas para a família como se fosse o irmão. A peça pesava em uma questão também metafísica e familiar. O entendimento sobre gêneros, acho que tem a ver com o meu interesse pela recepção e por uma certa expectativa do público. Por exemplo, escrevi uma peça que era uma comédia russa, mas não havia virada de gênero alguma. Havia um paralelo entre a burocracia na Rússia e no Brasil, era uma espécie de Gogol tupiniquim. Acho que isso tem a ver com a possibilidade de se poder criar algo novo a partir da falsificação. É uma coisa que me dá prazer, sei que é um procedimento pós-moderno, mas Shakespeare também usava. Sobretudo a variedade de gêneros dentro da própria peça. As pessoas falam do Hamlet, que é uma peça de vingança, um drama histórico, familiar, e há um momento em que ela é cômica. Esse rigor do gênero fixo não é contemporâneo, quer dizer, é mais do século XIX, não pertence a toda a história do teatro.

JFPA:
A minha pergunta, na verdade, era sobre quando o gênero fracassa...

PB:
Em *Me salve, musical!* havia um fracasso de temperamento chanchadesco, quase como se fosse impossível fazer um musical à la Broadway no Brasil. É meio ridículo, apesar de agora eu estar fascinado com o teatro musical, tenho trabalhado com isso. Acho que o teatro musical brasileiro é fundamental na nossa história, mas a peça brincava com uma certa incapacidade inerente à chanchada:

quando você coloca o Grande Otelo fazendo *Romeu e Julieta* com o Oscarito, isso tem a ver com um certo deboche que fortalece nossas insuficiências e faltas ou que até coloca em xeque essa importação de gêneros e de modas que acontece com o teatro clássico e o contemporâneo. Acho que isso acontece para todos os lados.

JFPA:

Em que condições você produz, realiza essas peças? Você descreveu algumas experiências, mas como isso vem à cena, em que condições isso se realiza?

KA:

Posso complementar? Tivemos algum autor do Rio ontem? Acho que não. A gente tem uma coisa no Rio. Pedro, que é a Globo. Converso com amigos críticos do Rio e a emissora é realmente uma influência extraordinária. Desde o plano da formação das escolas de teatro até o plano da indústria de entretenimento propriamente dito. Vara tudo, inclusive o teatro, a vida regular do teatro. E você é um autor de teatro, um homem de teatro, e também circula, ou circulava, não sei, pela televisão, como ator. Colando na pergunta do Zé, o que essas condições todas representam para você no sentido da viabilidade e da chegada ao público, da fruição do público em relação à sua dramaturgia?

PB:

Acho que essa profissão de dramaturgo, nem sei se é profissão, nem sei se está inserida no capitalismo... Hoje em dia, porque penso sobre isso, é praticamente impossível viver dessa profissão. Não é à toa que a gente não tem tantos autores com mais de 50 anos produzindo. O teatro está virando uma coisa meio de grupos jovens, porque você trabalha até uma época e depois tem que se virar de alguma maneira. Mas sem querer ficar me lamentando, como faço teatro desde os 13 anos, vejo o mundo através do teatro, e o teatro me deu tudo até hoje: me deu os meus amigos, me deu toda a minha compreensão, me deu um olhar sobre a história do mundo, sobre a filosofia, sobre a história das artes. Sou muito grato ao teatro, mas é uma espécie de missão em si, e eu me pergunto por que sempre que estou com um plano de me afastar, me convidam para fazer alguma coisa. Eu estava escrevendo para uma série de TV, sobre o assassinato de um cachorro num condomínio, e acabei escrevendo uma peça com a mesma história porque quis fazer um monólogo sobre isso.

Trabalhei como ator durante muito tempo e continuo trabalhando, mais no teatro. Acho que essa influência da Globo é presente em todo o Brasil. Sendo sincero, até para o Sesc, não sei se esse aqui, mas faz diferença se você apresenta um projeto com ator renomado, um ator que trabalha na televisão, do que um ator que não trabalha. Já tive histórias antológicas sobre isso. Tive muita sorte de começar a escrever no governo Lula, quando houve um grande investimento em cultura e o Brasil estava bem economicamente. Tive essa sorte, pude produzir várias peças ganhando editais, bolsas. Passei dez anos com essas possibilidades para produzir. Eu, Roberto Alvim, os autores que estão com mais de 35, 45, tiveram essa sorte, de a carreira continuar em uma época em que o Brasil estava muito bem, ou parecia estar. De qualquer maneira, não penso muito na Globo porque sou um *outsider*, e vou continuar sendo. Fico pensando que, no atual momento, de tantas dificuldades, a gente tem que ser um pouco utópico e até apostar na desmedida. Senti isso quando fui ver o *Grande Sertão*, da Bia Lessa. Aquilo ali é inimaginável, toda a estrutura e o tempo em que ela ensaiou e a dimensão poética do livro. E na peça que escrevi, *A incrível confeitaria do sr. Pellica*, minha segunda peça, fui totalmente desmedido, porque eu era um autor desconhecidíssimo, e falei: "Vou escrever uma peça de época, com figurino de época, são onze atores." Era praticamente um atentado à ordem das coisas. E foi uma das minhas peças que fez mais sucesso. Foi uma coisa linda, a gente fez figurinos com o lixo do Theatro Municipal.

Eles gastam aquela fortuna com as óperas e o que sobra vai para um galpão das coisas mais maravilhosas e luxuosas. O figurino foi premiado. Era um figurino de época, mas, ao mesmo tempo, do lixo. Tenho pensado nisso, estou com vontade agora de fazer uma peça para oitenta atores. Estou com essa ambição. Todo mundo que quiser participar da minha peça vai poder entrar. Só preciso encontrar tempo, mas acho que a gente tem que ter essa ambição, essa utopia. Infelizmente, eu nunca fui contratado da Globo.

KA:

Contrato avulso. Agora então, com a Reforma Trabalhista, não é só permitido, mas é a ordem das coisas.

JFPA:

Tem aparecido, nas entrevistas, um pensamento sobre o momento em que uma certa geração, talvez a nossa geração — dos que estão entre os 35 e 45 e que têm escrito para o teatro — começa a dialogar e a conversar com outras experiências dramatúrgicas, para além do teatro, como você descreveu a experiência com a série. Aqui em São Paulo, essa geração, no início, resistia bastante à ideia de diálogo, quer dizer, o teatro era quase um grupo coletivo, um teatro colaborativo, um lugar dramatúrgico. Essa é uma mudança que tem a ver, evidentemente, com as mudanças nas formas de produção, com outras viabilidades econômicas. Como você vê isso no seu trabalho? Parece que o cinema e essas outras referências de algum modo estiveram presentes, e que agora isso está no horizonte de trabalho do teatro, o que engendra uma outra perspectiva de dramaturgia. Como você vê isso?

PB:

Acho que não dá para falar de dramaturgia, hoje em dia, sem falar do Netflix e das séries americanas, espanholas, das séries de TV. Ainda estou na dúvida sobre o que vou fazer da minha vida em termos de criação. Há duas coisas que vejo e que me impactam. Uma, que mencionei, é a dificuldade. Comecei, nos últimos anos, a perceber a incapacidade que algumas ficções têm para dar conta do momento em que vivemos. Por exemplo, hoje em dia vejo bem mais documentários, jornais, do que ficção. Estou mais interessado em saber da Marielle,[1] essas coisas que temos vivido. Mas, com a complexidade das séries, a dramaturgia tem que ser precisa, sintética, tem que ir ao ponto. Ela precisa ter uma potência atômica. Acho que é possível fazer ficção, fazer um teatro narrativo, que vá além do relato. No final de semana assisti a uma peça, no Festival Cena Contemporânea, de uma atriz que sobreviveu ao genocídio em Ruanda, nos anos 1990. Ela era a atriz e contava a história. Claro que a linguagem sempre determina a estética, determina tudo. Mas o que pode ser mais forte do que o relato daquela mulher, que era uma ótima atriz, uma ótima diretora, e que viveu aquilo? Acho que o teatro, hoje em dia, é, sim, um lugar de encontro e de abrir espaço para as vozes que não foram ouvidas o suficiente. Para mim, isso é um fato. Em relação à possibilidade de criar ficções, parábolas, metáforas, que no final das contas é a construção de uma linguagem, de uma poética... Esse desejo de criar algo que faça a linguagem delirar, o palco delirar, de ganhar uma coisa original, que comunique.

Acho que o teatro virou uma pedra preciosa, um diamante, que tem que ser radicalmente potente. Não dá mais para ficar contando qualquer historinha, como se isso fosse afetar, entendeu? Sinto um desafio ainda maior para escrever. Porque eu, apesar de ter que trabalhar com alguns diretores, como a Cris Jatahy, que mexe com a questão do depoimento pessoal ou com questões mais jornalísticas, sou um autor de ficção. Minha cabeça funciona dessa forma, e não dá para trocar de cabeça. Não vou me adaptar, porque senão

[1] Marielle Franco foi uma socióloga, defensora dos direitos humanos, eleita vereadora pelo PSOL em 2016 e assassinada a tiros em março de 2018, na região central do Rio de Janeiro.

ficarei variando a linguagem de acordo com as necessidades estéticas do momento. Acredito nisso e tenho visto coisas interessantes no plano da ficção, da narrativa do teatro. Só acho que radicalizou. Fico com aquela ideia do conto do Borges, *O Aleph*: você pode refletir tudo do mundo numa circunferência pequena, porque o tempo do espetáculo é de duas horas. Em comparação ao de um livro, em comparação ao de uma série... Essas séries são incríveis em termos folhetinescos, às vezes são infinitas, estão atingindo um grau de complexidade narrativa e de questões realmente importantes para a sociedade. Os personagens também são de uma complexidade admirável. O teatro, para mim, é a radicalização desse encontro, da relação com o público, da relação palco e plateia, e eu tenho pensado na síntese, no poder concentrado, e realmente tendo a achar que isso não é nada fácil.

JFPA:
Isso tem a ver com os temas?

PB:
Acho que tem a ver com os temas e com a narrativa também, mas acho o tratamento do tema uma questão fundamental.

KA:
Uma pergunta de outra ordem. Sempre acho que a gente, eu pelo menos, não é retórica, tenho aprendido mais como professor, na condição de formador, do que lendo livros. E você também dá cursos de dramaturgia. Você estava dando um curso de dramaturgia, cuja base era Shakespeare, não era isso? Outro dia vi um anúncio de um curso de dramaturgia para monólogos, e queria que você falasse sobre isso, como é a forma do monólogo para você, e que falasse sobre as suas experiências também como formador. Porque essa resposta varia. Cada dramaturgo tem uma resposta diferente, e gostaria de saber de você. O que um artista dramaturgo pode ensinar ao outro?

PB:

Não tenho certeza, mas os cursos que tenho dado, para mim, têm sido muito reveladores. Por exemplo, esse curso de Shakespeare. Eu nunca tinha estudado Shakespeare, dei para estudar Shakespeare, sou malandro nesse sentido. Shakespeare é como você tomar uma droga, você começa a ler aquilo... e não é à toa que as pessoas ficam estudando... A Barbara Heliodora dedicou sessenta anos de sua vida estudando porque é um delírio contínuo, tudo está ali. Voltando ao *Hamlet*, por exemplo: tem a história, tem a relação familiar, tem metafísica, fala sobre o teatro, o poder do teatro. É tanta coisa, realmente é bárbaro. Já falei aqui, sou leitor de vários autores antigos e contemporâneos, não tenho preconceito quanto a isso. Nos cursos, em geral dou dois ou três textos para as pessoas lerem a cada aula. Eles funcionam muito no debate. Divido as aulas em temas, que chamo de instrumentos, e que acho que são importantes para a dramaturgia. Por exemplo, tem um dia que é sobre estrutura, um outro sobre a relação com o público, sobretudo no monólogo. Aí tem o terceiro dia, que é sobre espaço. No quarto dia, que é sobre personagem, porque a própria visão do que é um personagem mudou através da história, vemos o que era um personagem na tragédia grega, no drama burguês e depois com o Beckett. E hoje em dia há muitos textos que são só o discurso. Há uma perspectiva bastante historicista também.

O teatro é uma coisa engraçada porque, voltando a falar nessa relação com outras artes, em geral, os manuais de roteiro de TV e de cinema têm uma coisa pragmática, feita para o mercado. Muitos dos livros dos americanos são assim: "Venda o seu filme em trinta dias."; "Como fazer o seu filme ou seu roteiro serem vendidos." É sempre uma coisa direcionada ao mercado, e o teatro não tem mercado. Então, as pessoas já entram em choque, começam a se questionar sobre o que realmente querem fazer. E eu vejo que o teatro é o canto das sereias. As pessoas de TV e cinema que fazem os meus cursos não vêm por causa de mim, mas por causa do teatro.

Elas começam a pirar, elas não dormem, perdem prazos dos trabalhos que estão fazendo para escrever a cena que vai ser lida no dia seguinte e não tem finalidade prática nenhuma, entendeu? O teatro é muito sedutor, porque é direto. Na história da Humanidade, na história da subjetividade, na história da cultura e nos conflitos mais terríveis. Eu também acho que o palco virou um lugar onde precisa haver uma virulência, uma violência de expressão. Aqui é o lugar dos grandes conflitos, sempre foi, e tem que ser. E agora, mais que nunca, dos grandes encontros. As pessoas só vão se interessar em ir ao teatro se isso for um encontro, se significar algo para a vida delas, porque se for só entretenimento, tenho minhas dúvidas.

Queria falar uma coisa sobre o teatro musical. Como eu já havia dito, escrevi e dirigi um musical há dois anos, e agora escrevi a dramaturgia de um show sobre black music. Escrevi e dirigi também uma outra peça musical, inspirada no Simonal. Nem era um grande espetáculo, mas fiquei impressionado com a relação do público com a música brasileira. Primeiro, me chamaram a atenção a felicidade e as relações afetiva e de memória. Vivi coisas que nunca tinha vivido. Na temporada de um mês, o teatro João Caetano ficou lotado todos os dias, eram 1.500 pessoas. E eu ficava me perguntando: mas o que tem aqui, que interessa tanto? Acho que é essa relação do público brasileiro com a música, que é existencial. O brasileiro entende de música, e convive com a música. Não se tem essa relação, infelizmente, com o teatro dramático, que é uma linguagem específica. Uma pessoa que nunca foi ao teatro pode assistir a uma peça contemporânea mais radical e entender e usufruir dela até mais que um público careta. De toda forma, os musicais brasileiros são um caso para ser estudado pela crítica devido à sua enorme comunicação popular.

KA:

Estudado também pelos dramaturgos? Em termos de linguagem, de dramaturgia, você vê caminhos na área do musical?

PB:

Tenho uma cabeça barroca. As minhas peças são sempre sobre muitas coisas, faço um trabalho aristotélico de afunilar, mas não é assim que funciona. A Barbara Heliodora escreveu que algumas peças minhas eram "o samba do crioulo doido", o que, hoje em dia, considero um elogio. É importante pensar em como seduzir o público. Brecht já pensava nisso, em como encontrar comunicação. Tenho uma grande paixão pela obscuridade, adoro coisas cifradas, e as duas últimas peças que escrevi eram bem abstratas, impressionistas — *As palavras e as coisas* e a *A outra cidade*. Eu estava em um momento melancólico, apaixonado pelo que não é dito, pelas sensações, por uma certa indeterminação narrativa que me atrai bastante. Mas fiquei um tempo sem escrever, só vendo e ouvindo, e agora estou em um momento bem criativo, muito bom, estou escrevendo duas peças, e pensando na comunicação com o público, estou interessado nisso agora, em escrever algo que interesse e reverbere. Algumas pessoas leem *As palavras e as coisas* e vêm falar comigo, mas o teatro não é para leitura. Ele tem uma urgência, a peça precisa acontecer enquanto fenômeno, enquanto algo que é encenado em uma determinada temporada. Tenho pensado sobre a comunicação com o público nesse momento, em que é preciso dar nomes aos bois, se comunicar. Para mim o momento do Brasil é esse, não é o momento de ser obscuro.

JFPA:

Você falou da experiência com musical na temporada do João Caetano e os números me impressionaram: temporada de um mês, 1.500 pessoas por dia. É impressionante. Que público vai assistir a um espetáculo como esse?

PB:

Supreendentemente, um público bem variado, no Centro. O teatro no Rio de Janeiro tem que ir para o Centro, para o subúrbio, para a periferia mesmo, pois é lá que estão as pessoas interessadas. As pessoas da Zona Sul não estão interessadas — generalizando — em teatro, elas não querem saber. E você via que tinha muita gente de classe média... o ingresso mais caro não era muito caro, mas era caro...

ISABEL DIEGUES: *Caro quanto?*

PB:
Acho que era oitenta, quarenta reais a meia-entrada. Tem musical que custa trezentos. Eu não sei. Mas é caro. Tinha muita gente de classe média, que não era da Zona Sul, até porque se tratava do Simonal — até hoje existe preconceito com o Simonal, não só pelas questões de intepretação da esquerda, da possível colaboração dele com a ditadura militar, mas pelo fato de ele ser um artista negro, que enfrentava o *status quo* branco e que namorava mulheres brancas lindas. Ele não dizia "sim, senhor" ou "não, senhor"... Eu via que era um público misturado, e isso é lindo de se ver, porque sempre me incomodou o fato de ficar fazendo peça para a classe artística do Rio. Isso é uma coisa que acontece, acho que aqui em São Paulo também. Muitas peças podem ser maravilhosas, mas você faz para os seus pares.

ID:
Mas o público de São Paulo é muito diferente do público do Rio.

PB:
Pois é, eu sei disso, no momento não posso me mudar para cá.

ID:
Não é isso que eu estou falando. Na verdade, no Rio de Janeiro, tem os teatros da Zona Sul, e você tem o público da Zona Sul, os ingressos são bem caros.

PB:

Mas tem o fato de o público não estar interessado mesmo. No governo Lula houve um aumento do poder aquisitivo: essas pessoas, mesmo duras, estão interessadas em ir ao teatro, e vão. As peças, no Imperator, por exemplo, que é um teatro enorme no Méier, lotam. E o Teatro Leblon fechou. Eu moro no Jardim Botânico — eu e o Emanuel Aragão —, que é um bairro burguês, de intelectuais, e lá não tem mais livraria. Isso é sintoma de alguma coisa, eu acho. Fechar o Teatro Leblon e não ter livraria no Jardim Botânico quer dizer algo, não é algo que passe incólume. As pessoas na Zona Sul andam se arrastando, é uma depressão. No subúrbio não, as pessoas continuaram a vida... Você vê os grupos que estão lá, as pessoas estão vindo com muita potência, acho que é isso, a força está lá, não está na Zona Sul do Rio de Janeiro.

ID:

Acho que é isso, quer dizer mais alguma coisa?

PB:

Queria contar uma coisa, não sei se alguém se perguntou o que essa bola de futebol significa... [Pedro mostra uma bola de futebol que está ao lado da sua cadeira desde o início da entrevista] Hoje fui atrás dessa bola, porque é o seguinte: vou contar uma história da Nova Dramaturgia Carioca, movimento que a gente começou e que foi capitaneado pelo Roberto Alvim em 2003, no Rio de Janeiro. Não existia uma Nova Dramaturgia Carioca, estava todo mundo na primeira, na segunda peça, o movimento não existia. Inventamos um lugar antes de ele existir, um lugar para ser ocupado consensualmente. Nessa primeira fase, fomos destruídos pela crítica de uma maneira que era para todo mundo mudar de profissão mesmo, mas como o espaço existia, ele começou a ser ocupado. Acho bonito isso, de você inventar um espaço que não existe para ser ocupado, e isso foi capitaneando pelo Roberto, por mim, pela Daniela Pereira de Carvalho. Depois veio uma outra geração, que não estaria aqui — o Emanuel Aragão, o Jô Bilac estariam fazendo outra coisa que não teatro, hoje em dia.

Na estreia da minha peça, que foi a primeira, o Roberto entrou com uma cara branca — na plateia já havia muitas pessoas, porque todo mundo se interessou — e falou: "Pedro, a velha está aí, quer começar?" Era a Barbara Heliodora, e eu estava fazendo, com os atores, um aquecimento com bola, algo que só deve existir no Brasil — a ideia é estimular a concentração, com uma pessoa jogando a bola para a outra. Fiquei em pânico e acabei esquecendo a bola no palco durante a apresentação. Quando a peça acabou, fomos para o camarim, e então as pessoas vinham e perguntavam: "Pedro, o que é aquela bola? Não tinha uma referência de futebol na peça. O que aquela bola significa?." Outras pessoas davam intepretações sobre a bola, porque era uma peça bem obscura. E aí, em relação ao mistério, me fez pensar naquela frase que é: "Onde há linguagem, há equívoco".

SILVIA GOMEZ

SILVIA GOMEZ:

Achei muito difícil escolher por onde começar, e vou fazer isso meio que hibridamente. Assisti a todas as entrevistas ontem e hoje, pretendo vê-las até o final. Fiquei maravilhada, e pensando naquela frase de Georg Büchner,[1] da peça *Woyzeck*: "Todo homem é um abismo, ficamos tontos se olhamos para baixo." Fiquei pensando que escrevo um pouco por isso, porque queria estar por dentro de todos esses corpos. Eu ouço o Pedro Brício, ouço a Michelle Ferreira, a Dione Carlos, a Grace Passô, e fico maravilhada com a possibilidade de trocar e ouvir e pensar a nossa produção. "Como vou começar?" Não tenho outro jeito, é de muita importância começar dizendo que o teatro só existe para mim

[1] O autor alemão Georg Büchner (1813-1837) escreveu a peça *Woyzeck*, e a deixou inacabada. A peça conta a história de um soldado que tem um trabalho degradante como cobaia de um médico.

porque comecei por uma via muito afetiva, que foi pela minha tia Yara de Novaes, que é atriz. Eu a acompanhava, ia aos seus ensaios quando era criança. Sempre fui muito tímida e aquele universo, aquelas pessoas, juntas, que se reuniam com seus corpos livres, falando e inventando coisas, eram meio heróis para mim. E são até hoje. Tenho esse prazer de ir ao camarim, de ficar lá. Não esqueço a sensação de estar na sala de ensaio, observando as pessoas da coxia. Acho que é por isso que continuo fazendo teatro, porque depois eu fui estudar Comunicação e, paralelamente, teatro. Estudando teatro, logo entendi que meu lugar seria escrever. Acho que continuo fazendo isso, sendo uma pessoa que gosta de olhar as outras pelas frestas, gosto disso e gosto de reunir meus amigos e pedir "fala isso para mim", porque, na verdade, é minha covardia de não conseguir ser atriz. Então, pego meus amigos e digo: "Vamos lá, vamos fazer." Isso tem muito a ver com o lugar onde cresci, uma cidade do interior, uma cidade universitária em Minas Gerais. Fui educada em colégio presbiteriano, até hoje tenho um pouco de medo do diretor da escola, no sentido de temer essas figuras de autoridade. Acho que escrevo também para horrorizar essas figuras. Fui muito bem domesticada, tive uma educação "deita, rola, senta". Vocês falaram com a Dione Carlos de insurreição, que é uma palavra que me serve muito, que me cabe bem. Acho que tudo o que escrevo vem desse desejo de insurreição, de poder falar. E penso na relação disso com a dramaturga, a mulher que fala, que pode existir com a fala, e sobre o que é essa fala. A dramaturgia é sobre a fala, muito mais do que uma elaboração, a gente escreve para ser dito.

Estamos no ambiente de uma metrópole, mas isso é uma coisa que as feministas discutem, a questão dos empecilhos internos, além dos empecilhos externos. Por que vemos tão poucas mulheres na política, por exemplo? Porque não são só os mecanismos externos, mas são anos de massacre para ter coragem de pegar um microfone e chegar em público e falar: "Vamos lá, vamos rebater, errar, acertar, falar de novo, e estar mais fortes na próxima." Ter confiança na própria fala. Para mim, essa é a revolução quando penso na dramaturgia, e se eu vou participar de uma mesa, eu sei que vou ficar nervosa. Fiquei pensando muito nisso. A mulher que quer escrever, ela tem que matar o anjo. A Virginia Woolf fez um texto, "Anjo do lar", em 1931, para falar sobre as mulheres. Então, para escrever, você tem que matar este anjo, porque está sempre com essa sombra aqui. Olha o anjo vindo aqui.

Não sei por que fui nessa direção, mas queria falar do meu tempo. Como o teatro veio para mim por uma via afetiva, de muito amor. Quando fui fazer faculdade, ou quando eu estava em Minas, no interior, não entendia muito porque algumas pessoas diziam: "Ah, não vou ao teatro, não gosto de teatro." Me indignava, eu precisava escrever para falar também com essas pessoas, que estão do meu lado, e tentar me comunicar com elas. E comunicar é sempre investir nas ideias das palavras, em *como* elas comunicam, como chegam, como não chegam, como a gente imagina que chegam. As voltas que elas dão para chegar, os ruídos, as escórias da fala. Eu amo muito os autores que trabalham assim, que investigam a fala, a palavra como estrutura no próprio texto.

Vivemos num tempo de muitas verdades absolutas. Tenho a sensação de que, principalmente nas redes sociais, com as *fake news* etc., chegamos num ápice de colocações. É tão confuso, respostas para nada, respostas para tudo. Essas dramaturgias que me motivaram a começar a escrever... Beckett, por exemplo. Quando o li pela primeira vez, tive um choque estético. Lembro dessa sensação. A sensação de uma dramaturgia que pergunta, trazendo um lugar de fragilidade, e quando digo fragilidade, não é no texto, mas de expor a minha própria fragilidade humana. Na peça "Esperando Godot", o personagem Vladimir pergunta ao menino: "Você não é infeliz? Você não sabe se é infeliz ou não?" A resposta do menino é: "Eu não sei, senhor." Isso me traz a esse lugar que a arte consegue alcançar, da precariedade humana. Acho que o teatro consegue aprofundar, chegar nesse lugar que é bonito e doído também, mas é um lugar de verdade.

Como diz aquele poema, da Emily Dickinson, "a beleza e a verdade são ambas a mesma coisa". Gosto desse lugar, de mais perguntar do que responder. É assim que funciona para mim, pois sou perplexa. Vivo aquela sensação diária de não reconhecer as coisas: "cadeira", "por quê?", "mesa". É uma sensação de perplexidade. Às vezes tenho a sensação de que as coisas que escrevo, os personagens que escrevo, são essas pessoas flagradas no momento de "não estou entendendo nada, não estou entendendo onde estou". E nesse lugar de perplexidade e delírio, de que eu gosto muito, é que a gente pode falar as coisas mais perigosas. Na verdade, é delírio, mas é lucidez extrema. Preciso ter essas situações que são delirantes, que são lugares como: "Agora vamos tirar todas as roupas, vamos tirar todas as coisas, vamos derrubar isso tudo, e podemos falar as verdades, as coisas perigosas."

JOSÉ FERNANDO PEIXOTO DE AZEVEDO:
Como tudo isso se traduz na sua prática? Você parte de temas, você parte de situações? Como essa sua experiência com o tempo presente se traduz na relação com os materiais? Como o material se configura para você e como você lida com ele no seu cotidiano como dramaturga?

SG:
Hoje mesmo, eu estava lendo o jornal e duas manchetes me impressionaram muito, uma seguida da outra. A primeira era: "As mulheres cortam o glúten desnecessariamente." E logo embaixo: "Venezuelanas precisam vender o cabelo para atravessar a fronteira e conseguir sair do país." Essas coisas me atingem e são disparadores para mim. Uma frase ou alguma coisa assim encontra aquele

lugar de mistério de que estávamos falando, um lugar em que o cérebro gosta de ser provocado. A gente joga uma pista e, no dia seguinte, há uma resposta; ou, às vezes, uma coisa que você ouviu hoje vai acontecer daqui a três anos, ou isso vai aparecer daqui a muitos anos na sua obra. São coisas que vou recolhendo, às vezes junto mesmo, pego um jornal e guardo, ou aquilo me perturba muito. Estou terminando uma peça agora que é sobre estupro, e partiu de uma notícia que li há, talvez, uns 3 anos, sobre meninas do Piauí que foram estupradas, mortas e jogadas em um abismo. E essa notícia ficou muito tempo comigo, e agora estou conseguindo terminar. Também trabalho com provocações lançadas ao cérebro, como David Copperfield, que se coloca em uma caixa com água e amarra tudo. Como você vai sair daí agora? É essa sensação de ter de se virar diante de um desafio que você mesmo lança para si. E é sempre a partir de um medo. Acho que escrevo sobre as coisas que eu temo, para conseguir lidar com meu medo extremo; para conseguir dialogar, elaborar e digerir o mundo deste lugar em que estou.

KIL ABREU:
Acho que tem a ver com as duas coisas, com o que você falou antes, com o que o Zé perguntou depois. É curioso, porque eu digo que a dramaturgia da Silvia é uma espécie de simulacro da estrutura tradicional de uma estrutura dramática, mas, se formos olhar, todas as categorias e os elementos estão distorcidos ou estilizados de alguma maneira. A personagem se apresenta como personagem, mas, daqui a pouco, começa a ter um comportamento fora da ordem, de maneira que já não é mais uma personagem. A mulher que adota a criança em Mantenha fora do alcance do bebê *é mais do que uma personagem, falamos de figura no sentido de uma retórica que não é nem um pouco próxima de nenhum tipo de realismo, de naturalismo, que talvez tenha a ver com essas urgências todas a que você se refere. Do ponto de vista da forma, como se fosse um simulacro de uma forma tradicional,*

mas de uma maneira estranha. Quem é que diz? O Dal Farra falou, em certo momento, de um realismo estranhado. Essa é uma parte. Ao mesmo tempo, tem essa coisa da mulher, pelo menos nas duas peças, no Mantenha fora... *e no* Marte. *No* Mantenha fora..., *é uma cena cotidiana, uma mulher que vai adotar um bebê, e daqui a pouco começam a surgir informações no entorno, que tornam aquela situação totalmente* nonsense, *de lobos que estão invadindo a cidade. E, no* Marte, *ainda que talvez tenha uma abordagem um pouco mais naturalista, é como se uma personagem corrigisse a posição da outra. São duas gerações de militância, a mãe se torna uma cínica, depois joga tudo para trás, e a filha é aquela que afirma a necessidade da intervenção na realidade. E nesse sentido talvez possamos dizer que essa é uma dramaturgia que tem o diálogo com as outras, tanto com a de Grace Passô, que ontem falou sobre isso de um outro lugar, quanto com a Michelle e a Dione, que acabaram de falar. Tem essa cena das mulheres, que está dada, mas que, no seu caso, é uma cena que tem, também, uma característica de estilo marcadamente singular em função de uma invenção das coisas pelo avesso.*

Vou retomar a pergunta, diante desse quadro, das coisas ditas por você e também aqui pelo Zé: neste panorama da dramaturgia contemporânea, como você se vê em relação às suas parceiras, que também tomam esse tema da mulher como referência, e em relação aos outros parceiros da sua geração, independentemente da questão de gênero?

SG:

Pensando outro dia na pergunta "o que é uma literatura feminina?", fiquei rindo sozinha. Falei, de brincadeira: "Será que o negócio é escrever com os seios?" E aí fiz essa provocação para mim mesma. Porque, ao mesmo tempo, o que eu escrevo passa por este corpo, e este corpo tem o seu lugar social, seu gênero etc., e as questões que nascem disso. Eu me sinto privilegiada agora, neste instante. A minha geração foi uma geração que não discutiu muito a questão do feminismo, aconteceu. E agora, de repente, de uns cinco anos ou mais para cá, a nova geração, beneficiada pelas redes, está se reunindo e discutindo muito mais, falando e criando conexões. Eu, por exemplo, me sinto feliz porque, no ano passado, participei do ZONA Lê Mulheres, que é um encontro organizado pela Magiu Pinheiro, e foi uma epifania para mim, parecia que eu tinha entrado numa banda e ia sair em turnê, ou coisa do gênero, porque encontrei tantas meninas dramaturgas maravilhosas escrevendo... Eu já tinha uma troca com algumas delas, mas conheci outras. Vi como isso está pulsando e como estão trocando e falando. A questão da fala é tão importante. Lia-se os textos umas das outras, e depois se discutia, e as discussões eram muito calorosas, muito legais. O que vejo é que ainda estou aprendendo.

Quando você falou, Kil, por exemplo, que via na seleção de textos do edital de dramaturgia que coordena, que alguns eram machistas, mesmo quando escritos por mulheres, me parece que vamos precisar de anos, mesmo. Vamos nos condicionando com questões e, agora, de repente, "opa, será que o que estamos dizendo não é machista?" Espere aí, você já pensou nisso antes? Eu mesma já me peguei, de vários modos, pensando sobre como formatamos nosso pensamento. Sou uma grande admiradora dessa nova geração. Por exemplo, Carolina Bianchi, eu amo — e se vocês não foram ver *Lobo*, vão ver!, Michelle, Dione, Grace, lógico, enfim, e outras que estão escrevendo muito, Magiu Pinheiro, Maria Shu. Sou muito feliz de poder trocar, gosto muito de trocar, ler textos de outras pessoas. Eu peço: "Ah, me manda um texto seu para eu ler." Quando falo desse lugar, é de um corpo de mulher que cresceu no interior de Minas. Ao mesmo tempo, percebo que, sim, minhas peças têm mulheres, questões de mulheres, que estão atônitas com o seu entorno e as normatizações advindas... e as normatizações do que é o seu lugar, do que foi construído até hoje, estão perplexas com isso e estão tentando sair desse lugar, de algum jeito.

JFPA:

Eu queria ouvir um pouco mais sobre essas inversões que o Kil citou. Quer dizer, como isso se opera, como você compreende essas questões e como isso se dá.

SG:

É difícil, nunca sei como responder, porque é assim...

KA:

Você se refere mais à questão da linguagem?

SG:

Sim. Aquela questão de vocês sobre o que determina a forma é muito boa e muito difícil de responder, porque o tema é que determina a direção da forma, então, o tema é esse cavalo selvagem, que fala: "Agora à direita, agora vou disparar e vou subir aquelas sete colinas, agora daremos voltas em círculos." Acho que o tema é que determina a forma, e traduzir dramaturgia foi o que mais me ensinou sobre isso. Quando tive que traduzir, precisei adentrar os mecanismos usados pelo autor. Aprendi muito no CPT [Centro de Pesquisa Teatral] sobre isso, a analisar um texto por dentro, vestir o casaco da pele do texto e não querer pensá-lo a partir do que achava que deveria ser dramaturgia, mas entender o texto pelos mecanismos e pela estrutura dele próprio, pelos pilares e pelas vigas que ele oferece. Escalar o texto a partir do que ele oferece e conseguir realmente dialogar com ele. No *Mantenha*, estava acontecendo essa entrevista de adoção, mas tinha também um lobo selvagem amarrado no palco, então não era uma entrevista que poderia acontecer num ambiente como aquele, num ambiente burocrático. Alguma coisa já instaurava outra camada. É como se eu construísse uma varanda para olhar as coisas de cima. Como se, desse modo, dessa outra camada, eu conseguisse ver melhor. Eu poderia ter feito uma entrevista literal, uma entrevista de adoção, como acontece na vida real. Mas ter um elemento de estranhamento nesse ambiente de entrevista já traz a possibilidade de discutir a essência do lugar, que era, para mim, discutir a maternidade, a paternidade. E sobre uma mulher escrever sobre maternidade, tema visto como feminino porque a peça fala de adoção, de uma mulher que quer adotar... Quando, na verdade, eu na peça queria falar sobre os lobos selvagens no ambiente. Tem um poema do Philip Larkin que me inspirou nessa peça e que diz algo mais ou menos assim: "Passa-se a dor adiante: fossas num mar que só fica mais fundo." É essa a questão da qual eu queria falar: "Dá o fora, pois, tão logo possas/sem pôr nenhum filho no mundo."

Era uma questão existencial, muito urgente para mim, e poder instaurar esse estranhamento, que não acontece racionalmente... não sei até hoje o que quer dizer exatamente esse lobo. Esta é a parte que foi mais legal da recepção da peça porque muitas pessoas, depois, vinham falar comigo: "O que é esse lobo, o que quer dizer?" E aí elas me contavam suas interpretações, e isso me fazia conhecê-las, quase como se estivéssemos em um confessionário. Tinha, por exemplo, gente que falava: "Nossa, aquele lobo que solta a franga." Isso porque o diretor, Eric Lenate, o colocou para dançar no final. Ou coisas como "aquele lobo são os refugiados". Havia tantas interpretações, o que acabou me ensinando sobre algo de que eu sempre gostei, que está no teatro do absurdo, ou nos teatros de que gosto, no Surrealismo etc. É uma busca minha ter essa obra que abre janelas dentro de janelas, portas dentro de portas e vai entrando e adentrando. O dramaturgo espanhol Sinisterra — o Pedro Brício me convidou para assistir a uma aula dele quando estávamos em Madri —, fala: "apelemos à imaginação do espectador", porque imaginar é um prazer, é não subestimar o lugar do espectador, que é o de criar a obra junto com você, de completá-la da forma que lhe couber, da forma que lhe der mais prazer. Ou ter dúvidas, muitas dúvidas, porque a dúvida e a pergunta não são a solução, mas geram atalhos, e gerar atalhos movimenta.

ISABEL DIEGUES:

Você falou do público, podia falar um pouco, então, para quem você escreve, a quem endereça o seu trabalho?

SG:

Não sei responder a essa pergunta, fiquei pensando muito sobre isso, porque eu escrevo também com muita raiva, tenho muita raiva das coisas que observo e me deixam perplexa. Escrevo um pouco com vontade de incomodar, escrevo também para o meu inimigo, que sou eu mesma. É um jeito de me confrontar, porque escrever dramaturgia é um pouco revirar o próprio lixo, temos essa obrigação, antes de escrever qualquer coisa, senão caímos no maniqueísmo. Uma coisa que me interessa muito na dramaturgia é investigar essa contradição humana. Em *Marte*, fui muito fundo em olhar as personagens por dentro e entender suas contradições, não colocá-las só em julgamento, abraçar as contradições, que são minhas também, e que eu enxergo, que são sobre mim mas funcionam como um sintoma da sociedade, do meu tempo. Tratar delas é registrar o nosso tempo, ainda não que seja sobre mim, novamente passa por esse corpo, que também sofre os sintomas e vira sintoma do que vivemos.

Vivo um lugar de contradição com o público, ou seja, não posso entediar esse público, tenho que criar atenção, não posso deixar esse público dormir. Mas, ao mesmo tempo em que quero que ele me ame, também tenho vontade de falar umas verdades na cara dele. Quando comecei a escrever, eu era muito tirânica nessa raiva, e, com o tempo, você vai descobrindo que a dramaturgia é melhor para a vida do que para o próprio fazer, porque te obriga a entender as contradições das pessoas, a investigar seu próprio lixo e ver que, como Harold Pinter diz, não há a verdade. Aliás, o que é verdade, o que é mentira? Uma coisa pode ser ao mesmo tempo falsa ou verdadeira, assim como uma pessoa pode ser tantas coisas, e às vezes julgamos tanto. Eu me obrigo a olhar um personagem e a amá-lo. Não me obrigo, na verdade, mas acontece, você acaba amando os personagens.

KA:

Tem uma coisa que você fala que acho bem bonita e bem dolorida também. No Marte, *por exemplo, é lógico que há uma questão de correção política, sempre nos aliamos, queremos nos alinhar com o lado que está melhor na foto, sobretudo hoje, mas é muito dolorido ver o personagem da mãe, que a Selma Egrei faz, e se reconhecer nele. Quantos de nós, se não completamente, mas quantas lutas não abandonamos e quanto de cinismo há em nós mesmos, não é? Essa compreensão da totalidade da personagem é muito bonita, a maneira como você também compreende isso.*

SG:

Mas é dolorido. O dramaturgo francês Koltès escreveu uma carta para a mãe dele que dizia algo como: "Mãe, desculpa, não estou conseguindo ligar para você nem visitá-la porque estou escrevendo uma peça, e a cada peça que escrevo, perco dez anos de vida." Morre-se um pouco. Tenho a sensação de que a cada peça que escrevo, para atingir esse lugar... Porque me proponho, tenho esse compromisso, uma obrigação, o teatro é isso, você tem que ir fundo, eu acredito nisso. Às vezes é dolorido. Às vezes é uma contaminação. É como uma bactéria, que vai contaminando, você vai ficando doente, e depois que você escreve a peça, você já não é mais a mesma pessoa, na próxima peça você já é outra pessoa escrevendo. De certa forma, uma peça é algo que morre, uma criação é algo que morre dentro de você. Essa bactéria gerou um cadáver. Tenho até uma repulsa pelas peças imediatamente depois que as escrevo. Só anos depois consigo ler, mas aí não sou mais aquela pessoa. Hoje sou outra pessoa, a mulher que escreveu o *Bebê* já não é mais a mesma. Só consigo reler e entender melhor anos depois; só anos depois faço as pazes com aquilo. Mas uma peça nunca é feita só de um elemento, são várias coisas que vão perturbando e contaminando.

JFPA:

Essa escrita está relacionada ao convívio com atores, a grupo de atores? Quando você escreve, independentemente de uma relação com os atores — você falou da experiência no CPT *—, como se dá? Em que condições você escreve?*

SG:

Gosto de escrever solitariamente, é um prazer que eu realmente tenho. E isso não quer dizer que eu não troque, mando muitos textos para as pessoas lerem, faço leitura com meus amigos, mudo, troco, e, no *Marte*, fiquei trocando de cena até o último minuto. O Gabriel Paiva, que dirigiu a peça, me recebia nos ensaios. E eu pensava: "Ah, não está bom." Vou refazendo ao ouvir os atores. Mas chega uma hora que tem de parar. Dá uma angústia. Adaptei Murilo Rubião, escritor mineiro. Me identifico um pouco com ele, porque o Rubião escreveu só 33 contos na vida. Porque ele reescrevia. Ele é chamado de o reescritor infinito, reescrevia infinitamente, chegou a publicar um livro, vendeu, passou para os amigos e depois recolheu tudo com eles, consertou livro por livro, à mão, o que queria mudar. Se deixar, eu fico nesse limbo infinito da reescrita.

JFPA:

Você tem uma relação com os atores?

SG:

Basicamente é isso, escrevo muito, troco e vou aos ensaios, ouço, mas tem um momento, o primeiro momento, que é solitário e no qual tenho muito prazer. Eu vou e experimento. Essa próxima peça, estou querendo muito experimentar junto, porque estou sentindo um desejo cada vez maior de controlar a cena, as minhas rubricas estão muito tirânicas, estou tentando me controlar, não sei o que isso quer dizer, sinto vontade de estar mais perto da cena na direção. Mas, como tenho muitos amigos, penso, mais ou menos, neles falando o texto. Escrevo também com essa experiência de atriz, falo muito sozinha, ando na rua falando sozinha. Vou falando as coisas, pensando como isso é dito... Queria falar, mas não tenho coragem, então chamo a Michelle, a Yara de Novaes, a Débora Falabella, a Debora Gomez. Chamo meus amigos e eles me ajudam a falar o texto. Eu me sinto muito privilegiada por ter muitos amigos no teatro, até por causa da Yara, que é minha tia, e eles me ajudam a pôr as peças de pé. Comecei pela via do afeto, acho que continua sendo assim, um amigo dá a mão para o outro e diz: "Vamos lá, vamos fazer isso, vamos com dinheiro, vamos sem dinheiro, enfim, vamos fazer."

KA:

Claro que cada caso é um caso e às vezes as rubricas são indispensáveis, tão indispensáveis que às vezes o texto é feito só de rubricas, mas você falando desse seu desejo de estar mais junto, me trouxe a seguinte questão: ela é meio difícil de responder para a maioria dos dramaturgos, sobretudo em público: Qual tem sido sua impressão das montagens dos seus textos? Porque há textos que são abertos, que têm muitas linhas de fuga, do ponto de vista do que pode vir a ser a encenação. Como tem sido a sua impressão, como autora, das encenações dos seus textos?

SG:

Gostei muito de todos, acho que tive muita sorte, porque também tenho isso de conseguir dialogar com os diretores, dialogar mesmo, profundamente, de as pessoas que dirigiram realmente gostarem do texto sem querer impor outra linguagem. Tive muita sorte, porque dialoguei muito profundamente com essas pessoas.

A minha maior alegria, desse lugar da obra aberta, é ver o que elas imaginaram em cima daquilo, são coisas que às vezes nunca passaram pela minha cabeça. Acho incrível isso no teatro, juntar muitas mentes criando uma coisa, e aquilo produzir uma obra que você nunca poderia fazer sozinha, porque é a soma de muitos universos, microuniversos que vão se juntando para criar uma coisa grande. É muito prazeroso perceber que o texto despertou uma tal coisa. Mas aconteceu, por exemplo, de leituras, até em Madri, de *O céu cinco minutos*, em que o diretor estava levando assim: "Ah, a personagem sofreu abuso do pai", e não era nada disso. Ou "a personagem é esquizofrênica", e não era nada disso. São erros de leitura, e tive que falar: "Não." Não sei se o texto ficou aberto demais e deu essas margens, mas ele perguntou e falei que não era. Já aconteceu de ter uma leitura em que falo: "Não, não é." Mas ele me perguntou, então coloquei. Me deixaram livre para escrever, cada um tem que ficar livre para fazer, para somar.

KA:

Lembrei de uma frase. Francisco Carlos estava aqui, ontem, fizemos uma pergunta parecida, sobre a leitura de um texto dele. Na hora em que falei para ele comentar, o grupo fez a leitura, e ele disse: "A gente escreve o que quer e vê o que não quer." Ele abriu uma discussão com isso.

SG:

É a soma de muitas histórias, muitas cabeças, e isso é muito bonito. Em geral, gosto muito de ver o que o texto despertou.

EMANUEL ARAGÃO

EMANUEL ARAGÃO:

Fiquei olhando as perguntas, pensando, achei muito boas, incríveis, complicadas de se falar a respeito. O Pedro Kosovski estava ali fora estudando as perguntas, porque ele vem depois. Eu falei: "Pedro, eu não sei falar nada disso, não sei responder a nenhuma dessas coisas." Fiquei pensando, fiquei com vontade de falar. Mas vocês querem começar por onde, como é que é, o que vocês pensaram?

KIL ABREU:

Por onde você quiser.

EA:

Pensei sobre duas coisas que para mim estão muito urgentes, que são quase a mesma coisa: as condições de produção e a relação com o público. Entrei no final da fala do Pedro Brício, queria encontrá-lo, ele já sumiu de novo. Queria perguntar como ele está sobrevivendo, como está pagando as contas. Porque esta, para mim, é a questão mais importante agora: como eu escrevo o que quero e pago o que eu não quero, ou pago o que eu quero, mas não queria pagar. E isso está diretamente conectado à condição de produção e à relação com o público. Estamos aqui contando essa conversa no Sesc São Paulo, que é uma espécie de ilha de produção, de possibilidade de produção, no Brasil. A situação no Rio de Janeiro é mais difícil, mais estranha. Nós, basicamente, não temos mais como fazer. De 2015 para cá, eu fiz, basicamente, duas coisas ao mesmo tempo. Fiz uma peça, *Hamlet*, aqui, exatamente neste palco, e essa peça ganhou o edital da Oi Futuro. Pedimos 300 mil reais para fazer a peça, e deram 100 mil reais. E tivemos que agradecer, porque era o que tinha. Ensaiamos seis meses, que era o tempo de que a gente precisava, com 100 mil reais, para montar uma peça. Tem um amigo meu que fala que montamos peças que custam 1 milhão com 100 mil. Esse é o nosso problema, montamos peças de 1 milhão com 100 mil reais. Está errado. Mas depois a peça andou, montamos no Banco do Brasil, que pagou um pouco mais. Depois fizemos aqui. No fim das contas, o único lugar que, de fato, pagou o trabalho que foi feito foi o Sesc Ipiranga, porque fizemos uma temporada da peça já montada, mas tinha isso, já estava montada, e recebemos pela temporada. Recebi pela temporada aqui mais do que recebi para montar a peça. Estranho, não é? E para pagar as contas na Zona Sul do Rio de Janeiro, ali no nosso quadrilátero? Para pagar o aluguel, enquanto fazia o *Hamlet*, escrevia ensaios de televisão e longas-metragens, *blockbusters* do Paulo Gustavo e da Monica Martelli. Passei o ano passado fazendo o Palco Giratório,[1] viajando por quarenta cidades, montando *Hamlet*. Estava ouvindo a

---

[1] O Palco Giratório é um projeto do Sesc reconhecido no cenário cultural brasileiro como um importante projeto de difusão e intercâmbio das Artes Cênicas, intensificando a formação de plateias a partir da circulação de espetáculos dos mais variados gêneros, em todos os estados brasileiros, nas capitais e no interior, desde 1998.

Silvia Gomez falar que, depois que você escreve uma peça, você já não é mais a mesma pessoa. Depois que você faz o Palco Giratório, você não é mesmo a mesma pessoa.

É uma situação meio esquizo, meio maluca, de estar fazendo uma coisa totalmente autoral e livre, e de ter que fazer um outro troço, que, para mim, era bizarro de fazer, mas eu tinha que fazer para ganhar a vida que eu tinha inventado — porque tem várias vidas possíveis, mas havia aquela que eu tinha inventado para mim. Me demiti da quarta temporada do *Homens são de Marte...* Falei: "Chega, não vou mais fazer isso", e comecei a pensar se era possível fazer alguma peça que se pagasse por bilheteria. E o que isso implicava? Para mim, para a escrita, para toda a estrutura, que bilheteria era essa? Quem pode pagar por uma peça de teatro, quem quer pagar cinquenta reais, sessenta reais, o quanto custe? Que público é esse? Isso implica uma série de outras coisas sobre as quais eu nunca tinha pensado na vida. Antes eu tinha o edital, ou então eu era jovem e isso não importava, eu ia escrever mesmo, porque precisava escrever, por conta dessa necessidade louca de falar algumas coisas, como a Silvia estava dizendo. Mas essa necessidade foi diminuindo um pouco, fui me gastando. À essa altura, penso em como faço para conseguir me sustentar me comunicando, conversando com as pessoas. Estou nesse momento. É engraçado, porque ontem eu estava em Goiânia, fazendo a estreia de uma peça nova, e é a primeira vez em que faço uma peça paga com bilheteria. Não deu muito certo, mas vamos tentando. E, pensando nisso, porque a Lei Rouanet já não funciona e vai acabar... Não funciona porque é o cara do Bradesco que vai dizer quem vai ganhar aquele dinheiro, é uma aberração, nós sabemos, os incentivos públicos no Rio são uma aberração. Então, fico pensando como fazer. E o problema é que nesses anos que passei incentivado, meu teatro de pesquisa foi se afastando da minha relação com o público. São muitos públicos que existem, é óbvio. Mas como fazemos para nos comunicar com as pessoas? É nisso que estou pensando agora. É isso que eu queria dizer, basicamente.

JOSÉ FERNANDO PEIXOTO DE AZEVEDO:
Talvez nós pudéssemos avançar nessa direção, porque há uma questão objetiva no financiamento e nas condições de produção, e isso também é um debate. A história do teatro brasileiro é a história da falta de subvenção, desde o João Caetano. Quais são as implicações formais que essa demanda de comunicar com o público pressupõe?

EA:
Eu estava ontem pensando exatamente nisso ao estrear a peça em Goiânia. O primeiro pressuposto é o título da peça. Tive que fazer uma peça chamada *Tudo o que você sempre quis dizer sobre o casamento*.

JFPA:
Como?

EA:
Tudo o que você sempre quis dizer sobre o casamento, porque aí talvez alguém vá. A primeira coisa a se pensar é como fazer as pessoas entrarem no teatro, porque as pessoas não vão ao teatro. Você está em Goiânia, tem cinquenta reais para gastar no seu final de semana. Você vai para o teatro? Você não vai para o teatro. Então a primeira questão formal é o título. Fiquei muito tempo pensando num título possível, porque meu título seria uma coisa estranha. E isso tem muito a ver com a forma. Afinal de contas, para mim, o teatro sempre teve uma coisa estranha, que nunca consegui resolver, e ultimamente tenho ficado um pouco mais à vontade com isso depois do *Hamlet*. O *Hamlet* não tem texto, nunca teve um texto formalizado, e, à medida que nós fomos andando no Palco Giratório, ele foi se perdendo mais ainda, a ponto de

não terminarmos a peça em alguns lugares. Terminamos o Palco Giratório sem terminar a peça. Eu queria muito contar isso para o Antônio Martinelli, porque ele viu a montagem aqui, e o que aconteceu depois foi o seguinte: eu abria a peça e a coisa ia indo, ia indo, indo e não terminava. Um dia falei: "Gente, acho que já fizemos a peça, já conversamos." Para mim, uma coisa estranha do teatro é o local de presença, de estar vivo aqui, só que você escreve um texto lá atrás e ele vai ser montado depois, e ele está engessado. Isso sempre foi muito angustiante. E aí eu lá com as encenações das minhas coisas, falava: "Que merda esse troço parado aí. Não é isso. O que importa o que eu escrevi? Fala outra coisa, fala o que você está querendo falar." Isso é muito angustiante. Entendi que eu mesmo tinha que fazer isso. E o *Hamlet* veio daí. Falei: "Chega! Chega do atravessador do ator!." Vou fazer, não posso mais reclamar do ator, porque eu reclamava. Então, vou fazer, primeira coisa. *Tudo o que você sempre quis dizer sobre o casamento*, que estreamos ontem no Sesi Goiânia, essa peça não tem um texto, ela tem uma sequência, mas precisamos tentar conversar. A primeira coisa que pensei é que aquele teatro não era meu. Aquele teatro, do Sesi, era deles, era daquelas pessoas que estavam ali. O estranho ali era eu. A necessidade de comunicação não é a primeira coisa em que pensamos. Em geral, estamos falando com a plateia e saímos da peça falando: "O público hoje estava estranho, não é?." Estranho é você (você, eu...), que não sabe onde está e não tem capacidade, possibilidade de viabilizar um diálogo, de fato. Como estamos aqui, estou tentando viabilizar um diálogo com você. Você me perguntou uma coisa, estou tentando pensar como faço para explicar no que estou pensando. E não fazemos isso em teatro, em geral. Nós falamos o que precisamos falar e isso se formaliza ali, vira aquela coisa que nós adoramos, aquele texto que achamos lindo. Esse texto se relaciona pouco com o mundo real. O que é o mundo real? As pessoas que estão ali.

Outra coisa do ponto de vista da necessidade formal é que o texto não deve estar formalizado. Ele deve poder se alterar em função de quem está ali, ou de quem você supõe que esteja ali, porque você não sabe quem está ali, de fato. Mas tem uma coisa que já fazia no *Hamlet*, e que continuo fazendo agora, que é receber as pessoas, vou tentando entender quem são elas. Quando estão chegando, deixo a luz acesa e, a partir daí, vou tentar falar com elas. É tosco, eu sei, são mecanismos bem rudimentares, mas é o que estou tentando fazer agora. Vou tentando porque acho que perdi um pouco a vontade de falar, *stricto sensu*, porque me parece que estamos cada vez mais fechados em microbolhas e não estamos mais conseguindo falar com a pessoa ao lado. Se ela tem um grau de separação de você, quer dizer, se ela vota na Manuela D'Ávila[2] em vez do Guilherme Boulos[3], você já não fala mais. Está ficando puxado para mim, preciso falar com mais gente, até para poder pagar o aluguel, porque se for só com quem gosta do Boulos, não consigo pagar o aluguel.

ISABEL DIEGUES:

Parece que, a partir do Hamlet*, você abandonou o texto estruturado, digamos assim, mas antes disso já havia outros mecanismos que também lidavam com essa construção ao longo das peças, ao longo do embate com quem estivesse presente, inclusive misturando, às vezes, os atores com a plateia. E o texto se formava ali. O que é diferente do que você fazia antes para o que você fez a partir do* Hamlet*?*

EA:

Fui tentando de vários jeitos, estou tentando, daqui a dois anos vou estar falando outra coisa, obviamente, espero. Acho que a di-

2 Nas eleições presidenciais de 2018, Manuela D'Ávila declarou pré-candidatura pelo PCdoB e depois se oficializou como vice do candidato Fernando Haddad, do PT.

3 Candidato à Presidência da República em 2018 pelo PSOL.

ferença... Quando fizemos o *Nada* no SESC Belenzinho, com os Irmãos Guimarães, a partir do Manoel de Barros, escrevi com eles, era uma situação de festa, as pessoas entravam, o público estava junto com os atores, aquilo ia indo, mas havia um texto. Tentativas de um texto. E terminamos, eu e Adriano Guimarães (ainda bem que ele não está aqui para falar isso), muito incomodados com várias coisas que os atores faziam. Aí decidimos fazer o *Hamlet*, que foi uma ideia dele, comigo interpretando, e essa era a diferença fundamental, que era ele dizendo assim: "Nós não vamos mais reclamar dos outros, nós vamos reclamar de você, está bem, Manu? Beleza." Isso faz toda a diferença. Não posso cobrar das pessoas que estejam abertas para um diálogo em que talvez não estejam a fim de estar.

Tentei me valer de vários tipos de mecanismos de ativação de diálogo. Em *Não tem nem nome* entrevistávamos cada espectador por uma hora e meia antes de fazer a peça. Passávamos a semana entrevistando as pessoas, os espectadores, para depois sentar e tentar fazer a peça com eles. Mas dava muito trabalho. Desse jeito realmente não tinha como pagar as contas. Era o tal do máximo de esforço com o mínimo resultado, que foi minha máxima por muito tempo. Eu falava: "Arte contemporânea: máximo de esforço, mínimo de resultado." Estou tentando inverter um pouco agora, porque senão ninguém aguenta. Também virei pai, tenho obrigações, e tem toda essa discussão, por exemplo, sobre a escola pública que nós poderíamos ter. Acho, Bel, que a mudança mais radical depois do *Hamlet*, especialmente depois do *Hamlet* no Palco Giratório, foi encontrar com as pessoas nas cidades delas, de verdade, e entender que eu tinha que lidar com aquelas pessoas se eu quisesse fazer isso na minha vida desse jeito, e que eu tinha que conseguir. Quando nós começamos o Palco Giratório, fomos para Fortaleza, e a Denise Stutz estava lá, fazendo o *Finita*. Vi o *Finita* várias vezes e nós vimos a Denise fazendo, já muito mais calejada do que eu, uma certa "facilitação" do *Finita* para as pessoas. Eu vi e falei: "O que a Denise está fazendo? Por que ela está fazendo isso? Que bobeira. A peça tem a essência dela." Quando o Palco Giratório terminou, pensei: "Cara, lógico que a Denise estava fazendo isso, não é facilitar, é tentar se comunicar, e como se faz?". Não estou falando em diminuir o grau de complexidade, não é isso. Mas procurar saber como se faz para ter um diálogo, mesmo, com as pessoas. Aí entendi, acho, porque não tinha, de fato, saído do eixo Rio-São Paulo, ainda, e de dentro da bolha do eixo, do Sergio Porto, do Sesc Copacabana, dos Sesc Belenzinho, Pompeia, Ipiranga (o Sesc São Paulo é uma exceção, de fato, porque tem gente que vem ver, então, é uma outra situação). Tenho aquela frase clássica de quem trabalha no Sesc: "Sesc não é Brasil, é Sesc." É uma fala real no maravilhoso sentido e no mau sentido, porque tem o outro lado. Mas acho que tem essa mudança.

KA:
Como se chama o espetáculo, o mais novo?

EA:
Tudo o que você sempre quis dizer sobre o casamento.

KA:
Vou lhe confessar uma coisa engraçada e bem preconceituosa também. Eu estava falando com Bel e Zé. Como conheço pouco seu trabalho, dei aquele Google para estudar um pouco, e caiu uma notícia sobre essa peça. Eu disse: "Não é esse dramaturgo, não pode ser esse, com uma peça com esse nome, não pode ser."

EA:
Mas é isso.

KA:

Foi exatamente o que aconteceu. Mas o que eu queria lhe perguntar, ainda na linha que vocês começaram, é: O que tem sido isso? Só mais uma discussão sobre dramaturgia? O que é essa experiência dramatúrgica, pensando sobretudo no Hamlet, *e também, provavelmente, sobre esse espetáculo de que você está falando? Não estamos falando só do texto como escrita ou como alguma coisa que pode ser atualizada em cena, mas de uma relação, como diz o Zé, de um dispositivo que se arma para que a dramaturgia venha. A dramaturgia está aí, aberta, não só naquele sentido tradicional que dizemos de textos que estão em aberto para interpretações, mas que se constroem efetivamente nessa abertura, no contato com a plateia. Eu queria lhe perguntar isso, para falar um pouco dessa experiência. Como foi o Palco Giratório, como foi a experiência de construção efetiva da dramaturgia?*

EA:

Cada peça tem um dispositivo, no final das contas. No Palco Giratório, no *Hamlet*, especialmente, nós fazíamos o seguinte: tinha a narrativa do *Hamlet*, uma base que já estava dada. Do *Hamlet*, nós abríamos coisas que fazíamos, eu e o Adriano, muito neuroticamente. A cada dia, antes de encenar, sentávamos por três horas e discutíamos tudo de novo, no camarim. E abríamos quais questões estavam vibrando para nós naquele momento a partir do texto, da vida, das coisas que estávamos lendo, pensando. Discutíamos e várias vezes falávamos: "Não tem mais sentido fazermos essa peça." Constantemente acho que não tem mais sentido fazer as peças, declaro que acabaram. Ele tinha esse mecanismo de atualização de pensar quem era ele naquele dia para poder fazer uma interpretação daquele *Hamlet*, que possibilidade eu tinha, naquele momento, de fazer aquilo. No Palco Giratório, isso foi caminhando assim, até chegar ao limite de, num dia, não se fazer a peça. Porque várias vezes a peça, no Palco Giratório, tinha a experiência de um público de adolescentes, que vinham e só estavam ali para cumprir presença. Como eu vou lidar com quinhentos adolescentes que estavam ali obrigados? E a peça era um monólogo de duas, às vezes três horas, três e pouco, mais que isso até. Eu, na cadeira, falando coisas. Como se faz? Eu tinha que fazer isso, tinha que atualizar o negócio, senão não tinha jeito. Então, foi caminhando assim. Essa peça de agora tem um dispositivo um pouco diferente, porque é em dupla, eu a faço com a minha mulher. E foi muito engraçado, ontem, porque ela nunca tinha feito teatro na vida, ela faz cinema, é atriz, mas nunca tinha feito teatro, e ela queria ensaiar. Eu falava: "Não vou ensaiar, posso te dar as deixas todas, que, supostamente, são de mulheres que você fala, mas não vou ensaiar, não consigo ensaiar." Ela: "Mas como assim?". Eu falo: "Não tenho como ensaiar se não tem ninguém olhando, entendeu? Nós fazemos a peça para as pessoas." Ela achou que eu estava brincando. Mas é verdade. Começou a peça, comecei a falar uns negócios para as pessoas, e ela falou: "O que você fez? O que você estava fazendo?". Falei: "Eu estava conversando com as pessoas." E a peça virou outra coisa. Para mim, é maravilhoso que possamos fazer isso e que tenhamos essa liberdade. Só que em uma estrutura de dupla é mais estranho, porque como você entende o lugar desse outro, além dos outros?

JFPA:

Pensando na relação com o público, o Pedro Brício estava descrevendo a experiência de um musical que tinha um público de 1.500 pessoas por sessão, uma coisa extraordinária, mas será que esta relação com o público está ligada a temas que são urgentes? Porque pode ser que o cara tenha ido lá ver o Hamlet *e viu outra coisa, foi ver uma peça sobre o que dizer sobre o casamento e viu outra coisa. Porque, ouvindo você falar, me parece que há — posso falar a partir da experiência paulistana — uma dramaturgia que emerge de experiências coletivas. O dramaturgo está muito ligado à experiência de um coletivo, escreve para aquele coletivo, e, num segundo momento, isso vai mudando e, ainda que o dramaturgo escreva para um determinado ator, essa experiência coletiva não é uma evidência. Me parece que na sua experiência esse coletivo não existe.*

EA:

Já existiu. Eu tinha minha companhia de teatro, teve tudo isso.

JFPA:

Porque me parece que, em algum momento, não é uma evidência que você está escrevendo para aquele ator ou que isso se resolva nessa relação. Então, isso é um problema, é uma questão, e se resolve na sua performatividade. Outra coisa são os temas, que, eventualmente, se traduzem numa relação mais direta, mais imediata com o público. Digo isso porque a Grace Passô, ontem, falava da experiência dela: "Tem um campo de produção", ela falava do teatro negro, "em que o tema não é um problema", as pessoas não estão atrás de tema e há uma relação muito direta entre quem está escrevendo e quem está vendo. Para o teatro negro, o público não é um problema. De fato, não vejo o teatro negro se preocupando com o público, não é esse o problema, é outra coisa que está em jogo ali. Ouvindo você, fiquei pensando: "Quais são esses temas, então?" Porque, lendo seu material, é muito evidente que há um dispositivo, que, em geral, você até traduz no final, nos epílogos, quando cita o Pier Paolo Pasolini, falando da relação entre a ficção e a realidade, entre a ficção que é interrompida e essa realidade que permanece em processamento. Mas são temas muito localizados, socialmente falando há um universo de classe média, algo operando ali. Você sabe para quem está escrevendo ou para quem quer escrever?

EA:

Em relação a esses textos que eu mandei para cá, eu não estava nem um pouco preocupado com o tema, eu estava querendo falar o que eu queria falar, então, escrevia para mim. E a classe média sou eu, é de onde eu posso falar. Isso acontece. São textos, não todos, da fase da nossa companhia, e depois isso foi mudando. E tem os textos por encomenda, pois só consigo escrever sabendo quem vai falar. Nem tenho possibilidade de escrever um texto, nunca escrevi um texto. As pessoas já me falaram assim: "Ah, você tem algum texto que você queira montar?", e eu respondo: "Não, não tenho, não posso. Se você quiser que eu escreva um texto para você, podemos conversar." As pessoas me pedem texto às vezes: "Tem um texto que eu possa montar?." "Não, não tenho." E o dispositivo também tem a ver com isso. Quer dizer, quem é essa pessoa, qual é o lugar dela, de onde eu olho o lugar dela e como ela pode se relacionar com esse público? O dispositivo vai se desdobrar daí. O *Cine Gaivota* eu fazia também como ator. E quem fazia comigo era minha mulher na época. Mas agora penso que, nessa nova fase, o tema é fundamental. Por exemplo, falar de relacionamentos, temos que falar sobre isso, infelizmente, mais uma vez, não aguento mais falar sobre isso, mas parece que temos que falar. Queria falar sobre outras coisas, talvez sobre fobias, medos, estruturas estranhas, neuróticas, mas acho que não fariam tanto sucesso. Estou sendo irônico, mas não tanto.

ID:

Você escrevia para você e agora você está jogando para algum público, mas me parece que você está, um pouco, jogando no escuro ainda.

EA:

Jogando no escuro?

ID:

Você falou "não faria sucesso", eu quero falar sobre isso.

EA:

"Jogando no escuro" é [um título] bom. Já devem ter feito, não é? Como foi, Bel, o final da pergunta?

ID:

Disse que antes você escrevia para si mesmo, sobre aquilo que você tinha vontade de dizer. Você ia lá e dizia. E agora está pensando de outras maneiras, está falando sobre relacionamento. Quem precisa falar sobre isso? Isso não lhe interessa?

EA:

Claro que me interessa. Me interessa à medida que eu vivo isso, à medida que estou vivendo uma relação, que estou tentando sobreviver dentro de uma relação com o outro. Vamos falar sobre relacionamentos e a possibilidade do amor, da troca, da solidão, e de tudo o que se abre a partir daí, porque isso é um jeito de falar sobre a vida também, um jeito de você conseguir acessar o conteúdo último, que é o sentido da vida, ou, não o sentido, mas "que diabos" que estamos fazendo, como fazemos, como lidamos. No final das contas, é sempre sobre isso. É como se o relacionamento fosse uma espécie de porta de entrada, uma via de acesso viável para as pessoas, para que se possa falar do que é tentar viver, do que é conseguir acordar e fazer as coisas e dar conta de ser minimamente honesto, de se colocar, de experimentar as coisas, de estar no mundo, de se relacionar com o outro, no sentido mais amplo. Comecei a pensar que eu tinha que começar a fazer uma espécie de ponte, porque sentia que estava falando sozinho, é isso que quero dizer. Porque cada vez mais eu me sentia falando com cinco ou seis pessoas, as mesmas cinco ou seis pessoas que iam ver as minhas peças e que gostavam de mim, e que iam para o bar depois. Nós discutíamos coisas e era legal, mas... Não sei se eu estou me fazendo entender.

JFPA:

Fiz a pergunta porque você estreou em Goiânia, quer dizer, conheço pouco o teatro em Goiânia, mas imagino que seja completamente diferente de estrear em São Paulo, no Rio de Janeiro. Porque você está falando de público, da relação com o público, e na sua fala não consigo ver o público. Por isso citei as peças, porque lá há o dispositivo e essa relação com um certo público, estabelecido, de classe média frequentadora do Sesc, enfim. Agora, quando você quer ampliar o alcance, estabelecer uma conversa, que público é esse? Ainda que ele não seja imediatamente concreto, quando você pensa nisso, você imagina que público?

EA:

Essa, realmente, é uma boa questão. Porque o público é sempre uma ficção. Quem é o espectador, quem é o espectador médio, "que diabo" é isso? Não tem isso. Cada pessoa é uma pessoa. Realmente, cada pessoa é um universo com o qual você vai ter que lidar, mas a questão é como se consegue uma abertura para que haja mais universos sentados lá, e não menos. Isso é uma tentativa, mesmo. Então, o negócio do tema tem a ver com se abrir para as pessoas. Como é possível falar com elas, com tantas? É estranho, porque cada pessoa é uma. No final das contas, uma peça tem que ser feita para uma pessoa só, eu sempre falava isso: "Uma peça para cada pessoa." Como faz? A experiência coletiva do teatro, da coletividade sentada ali, é muito delicada. Ainda vamos estrear no Rio de Janeiro, mas eu falei: "Eu quero fazer essa peça em outros lugares antes", quero conversar com as pessoas depois do espetáculo; quero falar "E aí, como é isso para vocês, como foi, o que fez sentido, o que não fez?", e continuar conversando, para tentar entender, para tentar me deslocar um pouco do meu lugar. Se estou fazendo uma peça, tenho que tentar me deslocar desse lugar de classe média, branco, homem, da Zona Sul do Rio de Janeiro, artista. Não que eu vá deixar de ser isso, não vou. Mas como consigo ter choques com outras coisas? É uma tentativa, realmente, porque acho que corro o risco de estar cada vez mais fechado em meu discurso. Isso foi me agoniando muito.

KA:

Sem querer me estender muito nesse lugar, porque também é sua questão agora, parece que é uma aventura também, não? Porque, pelo que entendi, você está tentando habitar um lugar que não habitou antes. O seu projeto é novo. Qual é a sua expectativa em relação a isso?

EA:

Tentar sobreviver. Estou morrendo de medo. Na verdade, tudo isso é muito assustador, porque o lugar da escrita, da forma, da relação com as palavras, é um lugar que mais ou menos eu dominava. Não dominava no sentido de resolução formal, dominava a partir da minha relação com aquilo. Era sofrido, era doído, era tudo aquilo, mas eu estava lá. Agora, não sei o que pode acontecer.

KA:

Mas a expectativa de abertura, na verdade, significa um novo fechamento. Na verdade, uma abertura ou o fechamento de uma outra coisa.

JFPA:

Há um dado muito concreto, você está propondo um tipo de dispositivo que pressupõe um performer, e isso é muito específico. Não por acaso, é você que está ali. Quer dizer, pressupõe procedimentos, domínio de procedimentos, de lida com os materiais, da relação com o público. Isso é uma coisa, para usar o jargão, muito contemporânea: de uma performatividade radical. Por outro lado, você quer uma abrangência de público. Uma abrangência de público pressupõe que alguém pague...

EA:

Isso é terrível.

JFPA:

Isso é terrível. Mas esse que paga pode ser um edital, pode ser o Sesc, e pode ser também um público que possa pagar cinquenta reais para estar ali.

EA:

Estou pensando sobre isso o tempo todo. Mas como faço? Porque uma coisa não pode viabilizar a outra. É exatamente isso, mas eu estou querendo saber se é possível. O negócio da grana é muito terrível, é outra conversa, porque quem são as pessoas que podem pagar cinquenta reais? Tem aquelas que não podem. Então falamos: "Quanto nós podemos dar? De ingressos? Aqui, dessa casa? Quantos podemos fazer por vinte reais?." Nós fomos à universidade lá e falamos: "Vocês vão pagar 15 reais." E você vai tentando. Não é fácil. Mas alguém vai ter que pagar. É como meu analista, que não me cobra hoje em dia, mas de algumas pessoas ele cobra quinhentos reais. Porque tem gente que tem que pagar quinhentos reais para fazer análise. Quinhentos reais por uma hora de análise. É uma coisa surreal. Mas hoje em dia, realmente, é preciso encontrar maneiras, porque no Sesc Copacabana não dava mais, não consigo viver com aquilo, não quero mais escrever *Os homens são de Marte... e é pra lá que eu vou*. Não quero mais, Paulo Gustavo é ótimo, mas cansa. Para mim foi ótimo.

ID:

Eu estou curiosa para ver essa peça, porque você está pensando a relação, fazendo-a ao mesmo tempo, é a sua cara, fazendo um texto que é sobre relação.

EA:

Não sei se eu e a Flor vamos conseguir sobreviver.

ID:

É, vai ser incrível.

EA:

Sobreviver no sentido *lato*.

ID:

Em todos os sentidos. Obrigada, Emanuel.

PEDRO KOSOVSKI

PEDRO KOSOVSKI:

Eu me senti um pouco perdido. Não sei por onde começar. Na verdade, não, eu li as questões e achei boas, achei algo generoso. Mas, ao mesmo tempo, se vocês já tivessem determinado por onde começar, seria mais fácil. Vou começar então da primeira, que foi a primeira que eu li. Sobre as formas. O que mais me chamou atenção na pergunta é como ela termina, que é assim: "uma espécie de resultante do confronto entre os meios e procedimentos, a partir de certa intencionalidade." O que é mais forte para mim na pergunta é essa questão de uma "certa intencionalidade". O que venho percebendo é que a forma é sempre móvel, a forma é sempre perecível, sempre impermanente. E esse lugar da intencionalidade me parece ser o ponto-chave, tem a ver com as forças que te movem, mais do que com as formas apenas. O que te move para uma certa intuição artística a respeito de algo. O que te move fazendo dessa intuição artística um projeto, se adequando, aí, aos modos de produção.

O que te move dentro dessas estruturas, da produção, de realizar uma peça e o modo como você a realiza. Na verdade, o que essa questão "sobre as formas" me traz é que, mais do que um pensamento sobre as formas, é preciso pensar sobre as forças. Porque isso me parece a parte mais intangível do pensamento. E tem a ver com desejo, na verdade. E o desejo passa por uma esfera que tem a ver com o teatro. O desejo não é como a fantasia, que está no campo pessoal e privado, particular, só seu, fantasmático. O desejo está aqui. Está sempre num embate com as relações. Acredito que o teatro talvez seja o campo para isso. Como é força que, de certo modo, te atravessa, provocando certas sensações. Essas sensações são, muitas vezes, traduzidas como ideias, como intuições. E você tem o projeto, você começa a entrar num certo esquema de produção, converte aquilo numa criação, conduz. A partir daí você começa. Aquela criação passa a não ser mais nada sua. Passa a ser realmente de outra ordem. Pensar essa força é como se — depois eu posso até falar de cada trabalho — de um modo geral, você tivesse um tipo de intuição ou de sensação, que te leva a uma ideia. Eu sinto, geralmente, como algo no corpo. Como se fosse produzido um efeito no meu corpo. É como se meu corpo quisesse ganhar uma outra forma. E talvez a escrita seja como criar algum tipo de contorno junto com o seu companheiro, com as pessoas que estão contigo, criando para esse primeiro afeto que te atravessou. Quando você escreve, é como se o corpo ganhasse um outro caminho, um outro contorno. E, claro, ele não é mais meu. Porque talvez aquela coisa que te afetou também já não fosse minha. Ou seja, é meio cavalo, é meio o caminho, esse negócio de pensar as formas na criação. Acho que não interessa entender essa passagem da força para a forma. A cada trabalho que eu fiz há uma recusa de qualquer purismo formal. Eu rejeito qualquer ideia de purismo Acho que a forma, quando se tenta cerceá-la, ou se cobrar em relação a um certo programa, um projeto estético, de modo geral, não funciona: "Ah, eu faço esse teatro, esse gênero." Não consigo, é uma limitação minha. O que há, na verdade, é uma certa impermanência. Por exemplo, estou com um trabalho nessa mostra, o *Laio e Crísipo.*[1] O trabalho foi criado em 2014. Eu olho pra ele e penso: "Gente, o que isso aqui tem a ver com o *Tripas*?",[2] que é o meu trabalho mais recente. Eu não consigo reconhecer. Agora, enquanto força, eu consigo. Enquanto o que me moveu, eu consigo reconhecer.

KIL ABREU:
É possível nomear essas forças e esses desejos, mesmo que genericamente? Quais seriam as forças e os desejos que têm movido o seu trabalho?

PK:
É possível, normalmente, sim. É possível entender depois de uma série de trabalhos o que você vem nomeando. Você é movido por uma coisa, que pode passar por todos os campos, desde um lugar de denúncia, ou um lugar ligado ao encontro, que é o teatro. Quando tem essa força que move, o trabalho de criação é justamente a nomeação das coisas. O trabalho da escrita é esse nomear. É isso que eu chamo de um contorno. Tem alguma coisa que atravessa o corpo, cria algum tipo de sensação, alguma coisa que te tira um pouco de ti mesmo. E, claro, todo trabalho da criação é nomear e dar contorno. Respondendo à sua intervenção, tenho visto o que venho fazendo, e depois de fazer por uns

---

1 Estreou no Espaço Sesc Copacabana, com direção de Marco André Nunes, no Rio de Janeiro, em 2015, junto com *Caranguejo Overdrive*, na celebração dos dez anos da Aquela Cia. de Teatro como parte da programação Ocupação Aquela Cia.

2 Solo performático dirigido por Pedro Kosovski, com Ricardo Kosovski. Estreou no Sesc Copacabana, no Rio de Janeiro, em 2017. Ganhou o prêmio Questão de Crítica 2017 e o prêmio Shell 2017 na categoria Inovação. Recebeu indicações de Melhor Texto nos prêmios Shell 2017 e APTR 2017.

dez anos, você começa a perceber certos lugares que se repetem. Chegando à pergunta, se não há nenhuma forma prévia, se não há nenhum manual, nenhum programa ou projeto estético a que eu me alinhe, ou que eu possa dizer "eu sou x", o que começa a aparecer no continuar da obra são alguns desejos. Diria que o meu trabalho, desde 2012, vem se guiando basicamente pela questão da memória. E isso assume diversos modos de lidar com os materiais relativos à memória. Que tipo de memória está sendo trabalhada, formalizada? É uma memória coletiva, uma memória social. Mas o *Tripas*, por exemplo, parte de uma memória individual, sempre, claro, tensionada com o contexto cultural, do próprio fazer teatral. Isso surge num trabalho chamado *Cara de Cavalo,*[3] de 2012, quando eu tinha 29 anos, feito pela Aquela Cia.[4] Essa companhia que, estranhamente, é uma companhia de um diretor e um dramaturgo, não é uma companhia com atores, o que é uma anomalia, mas também reflete como é precário o modo de fazer teatro no Rio de Janeiro. Quando venho para São Paulo, sempre fico muito feliz porque dá uma certa sensação de que as pessoas realmente se interessam por teatro, e isto já é uma grande coisa. Eu moro no Rio, e estou num bom momento profissional, eu sei disso. Mas a sensação, muitas vezes, é a de que o que eu faço não tem nenhuma importância. Nenhuma. Claro, tenho interlocutores importantes, tem muita gente fazendo coisas importantes, sobretudo a galera jovem, que não está perdendo tempo.

---

[3] Estreou no Espaço Sesc Copacabana, no Rio de Janeiro, em 2012. Recebeu indicação ao prêmio Shell 2012 de Melhor Texto. Ganhou o prêmio Questão de Crítica 2012 de Dramaturgia.

[4] Companhia sediada no Rio de Janeiro, formada em 2005 pelo diretor Marco André Nunes e pelo dramaturgo Pedro Kosovski. Concentra sua atividade artística em duas linhas de ação: a ressignificação das relações entre cena, música e performatividade, e a pesquisa de narratividades possíveis a partir da memória coletiva do espaço urbano.

Voltando à questão da memória — isso me parece ter a ver com outra pergunta —, ela começa no *Cara de Cavalo*, que, na verdade, é uma virada no trabalho, é uma "chegada" ao Brasil. A gente vinha, a companhia, de quatro trabalhos ligados a adaptações literárias. Como a gente não consegue fazer adaptações literárias, como a gente só consegue trair os livros, a gente pegava os livros, via o que nos afetava, o que tinha de força e fazia a partir dali. Em 2005, a gente pegou a obra do Franz Kafka, *O processo*, mas muito atravessados por aqueles pequenos contos, aquelas fábulas, "A Muralha da China", aquela do gato e do rato... Pegamos essas pequenas fábulas e tentamos jogar isso em *O processo*. Depois, fizemos um trabalho em cima do *Subverter*, em 2006. Eu fazia como ator, ainda, dentro de um processo de colaboração, e naquele momento comecei a ter uma certa inspiração, ou essas forças começaram a me chamar, no sentido de que comecei a entender que o meu lugar era na escrita. E não é na escrita como ator, na cena. Então, em 2006, fizemos essa peça chamada *Subverter*, que era, na verdade, um atravessamento de *Os sofrimentos do jovem Werther*[5] interpretado pelo *Fragmentos de um discurso amoroso*, do Barthes, onde o Werther é citado várias vezes quando se fala do pensamento sobre o amor, o amor na contemporaneidade, mas saindo um pouco daquele conceito do Bauman, de amor líquido, do qual todo mundo fala. Era uma coisa mais Roland Barthes, uma coisa mais rigorosa, sem ideologia. Tinha um corpo que era dissecado, e era o meu corpo. Essa foi a última peça que fiz como ator. Eu ficava lá parado, pelado, sendo dissecado durante 30 minutos de olhos fechados, aí eu despertava, e gritava, e chorava a peça toda. Depois disso eu desisti, eu falei: "É melhor escrever, acho que já dei meu máximo como ator." E começei a escrever

5 Um romance escrito em 1774 por Johan Wolfgang von Goethe. Marco inicial do romantismo, considerado uma obra-prima da literatura mundial.

O lobo, que tem a ver com *O lobo da estepe*,[6] do Hermann Hesse, e toda aquela parte final do *Lobo da estepe*, que é "O Teatro Mágico". Depois a gente fez um outro trabalho chamado *Do artista quando jovem*, que, como o próprio nome diz, é, na verdade, uma traição ao James Joyce, ao artista, mas tem também coisas de *Ulisses*, *Finnegans Wake*, *Giacomo Joyce*, uma parte grande da obra do Joyce com que a gente se identificou. A partir daí, fizemos uma parada de 2006 até 2010. E o que fica claro nessa parada é que a gente estava fazendo há cinco anos trabalhos sobre cânones literários da Europa. Quase como que um exercício de formação, da possibilidade de ler esses clássicos europeus e tentar, de algum modo, ter uma formação enquanto artistas. E, através do teatro, experimentar um pouco uma briga com a ideia de adaptação. Porque adaptação é sempre extremamente empobrecedor, enfraquece a experiência literária. Você tem a vida inteira para ler um livro, você tem um recorte de tempo muito específico para ver uma peça. A adaptação fica simplificada. É preciso entender essas obras como a força de alguma coisa que havia sido criada como forma. Enfim, depois a gente faz uma outra peça chamada *Outside* — que tem muito a ver com *Laio e Crísipo*, em que a gente começa a usar a música —, depois da passagem dos *Sertões*, do Zé Celso, pelo Rio. Eu tinha vinte anos e foi uma experiência mágica poder ficar ali de vigília, na Gamboa, onde aconteceu a ocupação. Fiquei muito impressionado com o poder da música na cena. O *Outside* é de 2011 e é uma virada mais pop do trabalho. A gente começa a dialogar com um lugar mais pop, antes a gente vinha falando de lugares mais clássicos. Enfim, não vou falar do *Outside*, porque me interessa falar do *Cara de Cavalo*. Mas dentro

---

6 *O lobo da estepe* é um livro de Hermann Hesse, publicado em 1927. É considerado um dos melhores dos livros de Hesse e um dos romances mais representativos da literatura alemã.

dessa virada pop, fica uma questão: a gente, que vinha falando da literatura europeia, começaria a tratar de temas mais pop, da indústria cultural, das questões dos musicais. Como a gente conseguiu fazer um musical, um encontro musical, sobretudo no Rio? Há duas estratégias dominantes no musical: ou é musical biográfico, muito tradicional, ou é pastiche da Broadway. Formas mortas. Então, o que a gente tentou fazer foi subverter esse modelo. De certo modo, também trazer a música — aquilo que eu percebi no Zé Celso, em outros trabalhos, mas, sobretudo, nessa invenção dos *Sertões* lá no Rio. Queríamos emancipar a música dentro do teatro, fora daquele esquematismo dos musicais. Dessa forma, você pode estar vendo uma peça de teatro mas, por vezes, pensar que está diante de um show de rock. E a gente sabe a importância que a música tem, por exemplo, no teatro político. Basta ver toda a obra do Brecht. De certo modo, em *Outside*, era como se a gente tomasse de volta a música, e a toda uma estrutura de produção mais grandiloquente, se assim se pode dizer, para um teatro experimental, causando mais enfrentamento com um público burguês, de classe média, que era o nosso, ali, no Centro, na Zona Sul do Rio de Janeiro. Isto se esgota num momento. Já no *Cara de Cavalo*, pensamos: como é que a gente chega no Brasil? Porque, enfim, parece que as urgências, também políticas, começam a ficar mais agressivas. É um momento pré-2013, intuitivamente *Cara de Cavalo* foi um passo no sentido de politização, foi uma chegada à questões do Brasil, e radicalização do trabalho. Bem, eu estou querendo contar uma história. Mas qual história? Eu queria narrar alguma coisa que estivesse perdida. Como se através do teatro a gente conseguisse fazer emergir esse recalcado, essa coisa perdida, essa coisa jogada fora. Esse era o exercício. E fizemos o *Cara de Cavalo*.

Havia uma série de reportagens falando do *Cara de Cavalo*. Foi pelo jornal, e o jornal acabou sendo o próprio material de suporte para *Cara de Cavalo*. Estava muito em voga a questão do Fernandinho Beira-Mar, no Rio de Janeiro. Volta e meia surge isso, quando querem desviar um pouco o foco de atenção do que interessa ser debatido, encontram essa figura mítica da violência. Sempre uma figura mistificada do Rio de Janeiro. É assim que o Rio de Janeiro, lamentavelmente, se reduz no debate. Então, havia uma reportagem n' *O Globo* que eu achei muito curiosa. O que faz pensar que, muitas vezes, os repórteres são figuras importantes no jornal e que a reportagem não tem nada a ver com a editoria, conseguindo escapes interessantíssimos. A série de reportagens era com os companheiros de escola do Fernadinho Beira-Mar no Ciep. Sobre o que aqueles meninos, colegas de escola, tinham se tornado, anos depois, e como eles viam o Fernandinho Beira-Mar. E eu falei para o meu parceiro artístico: "Marco, a gente tinha que fazer alguma coisa assim." E aí ele disse: "Vamos fazer uma peça sobre o Fernandinho Beira-Mar." Até poderia, mas, primeiro, do ponto de vista da viabilidade de produção seria muito difícil, a não ser com o dinheiro do tráfico. É irônico, mas, ao mesmo tempo, também são coisas que passam na cabeça. "Por que você não faz isso?" Por medo, né? Ou por uma certa dúvida sobre como seria. E aí surgiu uma ideia. Em vez de tratar das urgências, poeticamente, no campo do presente, nesse presente que é como o *contemporâneo* do Giorgio Agamben, todo escuro, e que a gente tem dificuldade de ver. Para a gente que está vivendo a coisa, em sua presença, é muito difícil enxergá-la. Em vez disso, a estratégia foi voltar para o passado. Desse modo, eu cheguei na memória. Como se fosse possível iniciar uma certa gênesis, ou ir para a gênesis dessa imagem do Rio de Janeiro como cidade violenta. E quem são essas figuras, que, de certo modo, tal como Fernandinho Beira-Mar, não têm comparações, mas seu uso, como personagem, parece ser muito semelhante? Não tem nada a ver o Fernandinho

Beira-Mar com o Cara de Cavalo, não tem mesmo. Mas o modo como eles são usados, o tipo de operação que é feita simbolicamente, cabe algum tipo de comparação aí. Não seria por semelhança, mas cabe. Quem são essas figuras que, de algum modo, ocupam um certo lugar de fascínio e de expiação da violência. Essas figuras que são ícones, são nomes que atravessam a gente, mas parece que não têm corpo.

KA:

O Cara de Cavalo é anos 1970, não é?

PK:

O Cara de Cavalo é de 1964. Eu peguei muito material de arquivo dos jornais da época, do *Última Hora*. Isso foi a base do trabalho. Foi a discussão com esses materiais de arquivo, e sobretudo, com a relação de uma figura muito importante dentro desse imaginário do Cara de Cavalo, que é o Hélio Oiticica. O Zuenir Ventura conta sobre o Cara de Cavalo no *Cidade partida*, livro que trava uma discussão sobre o Rio de Janeiro nos campos sociológico e cultural. Mais que importante, ele é uma referência. Primeiro porque o livro surge logo após a chacina de Vigário Geral, que causou uma enorme comoção nos anos 1990. E depois, porque na primeira parte do livro Zuenir apresenta um olhar histórico sobre essa "espetacularização" da violência, discutindo os casos de bandidos "históricos" da cidade. Entre eles está Cara de Cavalo. *Cidade partida*, mais do que título, passou a se tornar uma expressão como costumeiramente naturalizamos a segregação econômica, social e racial do Rio de Janeiro. Mas também é importante fazermos a crítica dessa expressão "cidade partida", porque, como alguns pensadores da periferia falam, e eu concordo, a expressão "cidade partida" parece só contar para um lado, e para o outro não. Porque quem está na periferia tem que ir para o centro trabalhar, tem que ir para o centro se divertir. Isso é um dos problemas do Rio de Janeiro, gravíssimo. É diferente daqui de São Paulo, onde sinto mais circulação entre as partes. Mas, enfim, voltando, pegamos esses materiais, a relação com o jornal e a relação com o Hélio. Resumidamente, o que se diz do Cara de Cavalo é que ele era um bandido, que passava maconha, que era cafetão e ainda roubava o dinheiro de um bicheiro. É quando esse bicheiro pede para o Newton Le Cocq, que é uma figura icônica da Polícia Civil do Rio de Janeiro da época, uma espécie de mito, assim como o Capitão Nascimento, como o Rodrigo Pimentel. Essas figuras vão se repetindo. Não tem como a gente não fazer essas ligações, mas elas criam problemas. De todo modo, é encomendado ao Newton Le Cocq, pelo bicheiro, que vá matar o Cara de Cavalo, e na disputa quem morre é o Le Cocq.

Esse episódio dá início a toda uma campanha da polícia do Rio de Janeiro, junto com a imprensa da época, para alimentar um pouco a figura do Cara de Cavalo como um homem feroz, um homem mau, bandido, inimigo público número um da cidade. Dizem que, na fuga do Cara de Cavalo, um dos lugares em que ele se abriga é na casa do Hélio — quem fala um pouco sobre isso é o Wally Salomão. Os dois teriam se conhecido por conta da relação do Hélio com a Mangueira. Mas não sei. E acho que é Wally Salomão quem faz a menção a uma obra de Héilo que seria um mapa com o escoderijo de um bandido, algo que talvez tivesse a ver com a perseguição ao Cara de Cavalo. Mas quanto a isso não estou totalmente certo. O que fica conhecido do Hélio é a bandeira "Seja marginal, seja herói" . O Cara de Cavalo acaba sendo morto em Cabo Frio, em 1964, e esssa perseguição, e a campanha midiática, duram meses. Ele é morto por um grupo de extermínio, que, dizem, derivava dos homens de ouro do Getúlio Vargas, um grupo de elite da polícia carioca, e que, depois, vai se tornar a Scuderia Le Cocq.[7] Quem viveu os anos 1980 e 1970 sabe bem que era um grupo de extermínio, que operou na Baixada Fluminense, sobretudo no final dos anos 1970, 1980. É impossível não fazer paralelos, não tencionar com o presente, com as milícias. Dá para traçar uma articulação entre esses elementos.

ISABEL DIEGUES:

Só para completar, você falou do Hélio, mas não falou, na verdade, que o Cara de Cavalo é o bandido que é morto e que vira...

PK:

Ele é parte de uma obra do Hélio muito importante, uma série de *Bólides*, que tem a imagem do Cara de Cavalo morto, meio que em uma posição de Cristo, e embaixo uma tela vermelha, com uma inscrição na terra: "Aqui jaz aquele que morreu em seu silêncio heroico." Essa é uma obra de 1965, feita logo depois que ele é assassinado. E o que vem depois é o emblemático, apesar de muitas pessoas falarem que não, mas posso dizer que talvez sim, que é *Seja marginal, seja herói* (1968). As pessoas falam que aquele não se tratava do Cara de Cavalo, mas é impossível falar isso, pois Hélio ainda tem outro texto, "O herói anti-herói", sobre o Cara de Cavalo. Então, me interessou pensar, tendo em vista todos esses materiais da memória, de que modo existe uma operação de fabulação em cima desses arquivos. Por isso que nunca me interessou a ideia de um teatro documental. Porque não se trata só de uma lida com os documentos, mas de entender como aqueles documentos, no *Cara de Cavalo*, também operam uma certa fabulação do presente e do passado, é claro. Tem um material ali, que, na verdade, se ancora

[7] Grupo de extermínio com forte atuação no anos 1970 e 1980, sobretudo, na região da Baixada Fluminense, e que realizava, criminosamente, execuções e "justiçamentos" com a justificativa de trazer segurança a um determinado território.

no passado: são os arquivos, os registros, os documentos. Mas, ao mesmo tempo, não têm como não traçar esses paralelos com o presente. Junto com isso se opera mesmo uma fabulação. E concluindo, *Cara de Cavalo*, na verdade, é uma obra significante, porque tudo que aconteceu depois dela foi dar no *Caranguejo Overdrive*, foi dar no *Guanabara Canibal*, foi dar em todos os projetos seguintes, e mesmo no último, o *Tripas*, em certo sentido. Diante dessa relação com a memória *Cara de Cavalo* era o seguinte: "Como é que eu dialogo, enquanto artista, com uma certa tradição do teatro político, e de uma arte engajada?" Tem todo um diálogo com o CPC, com uma ideia, enfim, de arte engajada. Na verdade, para onde esses grandes ícones da violência nos levaram? Eu falo isso com um olhar crítico. O que sobrou disso?

JOSÉ FERNANDO PEIXOTO DE AZEVEDO:
A minha pergunta é: Que memória é essa? A memória de quem? Porque você fala numa certa gênesis da violência, mas lendo e olhando o Guanabara, o Caranguejo, *enfim, me parece que você não vive o dilema de alguns colegas, pelo menos não da mesma maneira, porque você propõe uma espécie de vínculo de imaginação com certo campo social. Não vejo o* CPC *no que eu vi dos seus espetáculos, senão na proposição deste vínculo de imaginação. Então, queria que você falasse um pouco sobre isso. Quem imagina? Você já falou que não é um teatro documental, me parece que você propõe um vínculo pela imaginação, uma espécie de aliança pela imaginação, tentando imaginar junto, criando uma memória...*

PK:
Isso porque a memória já está criada. O que se faz é uma análise do que imaginariamente foi produzido no tempo sobre algo. Quando penso no Cara de Cavalo, como eu chego nele? Com arquivos de jornal. Vejo seu nome sendo citado. Mesmo no Hélio. Ele está ali, esta imagem foi produzida. Me parece que seria mais

um pensamento, não com a primazia do real, apesar de tratar do real, apesar de ser atravessado pelo real, mas principalmente sobre o que se produziu enquanto imagem, na relação, na tensão com esse real. Então, como eu, enquanto dramaturgo, imagino o que foi imaginado sobre ele? Aí a questão que pode ser colocada é: Como eu opero uma seleção desses materiais? Como esses recortes são dados?

JFPA:

É, mas a minha pergunta vai noutra direção, porque eu estou pressupondo que essa operação é inevitável. Talvez o exemplo do CPC *explicite um pouco a minha questão. Estou chamando vínculo pela imaginação, de aliança, o que eu vejo na sua cena, não no* Laio*, mas o que eu vejo no* Caranguejo*, no* Guanabara*, os de baixo, usando um jargão. Você propõe um vínculo pela imaginação. Quando você fala do teatro político, me parece que há uma operação de rever esse vínculo nos termos presentes.*

PK:

Acho que pode ser chamado de "os de baixo", mas também pode chamar "os que não estão aí", ou "os que foram esquecidos". Muitos foram esquecidos. Inclusive no *Laio*, apesar de estar colocado em termos mais formais, de modos diferentes, mas num diálogo com a própria história do teatro. No sentido de que a gente, a todo momento, ouve sobre o signo do Édipo, por exemplo, e é esse cânone europeu do Édipo, e tudo que isso simboliza. Ao mesmo tempo, pouco se fala de Laio, por exemplo. A gente só sabe de Laio — que ele foi assassinado — pela poética de Sófocles. Laio é um nobre, claro. Acho que tem que ter coragem para se enfrentar certos desafios. O Manu[8] não está aí, né? Eu não consigo fazer peças sobre relacionamento. É sério, eu acho que a oportunidade do teatro é

[8] O dramaturgo Emanuel Aragão.

justamente a possibilidade de imaginar e poder me deslocar. Agora, isso propõe um debate. É possível debater coisas, é possível encontrar problemas, é possível criar tensões? Claro que é.

Só para concluir, porque eu acho que esse é o ponto mais importante, o que mais me instiga hoje, artisticamente, é entender como são esses lugares de fala tão importantes de serem colocados e confrontados, e como é um certo "outro lugar", um lugar de autonomia da arte. Como a gente opera algum tipo de poética da experiência, entende? Acho importantíssimo esse debate. Porque o que a gente está vivendo hoje é muito importante. Toda essa insurreição dos lugares de fala é de uma força muito grande, necessária. Só é possível pensar no futuro a partir da insurgência. O que me parece urgente entender é de que modo esses lugares de fala querem e requerem o seu campo de representação, o seu campo de visibilidade. É claro que isso é importante, e eu, como privilegiado, faço essa defesa. Faço a discussão onde é possível fazer, mas, se tiver de tomar um lado, é claro que eu tomo o lado da insurgência, não há dúvida.

Agora, ao mesmo tempo, nós somos treinados em um certo lugar da poética. De um certo lugar da autonomia da arte. Porque não dá para parar de imaginar. Aí também faço a minha defesa da imaginação. Como a imaginação não "emburguesa" a gente? Como a imaginação pode tratar dos desvios da nossa realidade, a imaginação, a memória, a alienação, a loucura? Tudo aquilo que tira a gente do lugar também merece ser discutido. Vejo alguns trabalhos assim, apresentando diretamente o lugar que fala, o lugar que traça com o real, o lugar que apresenta estatísticas, o lugar da denúncia — é preciso que isso exista mais, e mais, e mais. Agora, ao mesmo tempo, eu, do meu lugar de fala, de um lugar privilegiado de fala, não posso dar um passo atrás no sentido da urgência dessa questão de a gente poder imaginar as coisas de um modo louco. E, com isso, tirar as coisas do lugar.

JFPA:

Eu não entendo a dissociação que você faz, é curioso...

PK:

A dissociação já está colocada. Estou falando justamente que vejo uma junção, que o debate é colocado de modo dissociado e eu não concordo com isso. Pois eu acho que há a possiblidade de uma junção entre as urgências políticas dos "lugares de fala" e os não lugares da imaginação poética.

JFPA:

A gente está falando da necessidade e da experiência em torno de uma imaginação política, em qualquer tema, não é? Pois bem, ao mesmo tempo que você chama para si uma linhagem, uma tradição disso que a gente chamou de chato ou político, o que você falou, literalmente, sobre o teatro político, o CPC, *a Cena Engajada, etc... Queria perguntar para você se essa linhagem está dada, e se você se reconhece nela. Como é que toda essa operação, o lugar que você ocupa nessa linhagem, ilumina as questões do presente? Talvez seja pragmático demais, mas, enfim. É porque é esse o raciocínio que você está traçando. Ou seja, qual é a sua expectativa ao se alinhar com uma imaginação política que vem antes?*

PK:

Eu falei que eu discuto isso. Não é um alinhamento, necessariamente. Pode ser uma crítica, no sentido de olharmos para isso de uma perspectiva histórica, e inclusive apontando os problemas. Eu não sei se me alinho a isso. De certo modo, não tem como não discutir essas questões. Porque se estou pensando na imaginação política, não tem como não olhar o que foi feito antes de mim. É só isso. Mas não é, necessariamente, um alinhamento. Alinhamento quer dizer que eu faço adesão a um certo programa.

JFPA:

Não, eu não estou falando em termos programáticos, estou falando em termos de uma tradição mesmo.

PK:

Pode ser. É uma maneira de ver as coisas.

JFPA:

Então, esqueça a palavra alinhamento, digamos assim. Essa inspiração nos lugares dos quais você falou... como é que eles iluminam as questões que você pretende discutir no presente?

PK:

As questões que eu pretendo discutir hoje estão basicamente ligadas à questão da fábula, dentro desse teatro político, se a gente pode falar assim de um teatro. Porque não tem como ser político se você não colocar a questão do público, por exemplo. Entendo essa fantasmagoria que o público ocupa na nossa vida, e na criação. Para que público você faz? Você vai para o público... sempre fica essa figura, esse fantasma, não é? Como se fosse essa unidade transcendental a quem você devesse algum tipo de respeito. Quase como o professor da escola, que, de certo modo, vai te botar de castigo ou vai te dar uma estrelinha. É isso, tudo o que se refere ao público, como os críticos, e o público mesmo em si, seja ele o público burguês, o público popular, enfim, o público. Nunca fiz, por exemplo, uma intervenção pública na cidade. E acho que é um desdobramento quase necessário do meu trabalho, tenho pensado muito nisso. Porque o projeto sempre foi o contrário — não pensar o público, mas pensar o teatro como espaço público. E isso me parece mais interessante, mais instigante enquanto artista. Pensar nesse espaço de encontro, e no que ele tem de público. Não no sentido desse substantivo transcendental "o público", mas o que é o teatro como atividade pública? Por isso não tem como não ser político, se estamos falando de uma atividade pública. Quero entender o que estou fazendo não a partir de categorias anteriores, mas tentando pensar na força de cada coisa, pensar o teatro como atividade pública. Me interessa hoje pensar a questão da fábula, a questão da imaginação dentro da primazia do real no teatro contemporâneo. Tentando resumir, é isso que me move. Não tem como não entender como uma categoria tão careta como a da fábula, tão, assim, aristotélica, anônima, como é que isso não tem importância? A fábula é desprezada por um certo teatro contemporâneo, onde a "cultuação" do real, onde a lida com documentos e registros históricos, onde os "biodramas" e "autoficções" passam a ser um valor. Esse "real", esse fascínio pelo real do teatro contemporâneo, não acaba por fetichizar o próprio real? Então, não é mais real. Por isso, meu interesse sobre esse categoria menosprezada da fábula.

Acho que, se você tentar perceber essa potência, que pode ser chamada de imaginação política, o teatro se torna um grande espaço político por excelência. O teatro é um espaço onde se pode imaginar o futuro. Tentar ver o presente, lidar com suas questões, experimentar certos códigos, experimentar certas relações que possam fazer a gente imaginar outros modos de funcionamento das nossas instituições. Esse espaço é libertário. Não tem como não ficar mobilizado. Quando a gente percebe a possibilidade de reunir pessoas, de modo espontâneo, aleatório, no mesmo lugar, isso é de uma sinergia, de uma potência política imensa. E pensando o teatro como um espaço público é, necessariamente, político. Não tem como não fazer dessa experiência algo que faça pulsar a imaginação de outros mundos possíveis. Porque a todo momento está tudo sendo cada vez mais atacado, violentado, morto. Tudo que tenta imaginar algum modo diferente está sendo morto, está sendo caçado, está sendo vigiado, cada vez mais, e vai piorar.

KA:

Às vezes parece que você usa a categoria imaginação em vários níveis. Porque uma coisa é o que eu imagino. Outra coisa é a imaginação. Para a imaginação, esta oposição ficção-realidade é irrelevante, porque a função da imaginação é juntar as coisas, certo? Acho que, como categoria, está resolvido o problema. A gente não precisa passar muito tempo nesse debate. Digo isso porque acho que o teatro político, na tradição que você enunciou, vive da justaposição entre documento e ficção, ele depende disso. Acho que esse é um aspecto da própria tradição do teatro político. A outra coisa é o público, e o público em abstrato. Porque, de novo, na tradição política, quando o Brecht percebeu que ele não sabia o que era o público, ele disse: "Ferrou! Então, vamos criar procedimentos para explicitar o que é o público e onde a aliança é efetiva eu vou fazer de outra maneira." Me parece, portanto, que é sempre um problema da relação com o público. O público não é uma abstração. Às vezes, o debate fica genérico e, vendo as suas peças, acho que tem um vínculo entre o que você escreve e o que é experimentado na cena, pelo menos nesse momento. E me parece que programaticamente, ou intuitivamente, você propõe alianças muito precisas. Isso emerge da cena com muita clareza.

PK:

Pensando de um modo mais concreto, isso tem a ver com o modo como uma peça é feita. Eu imagino junto com muita gente, na sala de ensaio. Por isso a imaginação não está no campo pessoal privado, íntimo, eu não estou na minha casa imaginando o "bom teatro", e nem o público ideal para o meu teatro. Estou pensando a imaginação e escrevendo no embate com várias pessoas, que também são, de certa forma, autores. Eu não sou *o* autor. Sou o dramaturgo e é só um texto. O que se toma como texto, eu realmente escrevi. Agora, a autoria daquilo é uma autoria claramente da sala de ensaio. O pessoal chama isso de processo colaborativo, e durante algum tempo cheguei a usar essa expressão porque é um nome convencional, mas não sei se é um bom nome para o que eu faço. Porque dá a impressão de uma unidade no trabalho, que não há. Ele é feito na sala de ensaio, no calor do momento. Eu brinquei uma vez, chamando de *dramatorgia*. Pensando a imaginação como desejo, acho que não faço distinção entre imaginação e desejo, na verdade. É a mesma coisa para mim. O desejo e a imaginação sempre se dão no processo de criação. Você quer um lugar mais laboratorial que uma sala de ensaio para isso? Onde você tem um embate de muitos atores, e atores que têm uma vontade autoral. Isso está declarado, é uma coisa que parece inevitável para pensar a questão da atuação. Aquela ideia do ator fantoche é uma coisa que não percebo no meu trabalho. Todo mundo tem muita vontade e disputa muito. Como dramaturgo, no meio da escrita, o que se dá, na verdade, é um grande agenciamento desses embates, dessas vontades, desses desejos, dessas intencionalidades. Imaginar, nesse sentido, é um exercício de tentar juntar o que aquela pequena comunidade, que está vivendo uma certa coisa durante um tempo, quer. É isso. E, é claro, estou imaginando em cima do que está sendo produzido ali. Para mim, o que acontece com a imagem é o seguinte: O que é imaginar? O que é desejar? É perceber que uma imagem tem de, necessariamente, levar à outra. Uma imagem tem de abrir uma outra, conduzir a uma outra. Assim se dá no tipo de embate que acorre no calor da sala de ensaio, onde eu escrevo as peças. Você fala alguma coisa, aquilo me traz uma imagem, e aquilo gera uma outra imagem para o outro, e assim sucessivamente, sem nunca se esgotar. Quer dizer: em um momento temos que decidir onde parar. A imagem tem em si uma força que não para, que sempre continua. Daí o lugar instituinte do processo de criação de textos em salas de ensaios, o que acabou convencionalmente sendo chamado de processo colaborativo. As instituições se fecham, encerram-se. E a instituição que estou chamando aqui é a própria instituição do texto teatral. Não me interessa criar assim: para repetir um modelo, uma fórmula ou coisa parecida. Eu posso até criar de maneira mais institucional. Por vezes, acontece em texto que escrevo sob "encomenda". Eu diria que é bem menos trabalhoso, e também muito menos prazeroso. Na criação de textos em salas de ensaio, é claro que certas questões permanecem de uma obra para outra, mas na maior parte das vezes, não sabemos muito bem onde as imagens vão nos levar. Dependendo do trabalho, o modo que imaginamos se transforma. Dependendo da matéria que trabalhamos na sala de ensaio, transforma-se o modo de imaginar. Não o meu modo pessoal de imaginar, mas o modo como construímos, coletivamente, ao longo dos ensaios, nosso campo imaginativo. Eu acho difícil usar esse termo, processo colaborativo, porque parece que com ele se cria uma unidade entre processos que foram tão distintos entre si e que criaram imaginações muito singulares.

JFPA:

Não tem um programa que alinhave de uma ponta a outra.

PK:

Pois é. Posso dizer, de alguns trabalhos, o modo como a coisa aconteceu. Por exemplo, os que foram apresentados aqui mais recentemente, o *Caranguejo Overdrive* e o *Guanabara Canibal*. O *Caranguejo* foi criado... É bom estar com o *Laio* aqui[9] porque essas foram duas peças criadas ao mesmo tempo, juntas. É muito curioso, porque o *Laio*, de certo modo, conclui um certo lugar, e o *Caranguejo* abre um novo. Por isso as questões "das formas" são muito difíceis. Me chamaram no teatro Dulcina. A Funarte organizou uma residência no teatro e convidaram uma série de dramaturgos para dar oficinas, com uma certa continuidade. Tinha o provocador, que é o Dadado,[10]

[9] *Laio e Crísipo* estava sendo apresentado no projeto Dramaturgias, no Sesc Ipiranga, no mesmo período em que a Maratona de Entrevistas com os dramaturgos foi realizada.

[10] Fabiano de Freitas.

uma figura importante do Rio de Janeiro. Ele fazia uma espécie de provocação, acompanhava todos esses dramaturgos e um grupo de mais ou menos vinte dramaturgos-alunos, que ao final iriam escrever a partir desses encontros em sequência, com cada dramaturgo-propositor. Durante as oficinas, além das aulas, cada dramaturgo tinha que apresentar algo de seu repertório no Dulcina. Ofereceram para a gente cinco 5 mil reais para fazer algo. E a gente queria muito fazer o *Cara de Cavalo* de novo. Era a peça que a gente queria fazer correr por aí. Só que a gente chegou à conclusão de que era impossível remontar o *Cara de Cavalo* com 5 mil reais. Não dá pra fazer uma peça com 5 mil reais. Como vou pagar os atores? Como vou pagar o transporte? Como vou pagar tudo? E o que a gente fez? Bom, com 5 mil reais a gente não faz o *Cara de Cavalo*, mas a gente consegue abrir um trabalho novo. E o *Caranguejo* já estava ali latente, desde o *Cara de Cavalo*. Especificamente, porque o baterista e músico Maurício Chiari, colaborador da Aquela Cia., desde a peça *Outside*, que é de Recife, tinha chegado com o livro *Homens e caranguejos*, do Josué de Castro, e falou: "Vamos fazer alguma coisa em cima disso, tem o Manguebeat." A gente olhou para ele e falou: "Olha, é maravilhoso, Maurício, mas eu não tenho nada a ver com Recife, como é que eu vou falar de Recife, é um livro muito regionalista, muito localizado, eu sou do Rio de Janeiro." Com o tempo, com a coisa das Olimpíadas, com aquela situação opressiva e violenta da transformação da cidade, ele falou: "Cara, eu sei um jeito de falar do Caranguejo." Veja como a imaginação opera. Se eu fosse me prender somente aos lugares de fala, eu estaria ferrado, num certo sentido. Porque a primeira coisa que eu pensei foi: "Não é legítimo eu falar de Recife, porque eu não sou de lá." Ao mesmo tempo, o que se produz no livro como imagem, essa poética do mangue, do Josué de Castro, é possível sim utilizar-se disso como linguagem. Então eu disse: "Beleza, eu vou pegar essa poética do mangue e vou falar do que é emergencial aqui na minha cidade do Rio de Janeiro. De uma coisa que não tem como não falar, do mangue, daquela região central para a cidade." Isso em um contexto dos dias de hoje, numa dada circunstância. Olha o contemporâneo aí, atravessando o que estava acontecendo naquele momento, quando toda a cidade estava sendo reorganizada, e com isso disputada. A Zona Portuária de um lado, as pessoas sendo expulsas de suas casas, a Zona Oeste de outro. A Vila Parque, perto do autódromo, também foi outra região de disputa muito grande. O Centro da cidade, a Gamboa, a zona portuária. Você começa a ver e se pergunta: "Onde isso começa?" Vai começar no início do século XIX, quando o Rio de Janeiro começa a ganhar ares de cidade, e vai culminar no Pereira Passos. A gente não fala do Pereira Passos, mas de todo um percurso que levou ao Pereira Passos. Agora, como foi a escrita? A gente não tinha dinheiro, então, fizemos uma leitura. Comecei a escrever alguma coisa para termos uma leitura. Escrevi uns blocos de texto meio grandes, em discurso épico, uma espécie de fluxo de pensamento em grandes blocos. Um bloco desse homem que se tornou caranguejo, outro bloco da Guerra do Paraguai, e o bloco final. Resolvemos ler esses blocos, e na sala de ensaio a gente entendeu que entre esses blocos de textos deveria ser criada alguma coisa. Foram lançados para os atores alguns dispositivos de improviso, composições, questões que nos chamavam a atenção. O ápice disso vai dar no improviso da Carol Virguez, como a puta paraguaia. Aquilo foi uma propagação, uma proposição, como é que a puta paraguaia, você, Carol, como é que você apresenta para o personagem Cosme, ou para o Matheus Macena, que o interpreta, como é que você apresenta o Rio de Janeiro, que está se transformando? E ela, com um olhar de artista colombiana, ela tem um olhar muito perspicaz sobre nossa realidade, um estranhamento muito perspicaz, feito de improviso. Aquilo se cria assim, e o que o dramaturgo e o diretor fazem é, de certo modo, entender quais são os pontos desse improviso, como ela tenta desenhar. O *Caranguejo* foi criado assim. Foi criado primeiro com grandes blocos de textos e, depois de alguma organização, de como a gente conseguiria dar mais performatividade para aquele elemento textual. Agora, se eu falar, por exemplo, sobre o *Laio*, ele foi criado de uma maneira totalmente diferente, foi feito junto. O *Laio* foi criado muito a partir daquele exercício do Rasa Boxes, que são exercícios onde você tem algumas caixas e essas caixas são emoções, e os atores, de certo modo, vão produzindo imagens. Tem uma coisa violenta, de mudança de estado. Apesar de, formalmente, também o *Laio* responder a certas questões que são do *Outside*, de 2011, a relação com a música, de que tratei anteriormente, as referências eurocêntricas, já que Laio fala de uma narrativa "esquecida" acerca da homoafetividade mítica do pai de Édipo, que trouxemos à tona como um triângulo amoroso e juvenil, à la *road movie* entre Laio, Crísipo e Jocasta. Laio tem um estrutura mais dramática, se assim se pode dizer. Ele conclui um certo lugar, justamente no ponto onde *Caranguejo* explode a poética dramatúrgica e cência, onde esses elementos performativos, do real, estão colocados de modo mais manifesto, e onde sobretudo o texto, engajado pela sua força poética e inventiva, passa a se emancipar, se assim se pode dizer, em relação à própria cena. Cena e texto, a partir de *Caranguejo*, se emancipam.

JÔ BILAC

JÔ BILAC:

Achei interessante a questão da experiência porque comecei a escrever de uma forma muito imprevisível e para aprender a falar português, porque eu vivia fora do país e era uma maneira de tentar entender a língua, não só do ponto de vista gramatical. Minha experiência com o português foi difícil, porque a língua é uma coisa complicada. Ela passa por uma vivência, tem palavras que você só consegue entender quando as vivencia. Então, escrever era uma forma de tentar organizar o pensamento, desde criança.

Quando vim morar no Brasil, percebi a vivência da palavra. O que mais me aproximou do teatro foi justamente entendê-lo como um processo de palavra viva, porque, por muito tempo, fiquei pensando se escreveria um romance. Ainda era muito jovem e comecei a me aproximar do teatro, de forma imprevisível, não estava muito nos meus planos, mas a vida me colocou nesta situação teatral, e compreendi que o teatro é diferente de um romance, que partia da experiência da palavra viva, dita em voz alta, partia da vivência da palavra e do quão ela reverbera para além do sentido que é dado. A partir daí, comecei a entender também a minha motivação para escrever. Como eu não faço análise, nunca fiz, e não tenho religião, a escrita foi um meio de entender, de tentar elaborar minha experiência com o meu meio, com a minha cidade, com o meu país. Escrever era uma forma de tentar elaborar ou dar meus pulos nessa existência tão efêmera e tão imprevisível, aleatória; era uma forma de tentar conseguir algum eixo de diálogo com a minha cidade, com o meu país, com meu vizinho.

A partir daí, escrever se tornou algo para além de um exercício estético, de uma possível montagem, mas uma forma de sobrevivência. No meio de tanta contradição, se tornou uma forma de tentar sobreviver, uma tentativa de não sucumbir a uma angústia de incompreensão de mim e da sociedade em que estamos inseridos. De certa forma, hoje percebo com mais clareza; à medida que minha carreira foi ganhando notoriedade, ficou claro também que eu tinha a oportunidade de poder elaborar junto com meus colegas artistas, com o público, as situações que atravessam o nosso país, a nossa cidade, o nosso condomínio, as nossas vias sanguíneas.

Vivemos em um sistema muito complexo, do ponto de vista social e biológico.

Um dos momentos mais complicados da vida, de passagem de idade, é da infância para a adolescência, quando se tem a percepção de que existe uma narrativa social. Eu imaginava que a vida adulta ia ser um portal de liberdade, de escolhas, que eu poderia exercer algo... a partir de um sentimento. É aquela fase em que acreditamos que vamos ver a paz mundial, que os pobres não serão mais pobres. Quando alguém dá essa virada, percebe-se com tristeza uma narrativa que está aí, e hoje nós vivemos uma disputa de narrativas, num meio onde pessoas terceirizam sua própria narrativa, fugindo da sua própria criação. Estou falando para além do teatro, estou falando de como você está vivendo sua vida, porque também não tem um botão que liga e desliga: "Agora sou escritor, agora sou isso, agora sou aquilo." Não, está tudo junto, é uma pororoca. Quando comecei a questionar e perceber o quão cruel é a narrativa social, tentei propor não uma negação dela, porque faço parte dela, nós fazemos parte dela, mas uma tentativa de diálogo com ela, questionando, transgredindo. Hoje percebo que escrever não é um ato de engajamento, porque ser engajado é ficar no campo do pensamento. Para mim, escrever é um ato de transgressão, é uma ação. Essa ação transgride, principalmente, o senso comum, que, de comum, não tem nada. A partir disso, escrevi. A pergunta era sobre a experiência, como avalio meu tempo. É difícil escrever sobre outro tempo que eu não tenha vivido. Então, percebo que escrever é uma forma... esse lugar com a experiência e o tempo, a sociedade, está tudo junto.

KIL ABREU:

Muito bacana você começar com esse relato da sua chegada ao teatro, com uma tentativa de dominar ou de entrar na linguagem. Aí me ocorreu o seguinte, Jô, talvez faça sentido, talvez não, você vai ver. Acho que, na leva das suas primeiras peças, está ali no início, eu pensei no Cachorro!, Rebu, Savana glacial, *vamos dizer, essas três. No* Cachorro!, *você faz um exercício de diálogo muito interessante com Nelson Rodrigues, a ponto de recriar, do seu jeito, os estilos da linguagem, as situações. No* Rebu, *também um exercício em torno de gênero, parece haver uma espécie de melodrama deliberadamente pastiche. Vi o espetáculo encenado, a encenação foi muito interessante também, no sentido de fazer uma abordagem firme em torno desse seu exercício de linguagem. Mesmo no* Savana glacial *tem um jogo que é com o próprio teatro. No campo da linguagem, é uma peça com uma entrada, mas com muitas possibilidades de saída. É uma dramaturgia aberta, mas uma espécie de metateatro no campo mais construtivo da linguagem. Faz muito sentido, parece um dramaturgo que está, mesmo naquele momento, um momento de aprendizado, seja no diálogo com outros autores, seja com o gênero, enfim. Queria que você pensasse numa trajetória desse momento para o de agora, no sentido de que aquilo ali representou esse seu impulso primeiro, um exercício mesmo, com a linguagem da escrita teatral. Esse seu interesse pela linguagem, seja pelo gênero, seja pelo diálogo com outros escritores, isso significou um momento específico ou teve desdobramentos, a ponto de chegar às coisas que você escreve hoje? Nesses anos aí, o que foi que atravessou você e como é que isso repercute na escrita das suas últimas peças?*

JB:

Não fiz curso de dramaturgia em oficina. Eu estava até falando com a Bel, no avião. Entrei no teatro muito por acaso, também. Nunca me imaginei intérprete, ator, diretor, mas comecei a conhecer Nelson Rodrigues, que veio com uma força de linguagem muito grande, e eu era tão ignorante em teatro que achava que Nelson Rodrigues ainda estava vivo. Fui ver a peça dele e perguntei: "Cadê Nelson Rodrigues? Quero falar com ele." Eu queria falar de algumas coisas, mas principalmente, nas primeiras peças, sobre a força animal do homem... em cima da mulher. Então, tenho aqui *Cachorro!*, *Rebu*, *Savana glacial*, que trazem em comum, em termos de conteúdo, personagens de mulheres que são oprimidas por homens. Em *Cachorro!*, de forma bruta e sanguínea; em *Rebu*, de forma omissa; em *Savana glacial*, de forma intelectual e psicológica, porque a violência psicológica também é uma violência. Como eu tinha essa referência do Nelson, comecei a compreender que há um lugar entre o conteúdo e a forma. Eu copiava muito mesmo o estilo dos outros, até porque isso não era uma preocupação, nunca me preocupei em ser o cara que descobriu a pólvora, imagina, eu estava começando. Falava: "Como é isso?". Eu olhava e copiava o conteúdo, mas a linguagem era outra. Até que, com os atravessamentos...

Meus maiores professores foram os atores com quem trabalhei, os diretores, os figurinistas, os cenógrafos. Estou começando a entender também que a dramaturgia é um jogo de sedução, principalmente quando você é desconhecido... Você vai lançar uma ideia, vai convencer alguém de tornar aquilo real. Não tenho exatamente uma fórmula, uma forma de escrever. O que há de mais recorrente é que entendo cada processo como uma oportunidade para descobrir uma forma diferente, para que isso me motive, para que não fique chato e para que faça algum sentido, para mim, escrever. A partir disso, o atravessamento de lugares políticos talvez fique mais claro. Na época, era mais subjetivo, quando eu colocava uma filha que tinha vergonha da mãe, porque a mãe é negra e a filha é branca. Talvez hoje eu faça uma leitura mais direta sobre a questão do machismo, sobre a mulher, sobre a educação pública, como em *Conselho de classe*, ou sobre a homofobia, como em *Beije minha lápide*. Mas nunca faço de forma premeditada, no sentido de "preciso falar disso, preciso falar dessas coisas". São as coisas de que falo naturalmente. Fiz um ciclo de dramaturgia, na CAL, lá no Rio, no qual pude convidar vários dramaturgos. Eu estava falando isso com meus colegas, e, por acaso a maioria dos dramaturgos era negra. Só que o tema não era sobre a dramaturgia e o negro, porque disso vou falar sempre, aonde quer que eu vá — isso está em mim. Vou falar de sexualidade, de cor, credo, isso já faz parte do que eu sou. Foi interessante ter, pela primeira vez, uma mesa onde a maioria era negra sem que o tema fosse esse. Estávamos falando de dramaturgia.

Tive muita sorte de poder escolher com quem trabalhei e de fazer só aquilo que eu queria fazer. Às vezes me ferrei, porque no meio da parceria descobria que não era bem aquilo. Mas havia a motivação do outro também, não eram só pessoas iguais a mim, mas me provocavam, ou eu as provocava, de alguma maneira.

Eu estava falando com a Bel que, no ano passado, terminou o projeto do *Fluxorama*, que é uma peça performativa, um texto performativo que demorei uns oito anos para escrever. Comecei, primeiro, sem perspectiva de estreia, num exercício próximo da poesia concreta, para que eu pudesse entender a palavra no papel, dando conta de uma falta de rubrica, de uma falta de explicação com o ritmo, a subjetividade através da grafia da palavra. Outra pesquisa que comecei a fazer foi a de criar personagens que não fossem humanos. Tem três anos que estou nessa pesquisa, considero terminada minha função agora com *Insetos*, na Cia. dos Atores. Nesses três anos, escrevi deuses indianos, um asteroide, uma bactéria, uma arara, uma flor carnívora, uma joaninha, o Cristo Redentor. Esses jogos em que vou me colocando, na verdade, e que implicam uma linguagem, são intuitivos, mas partem de uma forma de tentar se analisar e entender que cada processo criativo é uma possibilidade familiar, de transcendência. É uma busca, não tão simples, mas real.

JOSÉ FERNANDO PEIXOTO DE AZEVEDO:
Você percebe uma certa linhagem de referências na sua trajetória à medida que ela vai se dando e, atualmente, um campo de outros dramaturgos com os quais você conversa ou com os quais se relaciona? De um lado, uma certa tradição e, de outro lado, um campo atual, contemporâneo, de diálogo em relação a seu trabalho?

JB:
Acho que sim. Primeiro, é muito gostoso encontrar um colega de escrita, porque o teatro é um meio em que há tantos atores, diretores, e aí você troca ideias com quem escreve: porque é o cara que senta a bunda no computador igual a mim, é o cara que fica bem angustiado, com prazo, e que tem que dialogar com uma ficha técnica tão grande, com a sua vaidade, com a vaidade do outro. Lá no Rio, em 2008, teve um movimento do Filipe Barenco, que era um dramaturgo da UFRJ. Era aquela época em que estávamos

começando a escrever e não sabíamos como mostrar, como fazer o texto chegar no outro. Ele fez um site de dramaturgia chamado "Drama Diário". Juntou sete dramaturgos de diferentes escolas, diferentes tribos. Esse foi o primeiro *approach* com os colegas para tratar referências e entender o próprio colega como uma referência para o seu trabalho, para o meu trabalho. É legal, porque nós fomos caminhando, são dez anos, e vamos notando como cada um foi para um lado, como cada um também foi se desenvolvendo. Para mim, foi um lugar interessante, de entender que a referência não era só o que estava dentro da biblioteca, mas o que eu estava vendo, principalmente os trabalhos de grupo, que têm uma dramaturgia tão contundente. Você vê um trabalho de grupo e fala: "Como o cara chegou nisso?". Você entende que não foi sozinho em casa; foi também, mas teve um corpo a corpo ali, como cada um se traduziu, teve o fascínio. De certa forma, vi meus colegas, sempre busquei uma aproximação. Começo a entender também que os colegas são... como não tive formação de escrita, de roteiro, essas trocas acabam modelando, e a cada experiência vai grudando um negócio diferente, vai acontecendo essa simbiose, que vai dando na voz do autor. Eu, que copiava muitos estilos, com aquela minha voz... Cadê eu nesse negócio? E era doido, porque você fica se queixando, a questão do romance também, talvez eu não tenha enveredado por ela porque no romance isso fica ainda mais óbvio, pelo fato de haver a voz e um narrador. No teatro, eu me sentia mais protegido nesse sentido, porque sempre gostei de produzir em coletivo, junto, atravessado, com a troca, com a interferência. Isso é o que me estimula, por isso que escolher os parceiros, para mim, é o começo de tudo.

JFPA:

Você falou da experiência com o seu grupo, a Cia. dos Atores. Queria que falasse um pouco da experiência com os coletivos e da dramaturgia que emerge da relação com os coletivos.

JB:
É muito bom, é peculiar, num sentido, e por outro é muito cansativo. Como escrevo sozinho, sem referência de alguém, vou nas minhas questões, coloco elas ali e dialogo comigo mesmo. No coletivo, é interessante, nesse exemplo da Cia. dos Atores, agora, e também da Bia Lessa: por mais que eu tivesse questões minhas, não fugi delas e comecei a entender meu papel como provocador do coletivo. Não era só o coletivo me provocando, me dando demandas: "Olha, fizemos essa cena, toma isso, toma aquilo", mas tentando entender que eu também sou um provocador desse grupo. Quando íamos fazer *Conselho de classe*, a Bel Garcia queria um elenco só de homens. Eu falei assim: "Cara, não dá para fazer um elenco só de homens, porque no Brasil, na educação pública... Hoje, essa é a profissão em que mais tem mulher, e você falar sobre educação pública e não ter mulher é um equívoco". Ela foi muito sensível e falou: "Então, os personagens são mulheres, mas serão interpretados por homens." Ela deu essa volta, que é interessante, buscando aproximação, porque as diferenças já estão lá. Também não me interessa criar discursos que não sejam legítimos para eles, porque senão vai ficar demagogo. Como tornamos esse discurso legítimo, como nos conectamos para além de qualquer fronteira, de qualquer rótulo, de qualquer circunstância, o mais saboroso de trabalhar no coletivo é entender como o coletivo se articula num discurso que ultrapassa as barreiras e cria pontes.

ISABEL DIEGUES:
Você já falou sobre a questão do jogo, nos seus textos, sobre escolher um jogo, e do processo de escrever para o discurso do outro. Falou sobre pontos de convergência, e não sobre expor as diferenças, mas queria saber como isso se dá, porque você trabalha com pessoas tão diferentes, são grupos de teatro ou grupos de pessoas tão diversos. Queria entender

como se dão esses processos e essas escolhas. E agora você está escrevendo para a televisão?

KA:

Posso complementar, porque a minha questão era um diálogo com isso que a Bel colocou? Como têm sido os seus disparadores da escrita? Por exemplo, você tem escrito sob demanda, sob convite? Os convites vêm dos grupos ou você tem escrito para você mesmo, sem pretensão nenhuma, por desejo, por intuição, por vontade?

JB:

Sempre entendi a parceria como algo que poderia me motivar ou não. Mesmo quando escrevo sozinho, sei que todo texto sofre uma interferência, principalmente o teatral, que é quando vou convidar alguém ou pedir para alguém ler, justamente para trocar essa ideia. Mas não tenho um método exatamente. Trabalhar com o Marco Nanini em *Beije minha lápide*, escrever um personagem que tem uma idade tão distante da minha e questões tão mais a ver com a própria natureza do tempo no corpo e, dentro de Oscar Wilde, que ainda ti nha um outro atravessamento, uma identidade muito própria... Não há outro jeito de fazer isso senão pensando sobre a minha própria decadência física e a minha dúvida sobre a arte, e até que ponto ela é realmente necessária. Acho que o Oscar terminou a vida deprimido, a arte pela arte não nos serve de muita coisa. Saí deprimido da escrita: "Mas espere aí, calma, tenho trinta anos de idade, a arte ainda me serve de muita coisa. Deixe-me preocupar com a morte, com meus dentes caindo, quando isso estiver perto." Essa relação vem. Se não for um corpo a corpo real, não tem outra saída...

KA:

Mas você tem escrito a convite. Por exemplo, esta peça do Nanini foi demandada a você?

JB:

Foi e em parceria com a minha Cia. Teatro Independente. Porque às vezes escolho trabalhar com amigos para vê-los mais: "Como é que você está?" É bem ordinário, mas é legítimo. Mas tem outros textos que escrevo e sobre os quais fico na minha, quieto.

Tenho participado cada vez mais de coletivos de autores. *Fatal*, por exemplo, que o Pedro Kosovski escreveu junto comigo e com a Marcia Zanelatto. Entendi que havia também um barato de chegar para os colegas e dizer: "Pô, vamos inventar uma parada aí, vamos fazer...".

JFPA:

Você já falou um pouco no modo como, existencialmente, a questão da negritude atravessa o seu trabalho. Vivemos um momento em que essa discussão veio à tona, há uma série de coletivos negros. Você mesmo, agora, falou desse protagonismo negro, feminino, enfim. Como você pensa a questão da negritude a partir desse momento do teatro?

JB:

Sempre insisti para que isso também estivesse presente. Quando as pessoas me conhecem, é uma surpresa: "Ah, você é o Jô Bilac?." Há uma conclusão que é a seguinte: "Você é muito novo." Mas também há um estranhamento secreto: "E tem esse visual", parece um *hippie* doido. Você entende que, em princípio, todo autor é branco. O maior escritor brasileiro, Machado de Assis, é negro. Está mais do que na hora da questão da representatividade emergir, tanto é assim que eu colocava isso como uma sugestão doce, serena e sutil aos diretores com quem eu trabalhava: "Chama um pretinho, uma pretinha." Por favor, estou escrevendo, queria ver, me sentir representado. À medida que fui vendo que poucos faziam isso, e que alguns falavam: "Ah, vamos fazer, foda-se." Hoje, falo que isso é uma exigência, porque não há outro jeito.

KA:

Como suas peças têm sido montadas? Em certa medida, todas essas condições que vazam também são influenciadoras da escrita. E tem essa do campo da produção, propriamente dito. Acho que os dramaturgos, o Pedro Kosovski, mais alguém, enfim, sabemos que o quadro no Rio, no Brasil inteiro, é muito grave — a política, o público, a questão cultural. Queria saber como tem sido a sua trajetória, porque você é um autor com um monte de peças, um monte de coisas em várias cenas. Talvez o Nanini tenha uma condição de produção diferenciada: para um cara que é muito famoso, captar patrocínio não deve ser, pelo menos em tese, muito difícil. Mas acho que essa não é, via de regra, o que acontece em produções protegidas por patrocínio. Como tem sido a sua vida de autor em relação às condições de montagem para levar suas peças à cena?

JB:

Há produções em que você sabe que haverá um puta patrocínio, como a do Nanini, e aí você entende que, nesses casos, as pessoas vão ser pagas dignamente. Mas também tem os trabalhos efêmeros, onde entendo que não há dinheiro, não há perspectiva, mas sim necessidade de fazer. O Rio Diversidade, por exemplo, foi um evento que montamos lá no Castelinho do Flamengo, numa ocupação, em 2017. Começou desse jeito: cada um ganhando uma mariola. E às vezes esses trabalhos surpreendem. Para esse festival escrevi *Flor carnívora*, que fala de pluralidade sexual. Depois fizemos uma temporada no Sesc Santo Amaro, vai haver uma no Sesc da Paulista, todos convidados; montagem de guerrilha. E também há uma montagem em Londres, feita por uma outra galera. Para mim, o mais interessante é ver o quão isso pode se propagar.

Este ano escrevi três peças: *A menina e o pote*, que é um trabalho de videoinstalação para criança, *Insetos*, e essa da Bia Lessa [*P.I.*]. Três formas diferentes de dinheiro: uma sem dinheiro algum, a outra com dinheiro do CCBB e a terceira, com patrocínio da Porto

Seguro. Mas também tem a minha Cia. Teatro Independente, trabalhamos com ou sem dinheiro. As motivações são muito anárquicas. As coisas vão acontecendo. Gosto muito de ficar à toa também, procuro não me atolar de coisas, porque sei que, quando pego um trabalho, aquilo ali vai levar minha alma, vai ser profundo, sou muito obsessivo, mas também tem a vida para viver, tem de sobrar um pouquinho de tempo para beber, sair, ir à praia, porque não é ócio apenas, é ócio criativo. Mas as produções estão assim, as montagens estão caminhando.

JFPA:

Uma coisa que apareceu nesta Maratona e que eu acho que é uma questão que tem sido recorrente é essa relação com a televisão e com o cinema. Tem uma geração de dramaturgos que começou no teatro. Você disse que começou na tevê e se rebelou. Há dramaturgos que têm uma experiência, às vezes, bastante radical no teatro e que, de repente, começam a escrever para a televisão, para séries, para cinema. Como você vê essa relação, essa passagem e a diferença de escrita da dramaturgia para o teatro e para a televisão?

JB:

Escrevi quadrinhos, escrevi para televisão, para cinema, por escolha, por necessidade de escrever. Assim como muitos dos meus colegas de trabalho. É uma geração plural, cinema, TV, quadrinhos, internet, teatro…

ID:

Estamos chegando ao fim, mas fiquei com vontade de perguntar a respeito do público. Para quem você escreve? A quem você direciona a sua escrita? Quer dizer, quando você escreve, está escrevendo pensando no público ou não? Está pensando só nos atores que vão lidar com aquele texto, está pensando num público ideal…?

JB:

Penso muito no outro, sim, porque me interessam as pontes, quero ser compreendido, quero chegar, não me interessa fazer algo hermético, muito isolado. Há muitas coisas que eu gostaria de falar, mas não interessa para o outro agora, a essa altura do campeonato. Tem outras coisas tão mais urgentes para falar e também há a minha urgência. Talvez selecionar as minhas urgências que sejam próximas das urgências do outro, não como se eu pudesse mensurar o que é urgente para o outro, mas na tentativa de fazer uma ponte. Eu penso, sim, no público, quero que ele se afete e que ele me afete. De outra forma, é muito seco.

FUTUROS DA DRAMATURGIA

A dramaturgia não existe. É isto o que pôde ser escutado, paradoxalmente, dos 12 dramaturgos e dramaturgas que falaram neste livro. Em junho de 2018 os entrevistamos (eu, Isabel Diegues e José Fernando Peixoto de Azevedo) e eles e elas nos disseram sobre tal evidência. Nenhum, nenhuma entre as autoras e os autores convocou estrutura narrativa fixa, referencial, nem para o seu trabalho nem para comentar o panorama dessa arte no contexto da época. Trata-se hoje, pois, mais que os outros, de um gênero "não gênero", feito por deslizamentos formais que visitam as tradições do texto enquanto a reinventam. Dão conta a um só tempo de uma recorrência mundial e de aspectos próprios da nossa sociabilidade, brasileira, que assimilada ao teatro explica esse quadro, ao menos parcialmente. Mas essa inexistência simbólica é por sua vez uma maneira própria de existência. Isso é o que, entre outras coisas, este livro também nos diz. Tentar reconstituí-la foi, em certa medida, a nossa tarefa.

Nesse ambiente de uma prática fugidia é que nos movemos. Os encontros no SESC Ipiranga aconteceram lambendo o performativo, e a performance envolveu a todos: a nós, às autoras e aos autores entrevistados e à plateia. Durante 12 horas divididas em dois turnos, seguimos ininterruptamente conversando, pautados previamente não por perguntas objetivas mas por campos temáticos, que foram às vezes mais, às vezes menos tangenciados no diálogo. Lançamos alguns disparadores, que poderiam ser abordados pelos artistas em qualquer ordem. Por exemplo, pedimos que explorassem, cada um de seu ponto de vista, as relações entre forma e processo, compreendendo a noção de forma a partir dos modos como os materiais são tratados e arranjados e do embate que travam com os meios e os procedimentos de criação.

Em outras frentes, perguntamos sobre as relações entre o trabalho deles e delas e a inserção na época, ou seja, sobre o interesse (ou não) em observar a própria obra sob certa consciência geracional e à luz de conjunturas particulares. A isso estão ligadas as possíveis linhagens criativas de cada um; de como se pode pensar a localização das obras dentro delas e ainda nas novas linhas de fuga. A esses temas e provocações agregamos outros, como o das condições de produção, da existência ou não de instrumentos de incentivo à criação e de como eles são assimilados na fatura artística. Por fim, tentamos acender ideias no campo sempre controverso das relações entre autor e público — plateias esperadas ou idealizadas, enfim.

Durante os encontros, as considerações e derivas de pensamento vieram generosamente nas falas de todas e todos, com acento maior aqui, ali ou além. Ajudaram a demarcar alguns dos aspectos essenciais nos modos de criação, visões de mundo, posições estéticas, políticas e expectativas quanto ao lugar de cada um no panorama do teatro. Entre outras coisas colhidas nas conversas tornaram-se notáveis muitas correspondências e distanciamentos entre projetos, práticas, desejos de intervenção, em movimentos às vezes nada óbvios, mas que podem ser cotejados, contrastados, interpretados, enfim.

Por exemplo, entre o que move as escritas de um autor e uma autora cujos horizontes parecem tão diferentes, como Alexandre Dal Farra e Silvia Gomez. O primeiro surge empenhado na apresentação do quadro social através de narrativas elípticas, em que o sentido mais fundo está quase descolado da ação, rarefeita, e tem que ser intuído nos espaços cuidadosamente cavados para o exercício de uma construção em que o subliminar não é sinônimo de subtexto, e sim o plano mais saliente da narrativa. É a mesma desconfiança diante da representação do real que está na fala de Silvia Gomez quando conta sobre os seus processos. Ela segue tateando "verdades" sobre as quais a única coisa que se sabe ao certo é que estão sempre fugindo, em perspectiva. Então é preciso fabular. E, como Dal Farra, é preciso fabular inventando a gramática de um realismo próprio. Mas agora sob uma mais que afirmada inquietação, não genérica, uma inquietação de mulher. Não a mulher de bandeiras bem fincadas, aquela que sabe exatamente o que quer e foi decalcada dos manuais de política, e sim a que está em dramático estado de perplexidade diante do mundo.

Francisco Carlos cita o perspectivismo ameríndio e, pode-se dizer, retoma ele mesmo o conceito de parentesco, da forma como se manifesta entre os indígenas, destinando-o à criação teatral. O parente não é necessariamente o consanguíneo, mas o afim. E a afinidade se dá através de ligas complexas entre os sujeitos e entre estes e as coisas. No seu teatro isso aparece na conjugação surpreendente entre diferentes tempos, circunstâncias e mitologias das culturas moderna e contemporânea, então repostas em escritas frescas, originais. Esse mesmo gosto não só pela experimentação mas pela habitação de uma experiência criativa radical, que reconfigura os pontos de partida e de chegada do teatro, parece mover Roberto Alvim, com o sinal de diferença grafado a partir do seguinte: em sua dramaturgia, o interesse pela cultura só se dá por contraste, por oposição, na busca de uma poética, nas palavras dele, "por fora das identidades culturalmente definidas".

Em outro aspecto do processo cultural surge a pergunta: "Quem pode e quem quer pagar por uma peça de teatro?." É Emanuel Aragão, descrevendo o impasse entre produção e produtividade e chamando a atenção para os descompassos entre a necessidade de sobrevivência através do ofício e o impulso da criação livre, de fato autoral. Ele indica o inconformismo diante das contingências, o que na fala de Michelle Ferreira ganha a dimensão de um manifesto. O embate entre desejo e interdição é o que parece mover a escrita dela. Daí o engajamento na criação de personagens "que falam o que pensam, que rompem regras sociais", operação em que a dramaturga paga para ver, empenhando-se em um laboratório para modos desobedientes de estilo.

Ao ouvirmos Grace Passô, Jô Bilac e Dione Carlos, em que pesem as coordenadas particulares de estilo e os temas diferentes, é possível perceber algo muito material impulsionando a letra, algo ligado aos corpos e suas histórias, vistos como emblemas e como geradores de pensamento. Isso está na fala de Dione quando se lembra dos subúrbios cariocas e sua paisagem humana e de como, nela, o imaginário da linguagem é alimentado: um amálgama da memória a fazer o link entre griôs antigos e contemporâneos, da África às ruas do Rio de Janeiro, de onde a autora vem. O dispositivo físico é também poético nos depoimentos de Grace e Jô. É tido como condição a partir da qual a cor da pele ou o ser mulher, por exemplo, tornam-se "dramaturgizáveis". Essas são questões "atravessadas na figura do autor", como diz Jô, e dizem respeito à "experiência social do corpo na cena", como diz Grace.

Uma recorrência nas diversas falas é a consciência do trabalho do ator como elemento inspirador da criação dramatúrgica. Newton Moreno fez o relato sobre como o texto é alimentado por essa consciência viva do fazer teatral que o ofício do ator demanda. Para ele, o veículo que faz a mediação entre uma e outra coisa é o personagem, que concentra em si os caminhos que vão e vêm entre a palavra e o ato vivo sobre o palco.

Pedro Brício diz praticar sem pudor a traição do novo. "A memória, o já acontecido, a fantasmagoria" são as suas zonas de interesse e talvez o irmanem a outro carioca, Pedro Kosovski. Para ambos é evidente o desejo de totalizar, no tempo presente da cena, fatos (Kosovski) ou formas (Brício) do passado, testando a sua durabilidade. Os materiais para a escrita são recorrências trans-históricas que se oferecem para uma criatividade, esta sim, nova, a partir da qual se pode também "imaginar de modo louco, no embate com várias pessoas", como diz Pedro.

Os encontros nos disseram então que, entre nós, a paradoxal inexistência da dramaturgia, que marca a sua potência, pode bem ser isto: uma máquina de imaginar possíveis através de estruturas e discursos poéticos que, nesse momento, são pouco exemplares porque seminais de algo em plena construção. Que não se trate apenas de mais uma passagem na sequência de suspensões e retomadas em que o processo histórico insiste em patinar, isso é algo que não depende só dos artistas. Por outro lado, é sempre uma esperança que essas criações não se confundam com o que Frederic Jameson identificou como a mera dissolução do sentido na era do capitalismo tardio. Ele se perguntava sobre como medir a temperatura de uma época em uma situação na qual "nem mesmo estamos certos de que ainda existe algo com a coerência de uma época, ou sistema ou situação corrente". Salvo engano, é o que esses autores e autoras tentam, cada qual a seu modo, deliberadamente ou não, responder ou fazer ver a partir de suas obras. No centro de uma urgência, que é nossa e estende-se além do teatro, tramam as escritas do presente no mesmo movimento em que já inventam as cenas do futuro.

Kil Abreu

INTERRUPÇÃO DO PROCESSO E AS FORMAS DA INTERRUPÇÃO (NOTAS DE TRABALHO)[1]

1.

No âmbito da arte, a noção de forma comporta diversos sentidos, não sendo difícil perceber uma diversidade de usos. Se é possível dizer que as formas emergem de uma certa lida com o material, talvez possamos ainda insistir sobre a relação sempre tensa entre forma artística e forma social, a ser percebida e elaborada segundo uma multiplicidade de perspectivas. Se há muitas maneiras de o fazer, cada artista, em cada momento, ou por princípio, acaba optando por uma, ou por algumas. Certos dramaturgos partem de situações, outros de temas, outros partem de dispositivos, outros lançam mão de procedimentos, há ainda os que partem de formas preestabelecidas, ou incluem imediatamente a relação com o espectador na determinação da coisa. Alguns se inscrevem em processos coletivos, muitas vezes

[1] Este texto, na sua origem, seria uma "orelha" para este volume. Nem orelha, nem ensaio, ele ficou ao meio caminho de um conjunto de notas que, nesse momento, resumem um pouco da perspectiva de trabalho de um livro que vou finalizando.

de cunho colaborativo, outros escrevem a partir de um isolamento programático. E há, certamente, uma diversidade de outros casos.

2.

Pautados pelo modelo da literatura, os já clássicos panoramas ou apresentações do teatro brasileiro, com sua ideia de um teatro em progresso, dão notícias de uma obsessiva busca pela figura síntese do grande dramaturgo. Quando não, interpretou-se a história da cena a partir de *turn points* supostamente incontornáveis. Esforços que sempre esbarram na realidade de uma descontinuidade reiterada, um processo forjado segundo transições canceladas — para usar a expressão de Roberto Schwarz — no interior do qual, no entanto, uma certa rotina de produção tem se esboçado, abrindo campo ao surgimento de diversas expressões, à sedimentação de práticas e à emergência de perspectivas de trabalho que dão corpo e voz às falas de autores — individuais ou coletivos. A especificidade do momento atual talvez seja a imbricação dessa dramaturgia com práticas da cena, num ciclo inédito de produção, se considerarmos os últimos vinte anos: nesse caso, mesmo aqueles que escrevem fora da sala de ensaio têm encontrado a cena e o público.

3.

Com efeito, na história das artes, no Brasil, durante muito tempo operou o paradigma da formação. Tratava-se de buscar compreender as linhas de forças que determinavam um sistema composto pela interação complexa entre artistas, obras e consumo. A chave estava na continuidade desse processo. O Brasil mudou, e já em 1974, pouco antes de morrer, o dramaturgo Oduvaldo Viana Filho interpretava o país como uma experiência de formação interrompida e enunciava a necessidade de *olharmos no olho da tragédia* — para ele, o subdesenvolvimento.[2] Pouco antes, em 1973, Paulo Emílio Salles Gomes

---

2 Vianna Filho, Oduvaldo. *Teatro, televisão, política*. São Paulo: Brasiliense, 1999.

tentava compreender o mesmo processo no campo do cinema, e já o elaborava nos termos de uma trajetória no "subdesenvolvimento".[3] Os termos são de época, mas as marcas do processo permanecem. Se na literatura, como elaboraram Antonio Candido[4] e Schwarz,[5] o processo parece ter chegado a termo, em parte isso se deveu à especificidade da literatura como processo e materialidade, mas sobretudo à força de um escritor como Machado de Assis, que soube flagrar e formalizar os entraves e suspensões dessa sociedade adiada em que nos tornamos, regida pelas regras de um inconsciente escravocrata. A contraprova talvez possa ser verificada nos escritos de Décio de Almeida Prado, que já no emblemático ano de 1964, no prefácio programático de seu *Teatro em progresso,* esboçava as seguintes coordenadas:

> A poesia e o romance brasileiro da fase propriamente modernista, por exemplo, alcançaram por vezes plenamente seus objetivos. Dentro das perspectivas estéticas que eram as suas, realizaram-se com perfeição. Podemos atribuir-lhes maior ou menor valor, conforme as nossas preferências, pessoais ou de escola, mas não lhes negar o caráter de obras acabadas, completas, prontas para entrar na história. Ora, é essa plenitude, embora relativa, que buscaríamos em vão no moderno teatro brasileiro. Para todos os efeitos, ele permanece ainda um *work in progress.*[6]

---

[3] Gomes, Paulo Emilio Sales. *Cinema: trajetória no subdesenvolvimento.* Rio de Janeiro: Paz e Terra, 1980.

[4] Candido, Antonio. *Formação da literatura brasileira (Momentos decisivos).* Belo Horizonte/Rio de Janeiro: Itatiaia, 1993.

[5] Ver, por exemplo, os textos sobre a *Formação* in: Schwarz, Roberto. *Sequências brasileiras: ensaios.* São Paulo: Companhia das Letras, 1999.

[6] Prado, Décio de Almeida. *Teatro em progresso: crítica teatral* (1955-1964). São Paulo: Martins, 1964, p. 7.

Mais de vinte anos depois, no ano não menos emblemático de 1988, em seu *Teatro brasileiro moderno*, o crítico abandonava qualquer aposta na direção do progresso. Mesmo considerando o momento de agora como uma "possivelmente benéfica democratização da cultura", face à diversidade das práticas, Décio marca posição:

> A multiplicação pode ser vista, portanto, também como divisão: teatrinhos cada vez menores, textos de um ou dois atores, produção pobre, público reduzido etc. Se nos tempos heroicos do amadorismo teatral, sofremos, conforme ficou consignado, de um certo complexo de inferioridade que nos inibia de escrever ou dirigir peças, esmagados que estávamos pela superioridade estrangeira, encontramo-nos ao que tudo indica na situação inversa. À medida que cresce o culto da chamada criatividade (a ideia de que qualquer um, vencidos os seus bloqueios, é capaz de dar origem a uma obra de arte, ainda que modesta, valendo mais esse desenvolvimento da personalidade que considerações de ordem técnica ou estética), alarga-se o círculo de pessoas que se julgam habilitadas a tentar o teatro. Se a questão é de espontaneidade, de liberação de impulso, não de vocação ou de aprendizado, por que não eu?
>
> Ainda uma vez, o que inexiste para disciplinar esta possivelmente benéfica democratização da cultura, convertendo a quantidade em qualidade, é uma doutrina central, um padrão de julgamento (que tornava outrora a crítica tão mais fácil), uma visão unitária a respeito da natureza e da função do teatro, que possa aglutinar e organizar o esforço coletivo.[7]

Work in progress cujo progresso redundava num inacabamento renitente, o teatro permaneceu tarefa inconclusa, relativamente amadora,

[7] Prado, Décio de Almeida. *O teatro brasileiro moderno*. São Paulo: Perspectiva: EdUsp, 1988, p. 140 e 141.

na medida em que ali, onde se reclamou sua profissionalização, esta não se esboçou sem a generalizada precarização do trabalho. A nota em tom menor registrava uma espécie de coroamento daquele processo de modernização que vinha desde os anos 1940, cifrado pelo empenho de um "modernismo teatral" que, segundo Décio, não escondia seu "repúdio ao passado".[8] Ironizando as "ilusões louvavelmente patrióticas", seu comentário não portava maior entusiasmo cosmopolita, seguindo talvez a intuição de que o teatro trazia já as marcas de uma desintegração da perspectiva nacional, em parte, mas sem horizonte evidente de integração dos que iam sendo colocados ou mantidos de "fora" — agora, nenhum horizonte local ou global.

4.

Noves fora, a formação interrompida não é uma etapa em que nos conformamos, mas a fisionomia própria que nos define: vivemos a interrupção como um processo contínuo, como quem vive numa fronteira, ou talvez seja isso mesmo, somos um *país fronteira.*

Testemunhos que são, estas conversas — transitando muitas vezes entre a descrição de uma rotina e a tomada de posição, deixando ver o trabalho da forma e os impasses da matéria — dão notícia do momento, sinalizando para uma trajetória que se desenha ao passo de uma outra, a do próprio país nos últimos vinte anos pelo menos (estamos em 2019), e isso ao mesmo tempo em que denuncia o risco de mais uma interrupção, mais uma transição cancelada, essa também histórica.

José Fernando Peixoto de Azevedo

---

8 Ibidem, p. 137.

SOBRE OS MARATONISTAS

Os provocadores

Isabel Diegues (Paris — França, 1970) A editora, escritora e cineasta se dedicou à produção, direção e assistência de direção de curtas e longas-metragens, entre eles *Madame Satã* (2002), de Karim Aïnouz, que produziu, e *Marina* (2004), que dirigiu. Formada em letras, é diretora editorial da Cobogó, onde organizou títulos como os seis volumes de entrevistas com Hans-Ulrich Obrist (2010-2014) e a Coleção Dramaturgia, com mais de cinquenta livros de textos de teatro contemporâneo.

José Fernando Peixoto de Azevedo (São Paulo — SP, 1974) Graduado e doutor em filosofia pela Universidade de São Paulo (FFLCH-USP), é diretor, dramaturgo, pesquisador e professor da Escola de Arte Dramática (EAD) e do Departamento de Cinema, Rádio e Televisão, ambos da Escola de Comunicações e Artes da USP. Fundou em 1997 o Teatro dos Narradores, com quem realizou *Cidade vodu* (2016) e *Cidade fim, cidade coro, cidade reverso* (2011), entre outros espetáculos, e colabora com grupos como Os Crespos. Dentre suas publicações, destacam-se *Próximo ato: teatro de grupo*, lançado pelo Itaú Cultural em 2011, e que organizou ao lado de Antônio Araújo e Maria Tendlau, e *Eu, um crioulo*, na coleção Pandemia da editora n-1, lançado em 2018.

Kil Abreu (Belém — PA, 1968) O crítico e pesquisador de teatro é curador da área no Centro Cultural São Paulo. Graduado em jornalismo e mestre em artes pela Universidade de São Paulo (USP), já colaborou com a *Folha de S.Paulo* e com a revista *Bravo!*, foi curador dos principais festivais de teatro do país, professor e coordenador pedagógico da Escola Livre de Teatro de Santo André (ELT) por dez anos e jurado do prêmio Shell por oito. Atualmente, é membro da Associação Internacional de Críticos de Teatro e crítico colaborador do *Teatrojornal*.

Os dramaturgos

Alexandre Dal Farra (São Paulo — SP, 1981) O dramaturgo, diretor e escritor assina os textos dos espetáculos do Tablado de Arruar e colabora com diversas outras companhias, como Vertigem, Coletivo Bruto e Grupo XIX de Teatro. Com *Mateus, 10* (2012), venceu o prêmio Shell de Melhor Autor. Dentre as 19 peças de sua autoria, *Trilogia Abnegação* (2014-16) foi publicada em 2017 pela Javali e *Abnegação 1* saiu no mesmo ano pela editora francesa Les Solitaires Intempestifs. É doutorando em artes cênicas na Universidade de São Paulo (ECA-USP) e em 2013 publicou o romance *Manual da destruição* pela Hedra.

NEWTON MORENO (Recife — PE, 1968) O diretor, dramaturgo e roteirista é bacharel em artes cênicas pela Universidade Estadual de Campinas (Unicamp) e mestre e doutor pela USP na mesma disciplina. Desde os anos 1990 vive em São Paulo, onde fundou, em 2001, a companhia Os Fofos Encenam; com o grupo, escreveu e dirigiu espetáculos premiados — dentre outros, recebeu o Shell e o CPT pela direção de *Memória da cana* (2009). É autor de 22 peças já encenadas, das quais foram publicadas *Agreste* (2004), *Refeição* (2007) e *Body art* (2004), em um volume da Imprensa Oficial, e em outra edição, pela Terceiro Nome, *As centenárias* (2006) e *Maria do Caritó* (2010).

FRANCISCO CARLOS (Itacoatiara — AM, 1956), amazonense, radicado em São Paulo, dramaturgo e encenador, escreveu e dirigiu mais de trinta peças, além de shows, óperas, videos, mostras de leituras encenadas e performances. Dentre seus trabalhos recentes encenados em São Paulo estão *Namorados da catedral bêbada* (2009), *Românticos da Idade Mídia* (2009), *Banana mecânica* (2010), a tetralogia *Jaguar cibernético* (uma peça que são quatro, de 2011) e *São Paulo Chicago* (2013), *Sonata dantasma bandeirante* (2016) e *Relatos efêmeros da França Antártica* (2019).

ROBERTO ALVIM (Rio de Janeiro — RJ, 1973) O diretor, dramaturgo e professor se formou em artes cênicas na Casa das Artes de Laranjeiras (CAL) e em cinema na Universidade Federal Fluminense (UFF). Em 2006 se instalou em São Paulo e fundou a Cia. Club Noir, para a qual dirigiu e escreveu espetáculos. É autor de cerca de quarenta peças, entre elas *Anátema* (2007), *H.A.M.L.E.T* (2011) e *Pinokio* (2011) — publicada pela 7Letras, junto ao ensaio *Dramáticas do transumano*. Já lecionou dramaturgia e direção em diversas instituições brasileiras e em países como México, Alemanha e Bélgica.

GRACE PASSÔ (Belo Horizonte — MG, 1980) Diretora, dramaturga e atriz, trabalha em parceria com artistas e companhias e em projetos autorais. Em 2004 fundou o Espanca!, onde permaneceu por dez anos e assinou a dramaturgia de espetáculos como *Marcha para Zenturo* (2010), *Amores surdos* (2006) e *Por Elise* (2005), as duas últimas publicadas pela Cobogó. Com o grupo, também dirigiu *Congresso Internacional do Medo* (2008), de sua autoria. Dentre os trabalhos que escreveu e dirigiu estão *Carne moída* (2014), com formandos da Escola de Arte Dramática (EAD-USP), e *Vaga carne* (2016), em que também atua.

DIONE CARLOS (Rio de Janeiro — RJ, 1977) Dramaturga formada pela SP Escola de Teatro, estreou como autora em 2011 com *Sete*, dirigida por Juliana Galdino na Cia. Club Noir. A peça foi publicada, com *Bonita* (2015) e *Kaim* (2017), no volume *Dramaturgias do front* pela editora Primata. Autora de 11 peças — entre elas, *Oriki* (2013), *Sereias* (2014) e *Revoltar* (2018) —, trabalha em parceria com diferentes companhias e atualmente atua como orientadora do Núcleo de Dramaturgia da Escola Livre de Teatro de Santo André (ELT).

MICHELLE FERREIRA (São Paulo — SP, 1982) Atriz, dramaturga, roteirista e diretora, estudou teatro na Escola de Arte Dramática (EAD-USP) e é também graduada em ciências sociais e audiovisual. Integrou por oito anos o Círculo de Dramaturgia do Centro de Pesquisa Teatral (CPT), com coordenação de Antunes Filho, e é autora de 13 peças, 12 delas encenadas, dentre elas: *Os adultos estão na sala* (2014), que também dirigiu; *Reality (Final)* (2009), montada pela sua A Má Companhia Provoca; e *Tem alguém que nos odeia* (2014), montada em 2016 na Escócia. Publicou *Os médios* (2016), pelo Centro Cultural São Paulo, e *4 da espécie — A história do corpo coisa nenhuma* (2018), pela Patuá.

Pedro Brício (Rio de Janeiro — RJ, 1972) Bacharel em cinema pela Universidade Federal Fluminense (UFF) e mestre em teatro pela Universidade Federal do Estado do Rio de Janeiro (UFRJ), o dramaturgo, diretor e ator escreveu peças como *A incrível confeitaria do sr. Pellica* (2005), pela qual venceu o prêmio Shell de Autor, e *Breu* (2011), eleito melhor espetáculo pela premiação da revista *Questão de Crítica*. Tem duas das 18 peças que escreveu publicadas: *Trabalhos de amores quase perdidos* (2011) e *As palavras e as coisas* (2016), pela Cobogó.

Silvia Gomez (Belo Horizonte — MG, 1977) Dramaturga e jornalista formada na Universidade Federal de Minas Gerais (UFMG), integrou por nove anos o Círculo de Dramaturgia do Centro de Pesquisa Teatral (CPT), coordenado por Antunes Filho, onde hoje dá aula. Tem seis peças encenadas, dentre elas *O amor e outros estranhos rumores* (2010) e *Mantenha fora do alcance do bebê* (2015), com a qual venceu o prêmio APCA na categoria Melhor Dramaturgia. Seu texto de estreia, *O céu cinco minutos antes da tempestade* (2008), foi publicado pelo Sesc e traduzido para espanhol, francês, sueco, alemão, inglês, italiano e mandarim.

Emanuel Aragão (Brasília — DF, 1982) Ator, roteirista e dramaturgo, se formou em filosofia pela Universidade de Brasília (UnB) antes de se mudar para o Rio de Janeiro, em 2005. Escreveu sua primeira peça, *Um homem e três janelas*, em 2007, ano em que fundou a companhia Cia. das Inutilezas, já extinta. Assinou cerca de vinte dramaturgias e publicou o romance *Reflexão a respeito do vaso*, em 2011, pela editora Confraria do Vento. *Nada* (2012) e *Hamlet — Processo de revelação* (2015), na qual também atua, foram desenvolvidas em parceria com o coletivo Irmãos Guimarães.

Pedro Kosovski (Rio de Janeiro — RJ, 1983) Dramaturgo, diretor teatral e professor de artes cênicas da PUC-RIO e do Teatro

O Tablado. Fundou em 2005, ao lado de Marco André Nunes, a Aquela Cia. de Teatro, onde concebe, realiza e escreve peças teatrais, tais como *Laio & Crísipo* (2015) e *Caranguejo Overdrive* (2015), vencedor dos prêmios Shell, Cesgranrio e APTR de melhor autor. Dentre as mais de 15 peças encenadas, sua Trilogia da Cidade — *Guanabara Canibal* (2017), *Cara de Cavalo* (2012) e *Caranguejo Overdrive* — foi publicada pela Cobogó. Com *Tripas* (2017), recebeu o Shell na categoria Inovação.

Jô Bilac (Rio de Janeiro — RJ, 1985) Dramaturgo formado pela Escola de Teatro Martins Pena, recebeu o prêmio Shell em 2010 e 2013 pelos textos de *Savana glacial* e *Conselho de classe*, e esta última também conquistou o prêmio Cesgranrio de Teatro e o da Associação dos Produtores de Teatro do Rio de Janeiro (APTR) na categoria de dramaturgia. Das 29 peças que escreveu, *Insetos* (2018), *Infância, tiros e plumas* (2015), *Os mamutes* (2012) e *Alguém acaba de morrer lá fora* (2011) foram publicadas pela Cobogó. Seus textos foram traduzidos na Suécia, Itália, França, Estados Unidos e Colômbia.

SERVIÇO SOCIAL DO COMÉRCIO
Administração Regional no Estado de São Paulo

Presidente do Conselho Regional
Abram Szajman
Diretor Regional
Danilo Santos de Miranda

Conselho Editorial
Ivan Giannini
Joel Naimayer Padula
Luiz Deoclécio Massaro Galina
Sérgio José Battistelli

Edições Sesc São Paulo
Gerente Iã Paulo Ribeiro
Gerente adjunta Isabel M. M. Alexandre
Coordenação editorial Clívia Ramiro, Cristianne Lameirinha, Francis Manzoni
Produção editorial Simone Oliveira
Coordenação gráfica Katia Verissimo
Produção gráfica Fabio Pinotti
Coordenação de comunicação Bruna Zarnoviec Daniel

Edições Sesc São Paulo
Rua Cantagalo, 74 – 13°/14° Andar
03319-000 – São Paulo SP Brasil
tel. 55 11 2227-6500
edicoes@edicoes.sescsp.org.br
sescsp.org.br/edicoes
/edicoessescsp

EDITORA-CHEFE
Isabel Diegues

EDITORA
Natalie Lima

GERENTE DE PRODUÇÃO
Melina Bial

PREPARAÇÃO DE ORIGINAIS
Fernanda Paraguassu
Maria Isabel Iorio
Natalie Lima

REVISÃO FINAL
BR75/ Clarisse Cintra

EDIÇÃO DAS MINIBIOGRAFIAS
Mariana Delfini
Nina Rahe

CAPA
Bloco Gráfico

PROJETO GRÁFICO E DIAGRAMAÇÃO
Ilustrarte Design e Produção Editorial

Nesta edição, foi respeitado o Acordo Ortográfico da Língua Portuguesa de 1990, que entrou em vigor no Brasil em 2009.

CIP-Brasil. Catalogação-na-fonte. Sindicato Nacional dos Editores de Livros, RJ

M26 Maratona de dramaturgia / organização Isabel Diegues, José Fernando Azevedo, Kil Abreu. - 1. ed. - Rio de Janeiro : Cobogó; São Paulo : Edições Sesc São Paulo, 2019.
272 p. ; 21 cm.

ISBN Editora Cobogó: 978-85-5591-079-1
ISBN Edições Sesc São Paulo: 978-85-9493-191-7

1. Teatro brasileiro. 2. Dramaturgos brasileiros - Entrevistas. I. Diegues, Isabel. II. Azevedo, José Fernando. III. Abreu, Kil.

19-57535 CDD: 792.0981
CDU: 792(81)

Leandra Felix da Cruz - Bibliotecária - CRB-7/6135

Editora de Livros Cobogó Ltda.
Rua Jardim Botânico, 635/406
Rio de Janeiro — RJ — 22470-050
www.cobogo.com.br

2019

1ª impressão

Este livro foi composto em Bembo.
Impresso pela gráfica Stamppa sobre papel Pólen 70 g/m²
para a Editora Cobogó e as Edições Sesc São Paulo.